～2025年度鳥取県公立高校入試の日程（予定）～

☆特色入学者選抜

出願期間	1／23・1／24
実施期日	2／3
合格発表	2／10

☆一般選抜

出願期間	2／14～2／18
実施期日	3／6・3／7
合格発表	3／17

※募集および選抜に関する最新の情報は滋賀県教育委員会のホームページなどで必ずご確認ください。

2024年度/鳥取県公立高校一般入学者選抜受検状況(全日制)

学校名・学科(コース)	募集定員	実質募集定員	受検者数	競争率
鳥取東 普通	280	280	296	1.06
理数				
鳥取西 普通	280	273	263	0.96
鳥取商業 商業	152	102	84	0.82
鳥取工業 機械	38	30	14	0.47
電気	38	35	5	0.14
制御・情報	38	32	15	0.47
建設工学	38	29	10	0.34
鳥取湖陵 食品システム	38	20	16	0.80
緑地デザイン	38	30	11	0.37
電子機械	38	37	12	0.32
人間環境	38	20	16	0.80
情報科学	38	19	29	1.53
青谷 総合	76	54	26	0.48
岩美 普通	76	49	33	0.67
八頭 普通	240	206	207	1.00
智頭農林 ふるさと創造	68	57	8	0.49
森林科学			11	
生活環境			9	
倉吉東 普通	200	193	198	1.03
倉吉西 普通	120	105	76	0.72
倉吉農業 生物	34	24	9	0.38
食品	34	24	23	0.96
環境	34	25	9	0.36
倉吉総合産業 機械	38	23	14	0.61
電気	38	23	19	0.83
ビジネス	38	23	24	1.04
生活デザイン	38	23	20	0.87
鳥取中央育英 普通	120	86	49	0.57

学校名・学科(コース)	募集定員	実質募集定員	受検者数	競争率
米子東 (生命科学)	40	40	66	1.65
（普通）	240	240	254	1.06
米子西 普通	280	245	240	0.98
米子総合	152	114	109	0.96
米子南 ITビジネス	114	76	66	0.87
（ライフデザイン）	18	11	13	1.18
（調理）	20	12	12	1.00
米子工業 機械	38	27	6	0.22
電気	38	19	19	1.00
情報電子	38	27	23	0.85
環境エネルギー	38	27	18	0.67
（土木）	19	11	4	0.36
（建築）	19	13	9	0.69
境 普通	200	150	134	0.89
境港総合技術 海洋	38	29	10	0.34
食品・ビジネス	38	29	22	0.76
機械	38	30	10	0.33
電気電子	38	37	10	0.27
福祉	38	29	18	0.62
日野 総合	76	64	23	0.36

※実質募集定員は、募集定員から推薦入試の入学確約者数を除いた数値。

※競争率は、受検者数を実質募集定員で割った数値。

鳥 取 県

〈 収 録 内 容 〉

2024 年度 ……………………… 数・英・理・社・国

2023 年度 ……………………… 数・英・理・社・国
※国語の大問三は、問題に使用された作品の著作権者が二次使用の許可を出していないため、問題の一部を掲載しておりません。

2022 年度 ……………………… 数・英・理・社・国
※国語の大問三は、問題に使用された作品の著作権者が二次使用の許可を出していないため、問題の一部を掲載しておりません。

 2021 年度 ……………………… 数・英・理・社

 便利な DL コンテンツは右の QR コードから

 解答用紙　 過去年度　 リスニング　⇒

※データのダウンロードは 2025 年 3 月末日まで。
※データへのアクセスには、右記のパスワードの入力が必要となります。 ⇒　439940

〈 各教科の受検者平均点 〉

	数 学	英 語	理 科	社 会	国 語	総得点
2024年度	23.8	25.4	27.0	23.9	31.5	131.5
2023年度	26.9	28.2	26.0	31.8	30.9	143.8
2022年度	26.7	25.8	28.2	24.7	31.8	137.1
2021年度	24.4	28.7	27.0	35.3	29.0	144.4

※各50点満点。

本書の特長

POINT 1　　解答は全問を掲載、解説は全問に対応!

POINT 2　　英語の長文は全訳を掲載!

POINT 3　　リスニング音声の台本、英文の和訳を完全掲載!

POINT 4　　出題傾向が一目でわかる「年度別出題分類表」は、約 10 年分を掲載!

▌実戦力がつく入試過去問題集

▶ 問題 ………… 実際の入試問題を見やすく再編集。

▶ 解答用紙 …… 実戦対応仕様で収録。

▶ 解答解説 …… 重要事項が太字で示された、詳しくわかりやすい解説。

　　　　　　　※採点に便利な配点も掲載。

▌合格への対策、実力錬成のための内容が充実

▶ 各科目の出題傾向の分析、最新年度の出題状況の確認で、入試対策を強化!

▶ その他、志願状況、公立高校難易度一覧など、学習意欲を高める要素が満載!

解答用紙ダウンロード	解答用紙はプリントアウトしてご利用いただけます。弊社HPの商品詳細ページよりダウンロードしてください。トビラのQRコードからアクセス可。
リスニング音声ダウンロード	英語のリスニング問題については、弊社オリジナル作成により音声を再現。弊社HPの商品詳細ページで全収録年度分を配信対応しております。トビラのQRコードからアクセス可。
famima PRINT	原本とほぼ同じサイズの解答用紙は、全国のファミリーマートに設置しているマルチコピー機のファミマプリントで購入いただけます。※一部の店舗で取り扱いがない場合がございます。詳細はファミマプリント（http://fp.famima.com/）をご確認ください。
UD FONT	見やすく読みまちがえにくいユニバーサルデザインフォントを採用しています。

鳥取県公立高校難易度一覧

目安となる偏差値	公立高校名
75 ~ 73	
72 ~ 70	
69 ~ 67	米子東(生命科学)
66 ~ 64	米子東
63 ~ 61	鳥取西
60 ~ 58	鳥取東(理数) 倉吉東, 鳥取東
57 ~ 55	米子西
54 ~ 51	八頭(探究理科) 倉吉西, 八頭(探究文科) 八頭(総合文科・総合理科) 鳥取商業(商業)
50 ~ 47	境 米子工業(機械／電気／情報電子／環境エネルギー／土木／建築) 米子南(ライフデザイン)
46 ~ 43	鳥取湖陵(緑地デザイン／人間環境), 鳥取中央育英, 米子南(調理) 鳥取湖陵(食品システム／電子機械／情報科学), 米子南(ITビジネス) 倉吉総合産業(ビジネス), 鳥取工業(機械／建設工学／制御・情報／電気) 倉吉総合産業(機械／電気／生活デザイン)
42 ~ 38	鳥取中央育英(体育), 米子(総合) 境港総合技術(海洋／食品・ビジネス／機械／電気電子／福祉), 八頭(体育) 青谷(総合) 岩美, 智頭農林(ふるさと創造／森林科学／生活環境), 日野(総合)
37 ~	倉吉農業(食品) 倉吉農業(生物／環境)

＊(　)内は学科・コースを示します。特に示していないものは普通科(普通・一般コース)，または全学科(全コース)を表します。

＊データが不足している高校，または学科・コースなどにつきましては掲載していない場合があります。

＊公立高校の入学者は，「学力検査の得点」のほかに，「調査書点」や「面接点」などが大きく加味されて選抜されます。上記の内容は想定した目安ですので，ご注意ください。

＊公立高校入学者の選抜方法や制度は変更される場合があります。また，統廃合による閉校や学校名の変更，学科の変更などが行われる場合もあります。教育委員会などの関係機関が発表する最新の情報を確認してください。

 **●●●● 出題傾向の分析と
合格への対策 ●●●●**

 出題傾向とその内容

〈最新年度の出題状況〉

　今年度の出題数は，大問が5題，小問数にして36問と昨年より小問数が3題減った。今後は大問数5題で安定しそうであり，全体のボリューム感は安定しているように思える。問題のレベルは標準的なものが中心ではあるが，なかには思考力や応用力を試す問題も適度に散りばめられており，基本問題と応用問題をうまく配分した出題となっている。

　出題内容は，大問1が数・式，平方根の基本的計算問題を含め，因数分解，二次方程式，不等式，円と角度，確率，根号の性質，文字式の利用，作図，合同の証明，大問2は資料の活用，大問3は方程式の応用，大問4は関数と図形，大問5は空間図形であった。出題順の変更はあるが，大きな傾向の変化はないと思える。

〈出題傾向〉

　問題の出題数は，ここ数年，大問数で5～6題，小問数で35問前後が定着している。解答時間の割に問題量が多いと感じるかもしれない。試験の際には，時間内で得点できる問題とそうでない問題を見極め，時間配分にも充分注意したい。

　出題内容は，ここ数年，大問1で4～5問の数・式，平方根の計算問題を含め，中学数学の全領域からまんべんなく基本的な数学能力を問う小問群が10～15問出題されている。大問2以降では，確率，方程式の応用問題，図形と関数・グラフの融合問題，関数・グラフと確率の融合問題，動点問題，記述式の証明問題を含む，長さ・面積・体積を計量させる平面図形・空間図形の統合問題などから大問単位で4～5題が出題されている。近年は，資料の解釈についての大問も多い。

　難問，奇問はなく，標準～やや応用の問題が並び，思考力が必要なものが多いが，高得点が狙える構成ともいえる。大学入試改革に伴い，問題文の長文化や普段の生活との結びつきなど少し傾向の変化が感じられる。来年以降も思考力を問う問題には注意しておこう。

 来年度の予想と対策

　来年度も，作図，証明問題を含む記述式の問題，規則性や数の性質に関する新傾向の問題などを含めて，出題内容には大きな変化はないと考えられるが，会話文設定のものなど，大学入試改革に伴う変化はあるかもしれない。

　大問1では計算問題，基本問題が数多く出題されるので，ここで確実に得点できるよう，基礎力を固めておくことが必要である。数の性質や関数とグラフの融合問題，平面図形・空間図形の統合問題などは，日頃あまり見慣れないような問題が出題されることもあるが，問題を解くときに使う性質や定理，公式は教科書レベルのものなので，まずは標準的問題で練習を十分重ねて，グラフの式・座標の求め方，基本的な図形の性質，合同・相似，円の性質，三平方の定理などをしっかりおさえておこう。資料の活用の分野については，グラフの読み取りをはじめ，基本事項は確実にマスターしておきたい。基礎が固まったら，次に標準レベルのものでよいから，入試用の問題集で演習を重ね，解法のパターンを確実につかもう。また，解法の根拠や途中の過程をノートにまとめて書き，論理的な思考力，洞察力を鍛えよう。あまり難しすぎる問題にチャレンジする必要はないので，基礎力を徹底的に強化し，そこから応用できる力を身につけることを目標に頑張ろう！！

⇨**学習のポイント**

　・過去問や問題集を使って図形の計量問題や図形と関数・グラフの融合問題への対策を立てよう。

　・授業や学校の教材を中心に全分野の基礎力をしっかり身につけ，基本問題を確実に得点できるようにしよう。

年度別出題内容の分析表　数学

分類		出題内容	27年	28年	29年	30年	2019年	2020年	2021年	2022年	2023年	2024年
数と式		数 の 性 質		○			○				○	○
		数 ・ 式 の 計 算	○	○	○	○	○	○	○	○	○	○
		因 数 分 解	○	○	○	○	○	○	○	○	○	○
		平 方 根	○	○	○	○	○	○	○	○	○	○
方程式・不等式		一 次 方 程 式								○	○	○
		二 次 方 程 式	○	○	○	○	○	○	○	○	○	○
		不 等 式				○		○				
		方 程 式 の 応 用	○	○	○	○	○	○	○	○	○	○
関数		一 次 関 数	○	○	○	○	○	○		○	○	○
		関 数 $y = ax^2$	○	○	○	○	○		○		○	○
		比 例 関 数		○	○	○	○	○	○			
		関 数 と グ ラ フ	○	○	○	○	○	○	○	○	○	○
		グ ラ フ の 作 成	○	○				○		○		
図形	平面図形	角 度	○	○	○	○	○	○		○	○	○
		合 同 ・ 相 似	○				○	○	○	○	○	○
		三 平 方 の 定 理			○	○	○	○	○	○	○	○
		円 の 性 質	○						○	○	○	○
	空間図形	合 同 ・ 相 似	○									
		三 平 方 の 定 理	○	○	○	○						
		切 断		○						○		
	計量	長 さ	○	○			○	○	○		○	
		面 積	○		○			○	○	○	○	
		体 積	○	○	○	○	○	○	○	○	○	○
		証 明										
		作 図	○	○	○	○	○	○	○	○	○	○
		動 点						○				○
データの活用		場 合 の 数		○								
		確 率	○		○	○	○	○	○	○	○	○
		資料の散らばり・代表値(箱ひげ図を含む)	○					○	○	○	○	○
		標 本 調 査		○				○		○		○
融合問題		図 形 と 関 数 ・ グ ラ フ	○	○	○	○	○			○	○	○
		図 形 と 確 率										
		関 数 ・ グ ラ フ と 確 率						○				
		そ の 他								○		○
そ の 他				○					○	○	○	

― 鳥取県公立高校 ―

●●●● 出題傾向の分析と
合格への対策 ●●●●●

出題傾向とその内容

〈最新年度の出題状況〉

　本年度の大問構成は，リスニングテスト1題，短い会話文などによる語句・文法問題1題，英作文問題1題，長文(資料)読解問題1題，長文(物語)読解問題1題の計5題であった。

　大問1のリスニングテストは，英文の内容を表す絵を選ぶ問題，聞いた会話文に関する英語の質問の答えを選ぶ問題，英文を聞いて，日本語の問題に答えるもの(選択)，会話を聞いて，その内容について答える問題，内容に合う英文を作る問題の計4題となっていた。

　大問2では，語句・文法の知識を問う語句補充問題，語形変化問題が出題された。

　大問3の英作文は，4語以上の英文を書くものが2題，20語程度の英文を書くものが1題であった。

　大問4の長文(資料)読解問題は，グラフ・メッセージなどの資料を読み解く問題が計3題であった。問1・問2・問3で異なる種類の資料読解の力が求められた。

　大問5の長文(物語)読解問題は，昨年度から大きな変更はなく，登場人物の様子や気持ちを読み取る問題，日本語で答える問題，内容をふまえて10語程度の英語を書く問題などが出題された。

〈出題傾向〉

　リスニングテストは，おおむね標準的な形式・分量である。ただし，問3の英文と問4の会話文は文章量がやや多いので，注意が必要である。

　語句・文法問題では，基本的な英文法・英単語・熟語・会話表現を問われることが多い。語句を記述する問題も多く出題されているので，英単語を正確に書けるようにしっかり復習しておこう。

　英作文の語数は，年によって多少変わるが，まとまりのある内容の英文を書く必要があるため，しっかりとした準備が必要である。

　読解問題は，資料と英文の内容を問うものがほとんどを占める。単なる英語の理解にとどまらず，心情や状況を推察するもの，グラフなどの資料の細部の読み取りが求められるものもある。

来年度の予想と対策

　来年度も大筋では，同じ傾向の出題が予想されるが，今年度の大問4の長文(資料)読解問題形式は，来年度も同様の形式での出題が予想されるため，問題集などで類題を解き，形式に慣れておきたい。

　英文や選択肢に用いられている語(句)には，やや難しいものが見られる。

　問題形式の特徴としては，英単語や語句，英文を記述させる問題が多いので，スペリングミスなく書けるように練習をしておくこと。

　読解問題においても，英単語や語句，英文法の知識は大切なので，これらに関する，中学3年間の内容をよく整理しておきたい。

　英作文は，要求されている語数の多さから，事前の練習は必須である。難解な表現を用いる必要はないが，教科書で学習する基本例文や重要文法を習得し，簡単な単語を用いて表現する練習を積み重ねよう。

⇨学習のポイント

・教科書レベルの英語表現を正確に。英語を理解する力，英語で表現する力，ともに必要である。

・長いものでなくてよいから，入試と同じ形式の英文(資料形式の英文・物語文)を中心に，英文をできるだけ多く読み，グラフなどの資料の内容や，登場人物の状況や心情などの流れを読み取る訓練をしておこう。

	出 題 内 容	27年	28年	29年	30年	2019年	2020年	2021年	2022年	2023年	2024年
設問形式	**リスニング** 絵・図・表・グラフなどを用いた問題	○	○	○	○	○	○	○	○	○	○
	適　文　の　挿　入									○	○
	英語の質問に答える問題	○	○	○	○	○	○	○	○	○	○
	英語によるメモ・要約文の完成			○	○	○	○	○	○		
	日本語で答える問題	○	○								
	書　き　取　り										
	語い 単　語　の　発　音										
	文の区切り・強勢										
	語　句　の　問　題	○	○	○	○	○	○	○	○	○	○
	読解 語句補充・選択（読解）	○	○	○	○	○	○	○	○	○	○
	文の挿入・文の並べ換え		○	○	○	○		○	○	○	○
	語句の解釈・指示語	○	○	○	○	○	○	○		○	○
	英問英答（選択・記述）								○		
	日本語で答える問題	○	○	○	○	○	○	○	○	○	○
	内　容　真　偽	○	○	○	○	○	○	○	○	○	○
	絵・図・表・グラフなどを用いた問題	○	○	○	○	○	○	○	○	○	○
	広告・メール・メモ・手紙・要約文などを用いた問題										
	文法 語句補充・選択（文法）	○	○	○	○	○	○	○	○	○	○
	語　形　変　化									○	○
	語　句　の　並　べ　換　え	○	○	○	○	○	○	○	○		
	言　い　換　え・書　き　換　え										
	英　文　和　訳										
	和　文　英　訳										
	自　由・条　件　英　作　文	○	○	○	○	○	○	○	○	○	○
文法事項	現 在・過 去・未 来 と 進 行 形	○	○		○	○	○	○	○		
	助　　動　　詞	○				○	○	○	○		
	名　詞・冠　詞・代　名　詞	○		○	○		○	○	○	○	○
	形　容　詞　・　副　詞	○		○	○		○	○	○	○	○
	不　　定　　詞	○	○	○	○	○	○	○	○	○	○
	動　　名　　詞	○		○		○		○	○	○	○
	文 の 構 造（目 的 語 と 補 語）	○	○				○		○	○	○
	比　　　　較	○	○		○		○		○		
	受　　け　　身	○	○	○				○	○	○	
	現　在　完　了	○	○	○	○					○	○
	付　加　疑　問　文										
	間　接　疑　問　文								○		○
	前　　置　　詞	○	○		○			○	○		
	接　　続　　詞	○	○	○	○	○	○	○		○	○
	分　詞　の　形　容　詞　的　用　法			○	○	○	○	○			
	関　係　代　名　詞	○	○	○	○	○	○	○		○	○
	感　　嘆　　文										
	仮　　定　　法										

理科

出題傾向とその内容

〈最新年度の出題状況〉

今年度は大問が8題，小問が40問程度であり，出題数は前年とほぼ同じである。出題内容は物理，化学，生物，地学の各分野から大問2題ずつで，偏りのないように出題されている。選択肢から選ぶ形式の出題のほかに作図，化学反応式，名称・用語記入，計算結果の直接記入，記述解答など，いろいろな形式の問いがバランスよく出題された。

〈出題傾向〉

基礎的な知識を確認する問題や，実験・観察の結果をもとに考察する問題を中心に構成されており，その中にやや高度な理解力を必要とする問いも見受けられる。また，表やグラフの読みとりでは，結果から考えられることを幅広く思考する力が求められた。

物理的領域　法則をそのまま使って解答するだけでなく，問題で設定された事象に合わせて活用できないと，正しい解答にたどり着くのは難しい。基本内容を理解した上で，応用する力があるかどうかを判断しようとした設問である。

化学的領域　教科書に取り上げられている代表的な実験に関しての出題を応用した問いが目立つ。化学式および化学反応式が正しく書けることも求められている。

生物的領域　基本的な実験・観察からの出題が中心である。名称の暗記だけでなく，それぞれの関わり合いを考えながら，自分の言葉で簡潔に説明できるようにしておくことが大切である。

地学的領域　スタンダードな内容で，原理から考察させる問いが見られた。問題文や図を正しく読み取る力も必要である。入試対策の勉強の中で，類題を解いた経験のある人も多かったはずだ。数多くの練習問題にあたることが重要であることがわかる。

来年度の予想と対策

来年度も，各分野がまんべんなく出題されることが予想される。偏った学習は禁物である。不得意分野はくり返し練習問題にあたり，早目に克服しておきたい。実験結果について，その理由を文章で答える問題も出題されているので，簡潔な文章で表現できるようにしておこう。実験操作については，図でも説明できるようにしておくこと。基本的な用語については，教科書で太字になっているものを中心に完全に暗記し，場合によっては図でも説明できるようにしておきたい。日ごろの授業では，実験・観察のねらいを頭において参加し，手順や注意事項，結果の分析・考察，結論付けという流れを重視して取り組んでいこう。また，地震や天体などの科学的なニュースからの出題も可能性があるので，新聞記事なども興味をもって目を通しておこう。

⇨学習のポイント
- ・教科書に載っているような重要語句は，間違いなく覚えておこう。
- ・問題文を素早く読んで，スピード感をもって解答に取り組めるよう，長文に慣れておこう。

年度別出題内容の分析表　理科

※★印は大問の中心となった単元

		出題内容	27年	28年	29年	30年	2019年	2020年	2021年	2022年	2023年	2024年
第一分野	第1学年	身のまわりの物質とその性質			○	★			★		○	
		気体の発生とその性質			○	○	○		○		○	○
		水溶液					○	○			○	○
		状態変化			○							
		力のはたらき(2力のつり合いを含む)		○				○				○
		光と音				★	★			★		★
	第2学年	物質の成り立ち	○	○	○				○		○	○
		化学変化, 酸化と還元, 発熱・吸熱反応		○	○		★	★		○		○
		化学変化と物質の質量	★	★	○		○	○	○			○
		電流(電力, 熱量, 静電気, 放電, 放射線を含む)	★	★			○	★		★	★	★
		電流と磁界					○		★	○		
	第3学年	水溶液とイオン, 原子の成り立ちとイオン					★	○		★		
		酸・アルカリとイオン, 中和と塩		★							★	
		化学変化と電池, 金属イオン	★				★			★		★
		力のつり合いと合成・分解(水圧, 浮力を含む)		○	○		○	○				
		力と物体の運動(慣性の法則を含む)		○	★				★	○	★	
		力学的エネルギー, 仕事とエネルギー	★		○					★	○	
		エネルギーとその変換, エネルギー資源	○				○	○				
第二分野	第1学年	生物の観察と分類のしかた							○			○
		植物の特徴と分類	○	○				○	○	★		
		動物の特徴と分類						★				○
		身近な地形や地層, 岩石の観察	○		○						○	
		火山活動と火成岩	○					★				
		地震と地球内部のはたらき		★				★				
		地層の重なりと過去の様子	★		★						★	★
	第2学年	生物と細胞	○				○				○	
		植物の体のつくりとはたらき	○	★			★		★	★	○	○	★
		動物の体のつくりとはたらき			★	★			★	★	★	
		気象要素の観測, 大気圧と圧力	○			★				★	★	○
		天気の変化	○				○				★	
		日本の気象	★				★	○			○	★
	第3学年	生物の成長と生殖	★				○			○		
		遺伝の規則性と遺伝子					○	★			★	
		生物の種類の多様性と進化						○				★
		天体の動きと地球の自転・公転		★				★		★		
		太陽系と恒星, 月や金星の運動と見え方			★		★	○	★		★	
		自然界のつり合い				★			○			
自然の環境調査と環境保全, 自然災害						○					○
科学技術の発展, 様々な物質とその利用								○			
探究の過程を重視した出題			○	○	○	○	○	○	○	○	○	○

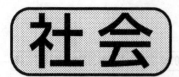 **出題傾向の分析と
合格への対策** ●●●●●

 出題傾向とその内容

〈最新年度の出題状況〉

　本年度の出題数は，大問3題，小問39題である。解答形式は記号選択中心の出題となっており，25題，語句記入は8題，短文の記述問題が5題出題されている。大問数は，日本・世界地理1題，歴史1題，公民1題となっている。小問数は各分野のバランスがとれていると言える。

　基礎的事項を中心に出題されているが，資料を読み取る力や，総合的な理解力を試す問題が，各分野とも多くなっている。

　地理的分野では，略地図・地形図・写真・雨温図等のグラフ・表などを読み取り，諸地域の特色・産業・気候などを考えさせる出題となっている。

　歴史的分野では，略年表や資料を読み取った上で，日本の歴史を総合的に問う内容となっている。世界史は，今年度は出題されなかった。

　公民的分野では，生徒の調べ学習を題材とし，グラフ・表・写真などを読み取って，憲法・基本的人権・民主主義・社会保障・日本の政治・経済一般・国際社会に関する基礎的な知識が問われている。

〈出題傾向〉

　地理的分野では，地図や統計資料・写真・グラフなどを読み取って解答する問題が数多く出題されている。

　歴史的分野では，生徒の調べ学習を題材とし，略年表や史料・グラフ・模式図・絵等からの読み取りが数多く出題されている。事件の前後関係を問う問題も出題されている。

　公民的分野では，グラフや模式図・資料などが用いられ，日本の政治・経済・国際社会などに関して幅広く問われている。

 来年度の予想と対策

　来年度も，出題数や問題構成などに大きな変動はないであろう。内容では，過去数年間の傾向を引き継ぎ，基本的な内容の理解を求める出題と，統計・地図・写真など各種の資料を読み取る問題が中心になるであろう。また，記述式の出題もあるので，時間内に制限字数内で文章をまとめる練習をしておく必要があるだろう。比較的難易度の低い問題が多いので，問題集に繰り返し取り組んでおけば，高得点も可能である。

　地理的分野では，教科書の内容を確実に習得するとともに，統計資料や地図帳をよく見る習慣をつけることが必要である。地形図上の距離や時差の計算に慣れておきたい。

　歴史的分野では，歴史の流れを確実に把握し，各時代の重要語句を覚えて，内容をしっかり理解するとともに，特に資料集や年表・図版をよく見て，各時代の特色と結びつくようにしておこう。

　公民的分野では，基本的な用語を確実に覚えると同時に，教科書や資料集などに出ている図や資料もよく見ておこう。普段から新聞やニュースなどにも目を向けておき，新しい事柄にも，社会的関心を養うことも重要である。

⇨**学習のポイント**
- ・地理的分野では，各種の地図の見方に慣れ，統計資料の読み取り力をつけよう！
- ・歴史的分野では，テーマ別略年表の問題に慣れ，歴史的できごとの前後関係を押さえよう！
- ・公民的分野では，政治・経済の基礎を整理し，時事的課題にも関心を持とう！

出題内容	27年	28年	29年	30年	2019年	2020年	2021年	2022年	2023年	2024年
地理的分野 日本 地形図の見方	○	○			○	○		○	○	○
日本の国土・地形・気候	○	○	○	○		○	○	○	○	○
人口・都市	○	○	○	○		○	○	○	○	○
農林水産業	○	○	○	○	○	○			○	
工業	○	○				○	○	○		○
交通・通信			○			○				
資源・エネルギー		○	○	○	○	○				
貿易	○							○		
世界 人々のくらし・宗教	○	○	○	○	○	○	○	○	○	○
地形・気候	○	○	○	○	○	○	○	○	○	○
人口・都市								○	○	
産業			○	○	○	○	○	○	○	○
交通・貿易	○					○	○	○	○	○
資源・エネルギー							○	○		
地理総合										
歴史的分野 日本史―時代別 旧石器時代から弥生時代	○	○	○	○			○	○	○	○
古墳時代から平安時代	○	○	○	○	○	○	○	○	○	○
鎌倉・室町時代	○	○	○	○	○	○	○	○	○	○
安土桃山・江戸時代	○	○	○	○	○	○	○	○	○	○
明治時代から現代	○	○	○	○	○	○	○	○	○	○
日本史―テーマ別 政治・法律	○	○	○	○	○	○	○	○	○	○
経済・社会・技術	○	○	○	○	○	○	○	○	○	○
文化・宗教・教育		○	○	○		○	○	○	○	○
外交	○		○	○			○	○	○	
世界史 政治・社会・経済史	○					○	○	○	○	
文化史								○		
世界史総合							○			
歴史総合										
公民的分野 憲法・基本的人権	○	○				○	○	○	○	○
国の政治の仕組み・裁判	○	○	○	○	○	○	○	○		
民主主義									○	○
地方自治		○			○		○	○		○
国民生活・社会保障		○	○	○						
経済一般							○			
財政・消費生活	○	○	○	○	○	○	○	○		
公害・環境問題			○			○	○		○	
国際社会との関わり	○							○	○	○
時事問題							○			
その他			○		○		○			

 **●●●● 出題傾向の分析と 合格への対策 ●●●●●**

 出題傾向とその内容

〈最新年度の出題状況〉

　本年度の出題数は，大問が5題であった。

　【問題一】は知識。漢字の読み書き，漢字の意味，書写，敬語，漢文の返り点が出題された。

　【問題二】は小説の読解。登場人物の心情や表現などについて問われた。

　【問題三】は論説文の読解。文章の内容だけでなく，図との対応を問う問題もあった。

　【問題四】は古文。仮名遣いや古語の意味，本文の内容について出題された。

　【問題五】は話し合いで，発言者の役割や発言の特徴について問われた。作文は，「芸術」についての考えと，根拠になる自分の体験を200字以内でまとめるものであった。

〈出題傾向〉

　国語の知識，読解力，そして書く力が試される。限られた時間内に，さまざまなジャンルの問題に手際よく答えることが求められている。

　知識問題は，漢字の読み書きが必出。それ以外にも，語句や文法について幅広く出題され，漢文の返り点は知識問題として扱われている。

　現代文の読解問題は，内容理解中心。文学的文章は，登場人物の心情やその変化，行動の理由などが問われる。説明的文章は，内容や筆者の意見，論理の展開などが問われる。本年度は，図との対応についても問われた。古文は，内容理解の前提となる基礎知識についても出題される。解答形式は，記号選択，本文からの抜き出し，記述，作文などさまざまである。

　会話・議論・発表も，毎年いろいろな形で出題されている。本年度は，ここで自分の生活における「芸術」について2段落構成200字以内で書く課題作文が出題された。

 来年度の予想と対策

　複数の記述問題や作文を含む多くの問題を解くためには，適切な時間配分をしなければならない。

　知識については，幅広く出題されるであろう。漢字の読みと書き取りはもちろん，語句や文法の基本も，しっかりと身につけておこう。書写や筆順・画数の違いについてもよく出題されるので学んでおきたい。また，語句の意味など読解問題で扱われる知識もある。

　読解問題は，複数の文章や図表との融合問題が出題される可能性もあるが，基本はそれぞれの読解である。いろいろな文章を読み，問題を解く練習を重ねれば，恐れる必要はない。

　現代文は，筆者の意見や登場人物の心情に注意して読むこと。記述問題については，設問をよく読んで，必要な内容を過不足なくまとめることができるようにしよう。

　古文は，基本的知識が必須。部分訳や注を手がかりに，人物の関係や大まかな内容を読み取れるようにしたい。

　作文は，とにかく自分で書いてみる。ポイントは，条件を満たすこと，筋の通ったわかりやすい文章を書くこと，原稿用紙の正しい使い方に従うことである。

⇨**学習のポイント**

- ・さまざまな文章の読解問題にふれよう。
- ・漢字，語句，文法，書写など，幅広く国語の知識を身につけよう。
- ・200字程度の作文の練習をしよう。

年度別出題内容の分析表　国語

		出題内容	27年	28年	29年	30年	2019年	2020年	2021年	2022年	2023年	2024年
内容の分類	読解	主題・表題					○					
		大意・要旨		○								
		情景・心情	○	○	○	○	○	○	○	○	○	○
		内容吟味	○	○	○	○	○	○	○	○	○	○
		文脈把握	○	○	○	○	○	○	○	○	○	○
		段落・文章構成	○		○	○	○					
		指示語の問題			○					○		
		接続語の問題	○			○	○	○	○			
		脱文・脱語補充	○	○	○	○	○	○	○		○	○
	漢字・語句	漢字の読み書き	○	○	○	○	○	○	○	○	○	○
		筆順・画数・部首			○	○			○		○	
		語句の意味		○	○	○					○	
		同義語・対義語										
		熟語			○				○	○	○	
		ことわざ・慣用句・四字熟語	○	○	○	○	○				○	
		仮名遣い	○	○	○	○	○	○	○			○
	表現	短文作成		○				○				
		作文（自由・課題）	○	○	○	○	○	○	○	○	○	○
		その他										
	文法	文と文節		○				○		○		
		品詞・用法	○		○	○	○	○	○	○	○	○
		敬語・その他		○	○	○	○	○	○	○	○	○
	古文の口語訳			○	○	○			○		○	○
	表現技法・形式		○		○					○		
	文学史											
	書写		○	○	○	○	○			○		○
問題文の種類	散文	論説文・説明文	○	○	○	○	○	○	○	○	○	○
		記録文・実用文										
		小説・物語・伝記	○	○	○	○	○	○	○	○	○	○
		随筆・紀行・日記										
	韻文	詩										
		和歌（短歌）										
		俳句・川柳										
	古文		○		○	○	○	○	○	○	○	○
	漢文・漢詩		○			○			○	○		○
	会話・議論・発表		○	○	○	○	○	○	○	○	○	○
	聞き取り											

大切なことはメモしておこうネ！

鳥取県公立高等学校

2024年度

★★★★★★★★★★★★★★★★★★★★

入 試 問 題

●くわしい解説 …… 67 ページ

＜数学＞　　時間　50分　　満点　50点

【問題1】　次の各問いに答えなさい。

問1　次の計算をしなさい。

(1) $-2-(-4)+5$

(2) $-\dfrac{2}{3}\times\left(-\dfrac{9}{4}\right)$

(3) $3\sqrt{3}-\sqrt{12}$

(4) $3(2x-1)-(x-2)$

(5) $-3xy\times 2x^3y^2\div(-x^2y)$

問2　x^2-8x+7　を因数分解しなさい。

問3　二次方程式$5x^2-x-1=0$を解きなさい。

問4　次の数量の関係を不等式に表しなさい。

> 　1個a円の梨を7個と1箱4000円の長いもをb箱買って代金を支払おうとしたところ，15000円では足りなかった。

問5　右の図Ⅰにおいて，$\angle x$の大きさを求めなさい。
　　　ただし，4点A，B，C，Dは円周上の点であり，点Mは直線ACと直線BDの交点，点Nは直線ADと直線BCの交点である。

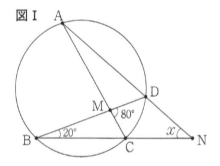

図Ⅰ

問6　3枚の硬貨を同時に投げるとき，少なくとも1枚は表となる確率を求めなさい。
　　　ただし，硬貨を投げるときの表，裏の出かたは，同様に確からしいものとする。

問7　3つの数，6，$\sqrt{31}$，$\dfrac{8}{\sqrt{2}}$　を，左から小さい順に並べなさい。

問8　右の図Ⅱのように，2本の棒で1個の部品を作り，この部品を横につなげてフェンスを作る。そして，棒の交わる部分と先端には飾りをつける。部品2個をつなげてフェンスを作った場合は飾りが8個，部品3個の場合は飾りが11個必要になる。**ともこさんとたけおさんは，**部品n個をつなげてフェンスを作ったとき，飾りが何個必要になるかを考えた。
　　このとき，次の(1)，(2)に答えなさい。

図Ⅱ

1個の部品

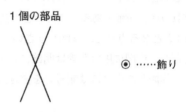

◉ ……飾り

部品をつなげて作ったフェンス

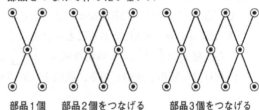

部品1個　　部品2個をつなげる　　部品3個をつなげる

(1)　**ともこさんは，**必要な飾りの個数について，次のように考えた。

$$2 \times (n+1) + n = 3n + 2 \,(\text{個})$$

　　右の**ともこさんのノート**を参考にして，この式の$2 \times (n+1)$は何を表しているか，説明しなさい。

ともこさんのノート

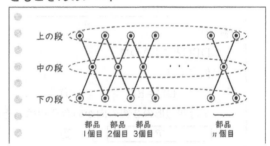

上の段

中の段

下の段

部品　部品　部品　　　　　部品
1個目 2個目 3個目　　　　n個目

(2)　**たけおさんは，**必要な飾りの個数について，次のように考えた。

$$\boxed{\text{ア}} - 2 \times (\,\boxed{\text{イ}}\,) = 3n + 2 \,(\text{個})$$

　　下の**たけおさんのノート**を参考にして，この式の$\boxed{\text{ア}}$，$\boxed{\text{イ}}$にあてはまる文字式をそれぞれ求めなさい。

たけおさんのノート

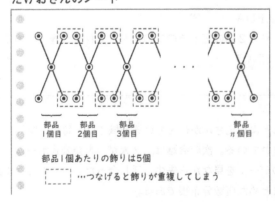

部品　　部品　　部品　　　　　　部品
1個目　 2個目　 3個目　　　　　 n個目

部品1個あたりの飾りは5個

☐… つなげると飾りが重複してしまう

問9　右の**図Ⅲ**において，△ABCの辺AB，ACの長さはそ
れぞれ a cm，b cmである。このとき，辺BC上に，BP：PC
$= a：b$ となる点Pを，作図しなさい。

ただし，作図に用いた線は明確にして，消さずに残して
おき，作図した点Pには記号Pを書き入れなさい。

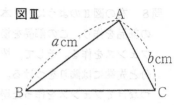

図Ⅲ

問10　右の**図Ⅳ**のように，平行四辺形ABCDにおい
て，辺BC上にDC＝DEとなる点Eをとる。このと
き，△DBC≡△EADであることを次のように証明
した。証明の　ア　には適切な式を，　イ　には③
が成り立つ適切な理由を書き，証明を完成させなさ
い。

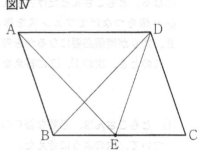

図Ⅳ

（証明）
　　△DBCと△EADで，
　　仮定より，
　　　　　DC＝ED　　　…①
　　平行四辺形の2組の向かい合う辺は，それぞれ等しいので，

| ア | …② |

　　

　　　　　　　　　　　　　　　　イ

　　したがって，
　　　　∠DCB＝∠EDA　　　…③
　　①，②，③より，2組の辺とその間の角が，それぞれ等しいので，
　　　　△DBC≡△EAD

　　　　　　　　　　　　　　　　　　　　　　　　　（証明終）

【問題2】　せいらさんとよしえさんが住んでいる地域では，毎年，県外から多くの人が参加する
マラソン大会が開催されている。次の**会話**は，2人が，大会公式ホームページで，昨年のマラソ
ン大会の参加者一覧のデータを見ながら**先生**と話し合ったものである。また，あとの**表**は，**会話**
の中でよしえさんがまとめた度数分布表である。

　　このとき，あとの各問いに答えなさい。

会話

> せいらさん：この大会には，昨年はちょうど4000人が参加していたんですね。参加者一覧には，記録や名前，年齢などが記載されています。参加者の年齢はすべて21歳以上61歳未満ですね。
>
> 先　　生：昨年，私は47歳で，中学校の同級生たちと一緒にこの大会に参加しましたよ。同年代の参加者もたくさんいたように思います。
>
> よしえさん：先生と同年代の参加者がどれくらいいたのかな。昨年のこの大会の参加者で，46歳以上51歳未満の人が何人くらい参加していたか，調べてみよう。
>
> せいらさん：そうだね。参加者のうち150人を対象に，数学の時間に学習した標本調査をやってみよう。
>
> よしえさん：それなら，この調査の対象となる母集団は（　①　）で，標本は（　②　）だね。
>
> せいらさん：150人を適切に選ぶには，（　③　）べきだね。
>
> 　（しばらくして）
>
> よしえさん：抽出した150人の年齢を度数分布表にまとめると**表**のようになったよ。
>
> せいらさん：この**表**をもとにすると，この大会に参加した46歳以上51歳未満の人数はおよそ（　④　）人と推定できるね。

問1　会話の（①），（②）にあてはまる内容の組み合わせとして正しいものを，次の**ア～エ**からひとつ選び，記号で答えなさい。

ア	①：46歳以上51歳未満の参加者 ②：抽出する150人の参加者
イ	①：46歳以上51歳未満の参加者 ②：すべての参加者
ウ	①：すべての参加者 ②：46歳以上51歳未満の参加者
エ	①：すべての参加者 ②：抽出する150人の参加者

表

年齢（歳）	人数（人）
21以上26未満	6
26以上31未満	12
31以上36未満	24
36以上41未満	30
41以上46未満	36
46以上51未満	21
51以上56未満	12
56以上61未満	9
計	150

問2　会話の（③）にあてはまる内容として最も適切なものを，次の**ア～エ**からひとつ選び，記号で答えなさい。

ア　すべての参加者を男女に分けて，無作為に男女各75人を選ぶ

イ　すべての参加者を男女に分けて，年齢が散らばるように男女各75人を選ぶ

ウ　すべての参加者から，無作為に150人を選ぶ

エ　すべての参加者から，年齢が散らばるように150人を選ぶ

問3　会話の（④）にあてはまる数を求めなさい。

問4　表をもとに，31歳以上36歳未満の階級までの累積相対度数を求めなさい。

問5　せいらさんは，抽出した150人の年齢の四分位数を求めようとした。次の**説明**は，中央値（第2四分位数）の求め方を記述したものである。**説明**の □ に適切な文を入れ，**説明**を完成させなさい。

説明

150人の年齢を小さい順に並べ，

　　　。

問6　せいらさんとよしえさんは，21歳以上61歳未満の人が参加した別のスポーツ大会Ａ～Ｄからそれぞれ150人を抽出した。右の図は，抽出した150人の年齢を大会ごとに箱ひげ図にまとめたものである。抽出したそれぞれの150人について，図から読み取ることができる内容として正しいものを，次の**ア～オ**から**2つ**選び，記号で答えなさい。

ア　四分位範囲が一番大きいのは大会Ａである

イ　平均年齢が一番高いのは大会Ｂである

ウ　40歳未満の参加者が一番多いのは大会Ｃである

エ　第1四分位数が一番小さいのは大会Ｄである

オ　Ａ～Ｄのすべての大会について，50歳以上の参加者は38人以上いる

図

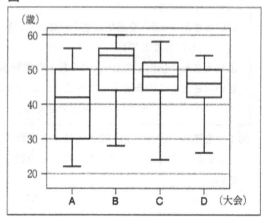

【**問題3**】　あきえさんは，研修旅行の班別行動で地域の歴史を調べるため，右の**行程表**に沿って史跡の探索に出かけた。

このとき，次の各問いに答えなさい。

問1　あきえさんの班は，ホテルを出発し，1km離れたＡ駅に向かった。

このとき，次の(1)，(2)に答えなさい。

(1)　ホテルからＡ駅まで時速3kmの速さで歩くとすると，何分かかるか求めなさい。

(2)　あきえさんの班は，ホテルから最初は時速3kmの速さで歩き，途中から時速10kmの速さで走った

行程表

※ホテル発（列車に遅れないよう出発）
9：20　**A駅**
⬇（列車20分）
9：40　**B駅**
⬇（徒歩15分）
9：55　**C寺**　探索2時間
⬇（徒歩10分）
12：05　**D城跡**　探索1時間40分
⬇（徒歩20分）
14：05　**E神社**　探索1時間20分
⬇（バス30分）
15：55　**ホテル着**

ところ，ホテルを出発してから15分後にA駅に到着した。

このとき，次の(i), (ii)に答えなさい。

(i) 歩いた道のりを a km として，次のような方程式をつくった。次の□にあてはまる式を，a を用いて表しなさい。

ただし，この問いの答えは，必ずしも約分や式を整理する必要はない。

$$\boxed{} = \frac{1}{4}$$

(ii) 歩いた時間を b 分として，次のような方程式をつくった。次の□にあてはまる式を，b を用いて表しなさい。

ただし，この問いの答えは，必ずしも約分や式を整理する必要はない。

$$\boxed{} = 1$$

問2　A駅からB駅を経由してC寺に行く道のりは20km あり，C寺からD城跡，E神社を経由してホテルに行く道のりも20km ある。なお，列車はバスよりも速く，列車のほうが1時間あたり21km 多く進むことが分かっている。また，**行程表**のB駅以降に「徒歩」と書いてある区間を歩く速さは，すべて等しい。

このとき，次の(1), (2)に答えなさい。

(1) 歩く速さを時速 x km，列車の速さを時速 y km として，**行程表**をもとに次のような連立方程式をつくった。次の $\boxed{ア}$，$\boxed{イ}$ にあてはまる式を，x, y を用いて表しなさい。

ただし　この問いの答えは，必ずしも約分や式を整理する必要はない。

$$\begin{cases} \boxed{\quad ア \quad} = 20 \\ \boxed{\quad イ \quad} = 20 \end{cases}$$

(2) 歩く速さと列車の速さは時速何km か，それぞれ求めなさい。

【**問題4**】　右の図Ⅰにおいて，放物線①は，関数 $y = x^2$，曲線②は関数 $y = \dfrac{a}{x}$ $(x > 0)$ のグラフであり，放物線①と曲線②の交点Aの座標は（2，4）である。また，放物線①上の2点P，Qの x 座標はそれぞれ t，$t-3$ で，直線 $x = t$ と曲線②の交点をRとする。ただし，$t > 0$ とする。

このとき，次の各問いに答えなさい。

問1　a の値を求めなさい。

問2　$t = 1$ のとき，直線PQの式を求めなさい。

図Ⅰ

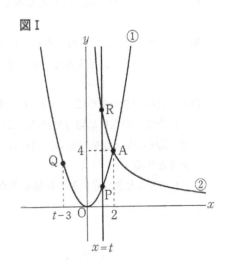

問3　直線PQが x 軸と平行になるとき，t の値を求めなさい。また，このときの点Rの y 座標を求めなさい。

問4　t は2より大きい整数とする。右の図Ⅱのように，直線 $x = t$ と x 軸の交点をSとする。x 軸，放物線①，曲線②，直線 $x = t$ で囲まれた部分（色の付いた部分）の周上及び内部にある点で，x 座標と y 座標がともに整数である点の個数を n 個とする。

このとき，次の(1)，(2)に答えなさい。

(1)　$t = 4$ のとき，n の値を求めなさい。

(2)　$n = 50$ のとき，t の値を求めなさい。

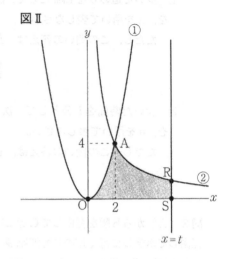

図Ⅱ

【問題5】右の図Ⅰにおいて，この立体は，1辺の長さが10cmの立方体である。また，辺EF上に点Pがあり，線分FPの長さを t cmとする。ただし，$0 < t < 10$ とする。

このとき，次の各問いに答えなさい。

問1　直線ABとねじれの位置にある直線を，次のア～オから　すべて選び，記号で答えなさい。

　　ア　直線DC　　イ　直線CG　　ウ　直線GH
　　エ　直線BF　　オ　直線FG

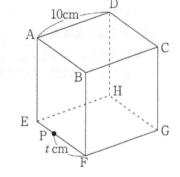

図Ⅰ

問2　$t = 5$ のとき，三角錐BFGPの体積を求めなさい。

問3　線分DPの長さが $6\sqrt{6}$ となるとき，t の値を求めなさい。

問4　$t = 2$ のとき，ひもを点Dから立方体の表面にそって点Pまでゆるまないようにかける。このひもの長さが最も短くなるときの長さを求めなさい。

問5　右の図Ⅱのように，点A，C，Pを通る平面で，この立方体を2つの立体に切り分ける。このとき，切り口である平面と辺FGの交点をQとし，切り分けた後の点Bを含む立体をXとする。

$t = 8$ のとき，立体Xの体積を求めなさい。

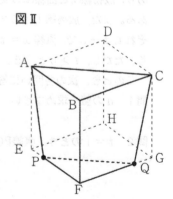

図Ⅱ

＜英語＞　　時間　60分　　満点　50点

【問題１】　放送を聞いて，次の各問いに答えなさい。

問１　No.１～No.３の英文を聞き，それぞれの英文の内容を最もよく表しているものを，次のア～エからひとつずつ選び，記号で答えなさい。英文は１回のみ放送します。

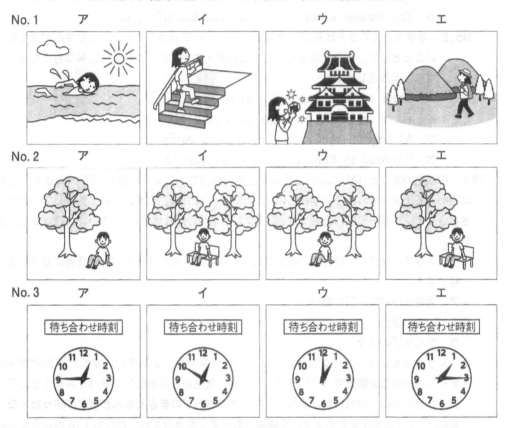

No.1　　ア　　　　　　　　　イ　　　　　　　　　ウ　　　　　　　　　エ

No.2　　ア　　　　　　　　　イ　　　　　　　　　ウ　　　　　　　　　エ

No.3　　ア　　　　　　　　　イ　　　　　　　　　ウ　　　　　　　　　エ

問２　No.１，No.２の会話を聞き，それぞれの英語の**質問**に対する答えとして，最も適切なものを，次のア～エからひとつずつ選び，記号で答えなさい。会話は１回のみ放送します。

No.１　〈留学生（Misa）とホストファーザー（Greg）との会話〉

【質問】　What will Misa do tomorrow?

　　ア　Eat pizza and salad　　イ　Join the cooking class
　　ウ　Go to a restaurant　　エ　Make lunch

No.２　〈ALT（Melinda）と中学生（Takuma）との会話〉

【質問】　What are they talking about?

　　ア　Their future dreams　　イ　How important English is
　　ウ　Their favorite subjects　　エ　Studying in the United States

問3　No.1，No.2の英文を聞き，次の各問いに答えなさい。

No.1　中学生のこうすけさんはニュージーランドでホームステイをしています。現地のボランティアガイドによる観光ツアーに参加し，このツアー中に，日本の家族へのお土産を買う予定です。ボランティアガイドによる出発前の説明を聞いて，こうすけさんがお土産を買うのに最も適切な場所を，次のア〜エからひとつ選び，記号で答えなさい。英文は2回放送します。

ア　The east area of town　　イ　The west area of town
ウ　The famous street　　エ　The beautiful park

No.2　中学生のえりさんは英語の授業で，AIについて発表しました。えりさんが最も伝えたいこととして，最も適切なものを，次のア〜エからひとつ選び，記号で答えなさい。英文は2回放送します。

ア　There are new cars with AI today.
イ　There are some problems with AI.
ウ　AI helps us get useful information easily.
エ　We need to think about how we use AI.

問4　中学生のまさと（Masato）さんは英語部の部長で，シェリー先生（Ms. Sherry）と週末に行われるアメリカのある中学校とのオンライン（online）交流について話をしています。まさとさんとシェリー先生の会話を聞き，次の(1)，(2)の各問いに答えなさい。会話は2回放送します。

(1)　オンライン交流で，自己紹介の後に続く，次のア〜ウの活動を，行う順番に並べかえ，記号で答えなさい。

ア　趣味についての話し合い
イ　地元の紹介
ウ　学校生活の紹介

(2)　まさとさんはオンライン交流当日に，プレゼンテーションを行いました。次のプレゼンテーションの冒頭部分の（　）には，シェリー先生からの事前のアドバイスをもとに行ったアメリカの生徒への問いかけが入ります。次のページのまさとさんが事前に作ったメモを参考に，（　）にあてはまる英文を，5語以上の一文で書きなさい。ただしI'mのような短縮形は1語として数え，符号（，など）は語数に含めないこととする。

プレゼンテーションの冒頭部分

Hi, I'm Masato.
I'm going to talk about school life in Japan.
(　　　　　　　　　　　　　)?

まさとさんが事前に作ったメモ

	自分の学校	交流先の学校
学年	４月始まり・３月終わり	９月始まり・６月終わり
服装	制服	自由
昼食	給食	持参または食堂
掃除時間	あり	なし

【問題２】　次の各問いに答えなさい。

問１　次のNo.1～No.3の会話を読み，（　　）にあてはまる適切な英語を，それぞれ１語で答えなさい。

No.1　〈家での会話〉
　A: What are you doing?
　B: I'm (　　　) for my English textbook.　Have you seen it?

No.2　〈友達同士の会話〉
　A: (　　　) don't we study together for the math test this afternoon?
　B: I'm sorry.　I have to go to the dentist.

No.3　〈友達同士の会話〉
　A: Lisa and I are going to go to the zoo this weekend.
　　　Would you like to come with us?
　B: Sure.　But I have to ask my mother.
　A: OK.　(　　　) me know before Thursday.

問２　次のNo.1，No.2の英文を読み，（　　）にあてはまるものとして，最も適切なものを，次のア～エからひとつずつ選び，記号で答えなさい。

No.1
I don't agree with you.　I have a different (　　　).　I think summer is the best season for foreign people to visit Japan.
　　ア　action　　イ　work　　ウ　opinion　　エ　movement

No.2
Our team practiced hard before the tournament (　　　) we didn't win, I'm happy that we did our best.
　　ア　If　　　イ　Though　　ウ　So　　　エ　Because

問３　次の生徒同士の会話を読み，（　　）内の語を必要に応じて適切な形に変えたり，不足している語を補ったりして，会話が成り立つように英語を完成させなさい。
　A: I forgot my pen.　(use) yours?
　B: Sure.
　A: Thank you.

【問題３】　佐藤先生（Mr. Sato）と，アン先生（Anne-sensei）が，英語の授業のはじめに話をしています。次のページの絵１～４は，そのときの２人の会話の様子を上から順に示したものです。これらの会話を読み，あとの各問いに答えなさい。

絵1

Anne-sensei, you've been living in Tottori for six months.

Yes. I like Tottori very much.

絵2

I'm glad to hear that.
(①)?

Yes. I like the food in Tottori very much. My favorite one is *gyukotsu ramen*.
Do you like it too, Mr. Sato?

絵3

Yes. It's delicious.
By the way*,(②)
on weekends?

(注) by the way　ところで

I often go out with my camera. Tottori has many beautiful spots.

絵4

So, you really enjoy your life here.

Yes. But I have one problem. I want to learn more Japanese words. I want to communicate with local people more.

問1　絵2の（①），絵3の（②）にあてはまる英文，または英文の一部を，**それぞれ4語以上**で書きなさい。ただし I'm のような短縮形は1語として数え，符号（，など）は語数に含めないこととする。

問2　絵1〜4の会話の後，アン先生が次のように生徒に問いかけました。次の**アン先生からの問いかけ**の下線部に対するあなたの考えを，あとの**条件**に従って書きなさい。

アン先生からの問いかけ

I know some easy words, such as *arigatou* and *konnichiwa*.
Can you teach me another useful Japanese word?
And please tell me its meaning* and when to use it.

（注）meaning　意味

条件

・20語程度の英語で書くこと。
・主語・動詞を含む文で書くこと。
・会話で述べられている例以外の内容とすること。
・I'm のような短縮形は1語として数え，符号（，や．など）は（例）のように書き，語数に含めないこととする。
　（例）　符号をつける場合の書き方：　a　　boy　，　Tom　．

【問題4】　次の各問いに答えなさい。

問1　中学生のまさこさんは，英語の時間に，身近な環境問題について，宅配便の再配達に着目し，意見を発表しました。次のページの**グラフ1**及び**グラフ2**は，宅配便についての全国的な調査の結果で，**グラフ3**は，再配達率が高いある市における，宅配ボックス（留守の間に宅配

便を受け取るためのロッカー）の設置前と設置後の変化を表したものです。これらの資料を見て，あとの(1)，(2)の各問いに答えなさい。

グラフ１

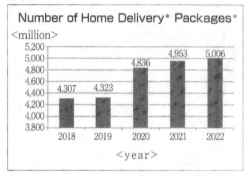

グラフ２

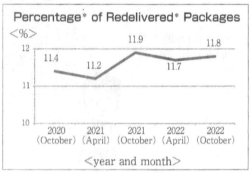

グラフ１，２　国土交通省報道発表資料から作成

（注）home delivery　宅配便（の）　　package(s)　荷物　　percentage　割合
redelivered　redeliver　「再配達する」の過去分詞形

グラフ３

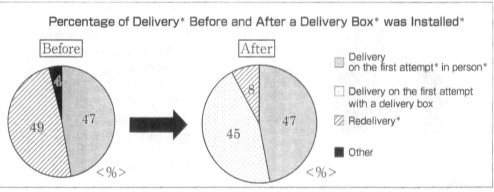

グラフ３　パナソニック株式会社による「『宅配ボックス実証実験』最終結果報告」から作成

（注）delivery　配達（の）　　delivery box(es)　宅配ボックス
installed　install　「設置する」の過去分詞形
on the first attempt　一回目の　　in person　対面で　　redelivery　再配達

(1)　**グラフ１からわかることとして，最も適切なものを，次のア〜エからひとつ選び，記号で答えなさい。**

ア　In 2018, more home delivery packages were sent than in 2019.

イ　The number of home delivery packages was the smallest in 2020.

ウ　In 2022, home delivery was not used as much as in the last four years.

エ　The number of home delivery packages got larger every year.

(2) まさこさんは，**グラフ2**（Graph 2）及び**グラフ3**（Graph 3）を使って意見を発表しました。次の**意見の一部**の（①）と（②）にあてはまるものとして，最も適切なものを，あとの**ア〜オ**からそれぞれひとつ選び，記号で答えなさい。

意見の一部

> Do you often use home delivery?　It is very convenient.　But redelivery of packages is a big problem.　It creates more CO_2*, and that is bad for the environment.　Graph 2 shows that more than（　①　）% of the packages were redelivered.　What can we do about this problem? I think using delivery boxes is one way to solve it.　Look at Graph 3. 　After people had delivery boxes, the percentage of redelivery was about （　②　）% lower* than before they were installed.

(注)　CO_2　二酸化炭素　　　lower　low「低い」の比較級

ア 10　　**イ** 20　　**ウ** 30　　**エ** 40　　**オ** 50

問2　イアン先生のカナダに住んでいる弟が，鳥取県を訪れることになり，イアン先生は生徒たちに，次のお願いをしました。生徒たちは，**イアン先生のお願い**を聞き，スライドを作成しました。イアン先生が，**生徒たちが作成したスライド**を弟に送ったところ，後日，イアン先生の弟からメッセージが届きました。その**メッセージの一部**の（　）にあてはまるものとして，最も適切なものを，あとの**ア〜エ**からひとつ選び，記号で答えなさい。ただし，（　）には同じ記号が入るものとする。

イアン先生のお願い

> Do you know a good place for my brother to stay at?
> He wants to eat local food and likes to learn about history.

生徒たちが作成したスライド

Shirakabe Ryokan
・You can eat a delicious dinner with local fish.
・Guests* can go on a free tour* and they can learn about the history of Tottori from a tour guide*.

Daisen Green Hotel
・You can eat delicious local food at the restaurant in this hotel.
・It has a small library with many books about Tottori's history.

Minshuku Shirousagi
・The dinner here is famous.　It is made with Tottori beef and local

vegetables.

・The owner* likes to talk about the history of Tottori with the guests.

Oshidori Guest House

・It has a nice kitchen for guests to use.

・It's a popular place among foreign tourists and they can talk with each other.

（注）　guest(s)　客　　go on a free tour　無料のツアーに参加する　　guide　ガイド（案内する人）
　　　　owner　オーナー，経営者

メッセージの一部

Thank you.　I've decided to stay at （　　）.　I want to try the local food in Tottori.　But I don't like fish so much.　I study Japanese at school, but I can't read it well yet.　However, I want to talk with local people in Japanese.　So I think （　　）is the best place for me.

ア　Shirakabe Ryokan　　　　　イ　Daisen Green Hotel
ウ　Minshuku Shirousagi　　　　エ　Oshidori Guest House

問3　中学生のしおりさんのクラスは，シンガポールの大学生の訪問を受けることになり，英語の時間に，自分たちの町のよいところをグループごとに英語で紹介することにしました。そのために，生徒がひとつずつ紹介する情報を調べ，グループごとにホワイトボードアプリを使って共有し，紹介のためのポスターを作成しました。次のページのしおりさんのグループの**ホワイトボードアプリの画面**と，18ページの**紹介する内容を表すポスター**を見て，次の(1)，(2)の各問いに答えなさい。

(1)　**ホワイトボードアプリの画面**に示された，しおりさんのグループが紹介する内容に合うものとして，最も適切なものを，次の**ア～エ**からひとつ選び，記号で答えなさい。

　　ア　People often go to the forest to drink delicious water.
　　イ　Cleaning the beach saves fish and other animals in the sea.
　　ウ　People who visit the museum can see beautiful photos.
　　エ　Famous musicians come to the music festival every year.

(2)　しおりさんのグループは，ポスターで町のよさを伝えるために，イラストに加え，ホワイトボードアプリ上の情報を整理し，見出しをつけることにしました。**紹介する内容を表すポスター**の見出しとして，（**A**）にあてはまる最も適切なものを，次の**ア～エ**からひとつ選び，記号で答えなさい。

　　ア　Our town protects the environment and loves art.
　　イ　Our town is full of nature and music.
　　ウ　Our town has a beautiful beach and forest.
　　エ　Our town is small but has many events for tourists.

ホワイトボードアプリの画面

Our town has a beautiful beach. We sometimes clean the beach. We often find plastic bags, plastic bottles* and other trash. By cleaning the beach, we can keep it beautiful and protect* the life in the sea.

（注）plastic bottle(s)　ペットボトル
　　　protect　守る

There is an old temple in our town. It has old ink paintings* by a famous monk*. It is a good place for people who like traditional art.

（注）ink painting(s)　水墨画
　　　monk　僧侶

A famous painter* was born in our town. We have a museum that has some of his paintings*. The museum is small but it is one of the best places to visit.

（注）painter　画家
　　　painting(s)　絵画

Tourists to this town can use bikes for free*. Also, you can see wind turbines* that make electricity*. The bikes and the wind turbines help to stop global warming*.

（注）for free　無料で
　　　wind turbine(s)　風車
　　　electricity　電気
　　　global warming
　　　地球温暖化

Our town is famous for delicious water. It comes from the forest, so we do things to protect the forest. Planting* trees is one of them.

（注）planting
　　　plant「植える」の動名詞

We have a music festival every year. Local people come and play different kinds of music. Last year, we invited* a famous singer for the first time.

（注）invited
　　　invite「招待する」の過去形

紹介する内容を表すポスター

【問題5】　次の英文は，中学3年生のけん（Ken）さんが英語弁論大会で話した内容です。これを読み，あとの各問いに答えなさい。

Sawasdee khrap*. This is "hello" in Thai*. I will talk about my experience in Thailand* last summer. My father has been to Thailand many times and he always told me it was a nice place. One day, he asked me, "Do you want to join an exchange program* in Thailand?" I was (①) and thought, "I can't speak Thai. How will I communicate with the people there? I know that students learn English there too, but my English is not very good." My father said, "It will be a good experience for you. Think about it." I thought about it for a few days, and I decided to go.

When I arrived at the airport* in Bangkok*, I was welcomed* by a boy and his family. The boy smiled and said, "Hello, I'm Peter. I'm your host brother*." I said, "Peter? That's an English name." He said, "Yes, it's my nickname*. In Thailand, we often use nicknames, because our real names are usually very long." According to him, various words for things are sometimes used as nicknames too. For example, "Book," "Ball" or even the Japanese word "Judo" are used as nicknames by some people. I thought ②that was interesting.

The next day, I went to the local school with Peter. I was nervous about meeting the other students and speaking English with them. However, I felt relieved* when they welcomed me with big smiles. I used all the English words I knew. And when I didn't know how to say something in English, I used gestures*.　They also tried to use easy English for me, so I could understand them.　③It didn't take long for us to become good friends.

　One day, Peter showed me a picture.　In the picture, people were splashing* water on each other.　He said, "Do you know Songkran*?　It's our traditional New Year's festival.　We splash water on people with buckets* and water guns* for good luck."　I wanted to go to the festival!　However, I would* not be in Thailand then.　I felt very sad.

　On the last day of school, when we finished class, Peter asked me to go outside.　My classmates were there with buckets of water and water guns. Peter said, "Here's your bucket, Ken.　Let's start ④our Songkran!"　Then we started splashing water on each other.　Everyone was smiling.　I was so happy.

　People call Thailand "the Land of Smiles."　Now I understand why.　I'll never forget their warm smiles and their kindness.

(注) sawasdee khrap　サワディークラップ（タイ語のあいさつ）　　Thai　タイ語

　　Thailand　タイ（東南アジアの国）　exchange program　交換留学プログラム

　　airport　空港　　Bangkok　バンコク（タイの首都）

　　welcomed　welcome「歓迎する」の過去分詞形　　host brother　留学中滞在する家の男の子

　　nickname　ニックネーム　　relieved　安心した　　gesture(s)　ジェスチャー

　　splashing　splash「（水などを）はねかける」の現在分詞形

　　Songkran　ソンクラン（タイの祭り）　　bucket(s)　バケツ　　water gun(s)　水鉄砲

　　would　will（～だろう）の過去形

問1　本文の内容から判断して，次のア～エの絵を，出来事の順番に並べかえ，記号で答えなさい。

問2　本文の内容から判断して，（①）に入るけんさんの気持ちとして，最も適切なものを，次のア～エからひとつ選び，記号で答えなさい。

ア　excited　イ　worried　ウ　tired　エ　hungry

問3　本文の内容から判断して，下線部②の具体的な内容として，最も適切なものを，次のア～エからひとつ選び，記号で答えなさい。

ア　People in Thailand don't use English nicknames.

イ　A lot of people in Thailand have long nicknames.

ウ　In Thailand, nicknames can come from names of things.

エ　"Judo" is the most popular nickname in Thailand.

問4　本文の内容から判断して，下線部③のようになったのはなぜですか。理由として最も適切なものを，次のア〜エからひとつ選び，記号で答えなさい。

ア　Ken went to the local school during his stay in Thailand.

イ　Ken's classmates were friendly but Ken was nervous.

ウ　Ken and his classmates did their best to understand each other.

エ　Ken would like to enjoy the festival with his classmates.

問5　ピーターさんが，下線部④のように表現したのはなぜですか。本文の内容をふまえて，30字以内の日本語で答えなさい。ただし，句読点も1字に数えることとする。

問6　次の英文は，タイから日本に帰ったあとに，けんさんがピーターさんに送ったメールの一部です。本文の内容をふまえて，（　）にあてはまる言葉を，10語程度の英語で書きなさい。ただし，I'm のような短縮形は1語として数え，符号（，や．など）は，あとの**(例)**のように書き，語数に含めないこととする。

メールの一部

I now know why Thailand is "the Land of Smiles." At first, I was nervous about going to school there. But （　　　　　　　　　　　）. Thanks to* you, I enjoyed talking with you and had a wonderful time. Thank you.

(注) thanks to 〜　〜のおかげで

(例)　符号をつける場合の書き方：〜　　a　　boy　，　Tom　．

＜理科＞　　時間　50分　満点　50点

【問題1】 次の会話は，**ひろとさん**と**あおいさん**がオオサンショウウオの観察会に参加したときのものである。あとの各問いに答えなさい。

会話

> **ひろとさん**：オオサンショウウオの実物を見るのは初めてだ。環境省のレッドリストではオオサンショウウオは（ ① ）危惧Ⅱ類に選定されているよ。
>
> **あおいさん**：オオサンショウウオは，漢字では「大山椒魚」と書くし，一生のほとんどを水の中で過ごすようだから，魚類なのかな。
>
> **ひろとさん**：でも，体のつくりを見ると，あしがあるね。他の②<u>いろいろな特徴</u>にも注目して考えると，オオサンショウウオは両生類に分類されるよ。③<u>生物は長い年月をかけて進化</u>するけれど，オオサンショウウオは2千万年以上前から現在まで，その姿をほとんど変えることなく保っているため，生きた化石といわれているそうだよ。
>
> **あおいさん**：化石からは，その生物が生活していた時代や環境を推測できるけれど，④<u>化石だけではなく，現在，地球上で生活する脊椎動物の特徴をくわしく見ると</u>，進化の道すじが見えてくるのかな。

オオサンショウウオ

問1　会話の（①）には，ある種の生物が，地球上または特定の地域からいなくなることを表す語句が入る。（①）に入る語句を何というか，答えなさい。

問2　会話の下線部②について，脊椎動物の5つのなかまのうち，魚類，両生類，は虫類の特徴について，表のようにあてはまるものに○をつけてまとめた。表の両生類の列について，○がつくものを，表のア～キからすべて選び，記号で答えなさい。

表

特　　　徴	魚　類	両生類	は虫類
えらで呼吸する時期がある。	○	ア	
肺で呼吸する時期がある。		イ	○
卵生で，卵を水中に産む。	○	ウ	
卵生で，卵を地上に産む。		エ	○
胎生である。		オ	
羽毛や体毛がある。		カ	
羽毛や体毛がない。	○	キ	○

問3　会話の下線部③について，脊椎動物の5つのなかまが，地球上に出現する時代を，図のようにまとめた。両生類は脊椎動物の中で2番目に出現したといわれている。鳥類が出現した時代を表したものとして，最も適切なものを，図の**ア〜エ**からひとつ選び，記号で答えなさい。

図

	古生代			中生代		新生代
5億年前	4億年前	3億年前	2億年前	1億年前	現在	

ア

両生類

イ

ウ

エ

問4　会話の下線部④について，次の(1)，(2)に答えなさい。

(1)　見かけの形やはたらきは異なっていても，基本的なつくりが同じで，起源は同じものであったと考えられる器官を何というか，答えなさい。

(2)　スズメの翼と(1)の関係にある器官として，**適切ではないもの**を，次の**ア〜カ**からひとつ選び，記号で答えなさい。

　　ア　ヒトのうで　　　**イ**　クジラの胸びれ　　**ウ**　コウモリの翼
　　エ　カメの前あし　　**オ**　カエルの前あし　　**カ**　チョウのはね

【問題2】金属と結合する酸素の量について調べるために，**実験1**を行った。あとの各問いに答えなさい。

実験1

操作1　酸化銀2.9gを乾いた試験管Aに入れて，**図1**のような装置を組み立てて加熱し，発生した気体を試験管Bに集めた。

操作2　気体が発生しなくなってから，ガラス管を水の中からぬいて，ガスバーナーの火を消した。

操作3　試験管Aが冷えてから，試験管Aの中に残った物質を取り出し，質量をはかると，2.7gであった。また，性質を調べると，銀であることがわかった。

操作4　試験管Bに集めた気体を調べると，酸素であることがわかった。

図1

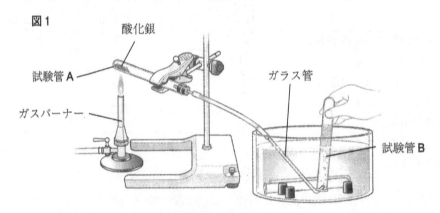

問1　**実験1**について，次の(1)，(2)に答えなさい。

(1)　酸素は，水にとけにくい気体である。**図1**のような気体の集め方を何というか，答えなさい。

(2)　酸化銀を加熱したときの化学変化を，化学反応式で答えなさい。

問2　マグネシウムを用いて，**実験2**を行い，結果を**表**にまとめた。あとの(1)，(2)に答えなさい。

　実験2

操作1　ステンレス皿と金網の質量をはかったのち，**図2**のように，けずり状のマグネシウムをはかりとった。

操作2　けずり状のマグネシウムをステンレス皿にうすく広げ，**図3**のように，強い火で皿ごと加熱し，マグネシウムを完全に反応させた。

操作3　加熱をやめ，皿をじゅうぶんに冷ましてから，ふたたび**図2**のように，全体の質量をはかった。

操作4　けずり状のマグネシウムの質量を変えて，同じ操作を繰り返し，それぞれの結果を，**表**にまとめた。

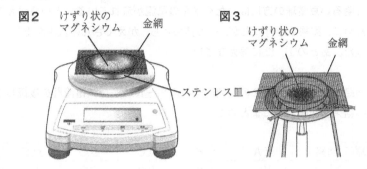

図2　けずり状のマグネシウム　金網　ステンレス皿
図3　けずり状のマグネシウム　金網

表

けずり状のマグネシウムの質量〔g〕	0.30	0.60	0.90	1.20
加熱後の酸化マグネシウムの質量〔g〕	0.50	1.00	1.50	2.00

(1)　マグネシウムの質量と，結びついた酸素の質量の関係を表すグラフをかきなさい。

(2)　**実験1**と**実験2**の結果から，同じ質量の酸素と結びつく，銀の質量とマグネシウムの質量の比を，最も簡単な整数で，答えなさい。

【**問題3**】　やまとさんとかえでさんは，種類の異なる2つの豆電球Pと豆電球Qを用いて，**図1**の直列回路や**図2**の並列回路をつくり，豆電球の明るさを比較しながら**会話**を行った。あとの各問いに答えなさい。

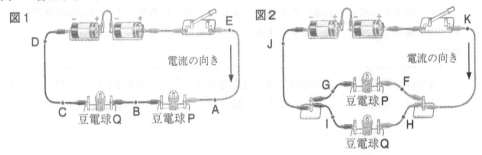

図1　D　E　電流の向き　C　豆電球Q　B　豆電球P　A
図2　J　K　電流の向き　G　豆電球P　F　I　豆電球Q　H

会話

> やまとさん：直列回路だと豆電球Ｐの方が明るいのに，並列回路にすると豆電球Ｑの方が明るいね。なぜだろう。
>
> かえでさん：**明るい豆電球の方には，たくさんの電流が流れている**と思うよ。
>
> やまとさん：もし，その**仮説が正しければ**　豆電球を流れる電流の大きさについて，豆電球Ｐと豆電球Ｑを比べたとき　直列回路では（　①　）く，並列回路では（　②　）くなるはずだよ。その仮説を確かめるために，回路のいろいろな部分で電流をはかってみよう。

問1　会話の下線部について，（①），（②）にあてはまる内容として，最も適切なものを，次のア～ウから，それぞれひとつ選び，記号で答えなさい。

ア　豆電球Ｐに流れる電流のほうが大き

イ　豆電球Ｑに流れる電流のほうが大き

ウ　豆電球Ｐに流れる電流と豆電球Ｑに流れる電流は等し

問2　2人は「明るい豆電球の方には，たくさんの電流が流れている」というかえでさんの仮説を確かめるために，**実験1**を行ったが，その結果から，**かえでさんの仮説が正しくない**と考え，**実験2**を行った。あとの(1)，(2)に答えなさい。

実験1

　図1の直列回路の点Ａ～Ｅ，図2の並列回路の点Ｆ～Ｋの各点に電流計を接続して電流をはかり，それぞれの結果を次の**表1**にまとめた。

表1

図1の直列回路	点Ａ	点Ｂ	点Ｃ	点Ｄ	点Ｅ	
電流［mA］	199	199	199	199	199	
図2の並列回路	点Ｆ	点Ｇ	点Ｈ	点Ｉ	点Ｊ	点Ｋ
電流［mA］	250	250	300	300	550	550

実験2

　図1の直列回路の区間AB間，BC間，AC間，DE間，AE間，CD間，図2の並列回路の区間FG間，HI間，JK間に電圧計を接続して電圧をはかり，それぞれの結果を**表2**にまとめた。

表2

図1の直列回路	AB間	BC間	AC間	DE間	AE間	CD間
電圧［V］	1.6	1.2	2.8	2.8	0.0	0.0
図2の並列回路	FG間	HI間	JK間			
電圧［V］	2.8	2.8	2.8			

(1)　**表1**と**表2**から考えられる次の**考察**の（③）～（⑤）にあてはまる内容の組み合わせとして，最も適切なものを，あとの**ア～エ**からひとつ選び，記号で答えなさい。

考察

　　豆電球の明るさは，直列回路では，豆電球に（　③　）が大きいほうが明るく，並列回路では，豆電球に（　④　）が大きいほうが明るい。この結果から，豆電球の明るさ

は，豆電球に（　⑤　）に関係すると考えられる。

	（　③　）	（　④　）	（　⑤　）
ア	流れる電流	流れる電流	流れる電流のみ
イ	流れる電流	加わる電圧	流れる電流と加わる電圧の両方
ウ	加わる電圧	流れる電流	流れる電流と加わる電圧の両方
エ	加わる電圧	加わる電圧	加わる電圧のみ

(2)　**実験1**において，豆電球を光らせたままにすると，豆電球を並列につないだときのほうが，早く乾電池が使えなくなった。その理由を答えなさい。

問3　次の文は，テーブルタップの使用について述べたものである。文の（⑥），（⑦）にあてはまる語句の組み合わせとして，最も適切なものを，あとの**ア〜エ**からひとつ選び，記号で答えなさい。

文

> テーブルタップでは，電気器具は（　⑥　）に接続されている。図3のように，テーブルタップにつなぐ電気器具がふえると，それぞれの電気器具を流れる電流の（　⑦　）がテーブルタップのコードを流れる。決められた値より流れる電流が大きくなると，危険である。

	（　⑥　）	（　⑦　）
ア	直列	和
イ	直列	積
ウ	並列	和
エ	並列	積

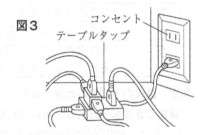
図3　コンセント　テーブルタップ

【問題4】　夏の晴れた日の昼，砂浜をはだしで歩くと砂は熱く感じるが，海水は冷たく感じる。これは，砂浜と海水では，あたたまり方にちがいがあるからである。陸と海のあたたまり方のちがいによって，どのように大気が動くかを調べるために，次の**実験**を行った。

実験

　図1のように，同じ大きさの容器に砂と水を入れ，太陽に見立てたライトを用いて，同じ時間，同じ条件であたためた。次にライトを取り除いて，図2のように，砂を入れた容器と水を入れた容器の間に，火のついた線香を立て，ガラスの箱でおおい，ガラスの箱の中のけむりの動きを観察した。（図は次のページ）

結果

> 線香のけむりの動きによって　空気の流れが観察できた。さらにしばらく観察を続けると，線香のけむりが逆方向に動きはじめた。

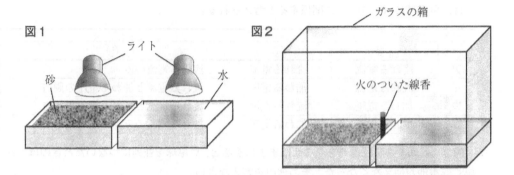

図1　ライト　砂　水

図2　ガラスの箱　火のついた線香

問1　次の文は，結果の下線部のような現象がおこる原因について，説明したものである。文の（①），（②）にあてはまる内容の組み合わせとして，最も適切なものを，あとの**ア〜エ**からひとつ選び，記号で答えなさい。

文

> 　砂は水に比べて（　①　）性質があるため，砂と水に温度差が生じる。そのため，太陽に見立てたライトを取り除いた直後は，砂を入れた容器の上のほうが空気の密度が（　②　）の空気の流れが生じ，水を入れた容器の上には，逆向きの空気の流れが生じる。

	（　①　）	（　②　）
ア	あたたまりにくく冷めにくい	大きくなることで，下向き
イ	あたたまりにくく冷めにくい	小さくなることで，上向き
ウ	あたたまりやすく冷めやすい	大きくなることで，下向き
エ	あたたまりやすく冷めやすい	小さくなることで，上向き

問2　結果の下線部のとき，ガラスの箱の中の上方と下方に観察できる水平方向の空気の流れを，図3の上方，下方の ▢ に，水平方向の矢印で表しなさい。

図3

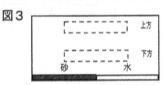

上方　下方　砂　水

問3　晴れた日の夜は，陸と海の温度の差が原因で，陸から海に向かう風がふくことがある。陸から海に向かう風がふくときの，地表や海面から上空にかけての気圧の分布のようすを表している図として，最も適切なものを，次の**ア〜エ**からひとつ選び，記号で答えなさい。

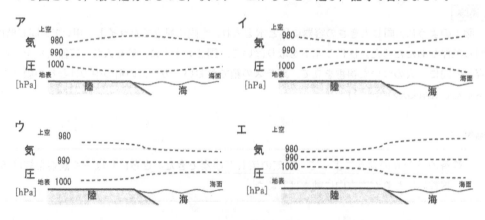

ア　気圧［hPa］　上空　980　990　1000　地表　陸　海　海面

イ　気圧［hPa］　上空　980　990　1000　地表　陸　海　海面

ウ　気圧［hPa］　上空　980　990　1000　地表　陸　海　海面

エ　気圧［hPa］　上空　980　990　1000　地表　陸　海　海面

問4　季節に特徴的にふく季節風も，陸と海の温度の
　　差が原因でふく風である。日本付近における夏の季
　　節風の風向として，最も適切なものを，右の**ア～エ**
　　からひとつ選び，記号で答えなさい。

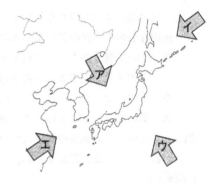

問5　大気圧は大気の重さによる圧力のことである。大気圧の大きさは，海面と同じ高さのとこ
　　ろでは平均約1000hPaとする。海面と同じ高さのところに置いた100cm²の板の上には，何gの
　　大気があると考えられるか，答えなさい。ただし，1Pa＝1N/m²，質量100gにはたらく重力
　　は1Nとする。

【問題5】 植物の光合成について，次の各問いに答えなさい。

問1　光合成によってつくられる栄養分について調べるために，**実験1**を行い，その結果を**表1**
　　にまとめた。あとの(1)，(2)に答えなさい。

実験1

操作1　一晩暗室に置いたオオカナダモから，先端近くの若い葉を3枚ずつ，水の入ったペトリ
　　　皿に別々に浮かべ，**図1**のように，1つは光によく当て，もう1つは暗室に置いた。

操作2　操作1のそれぞれのペトリ皿から葉を1枚ずつ，顕微鏡で観察し，どちらの葉にも葉緑
　　　体があることを確認した。

操作3　操作1のそれぞれのペトリ皿から葉を1枚ずつ，**図2**のように熱湯に短時間つけたあ
　　　と，スライドガラスにのせ，うすいヨウ素溶液を1滴落としてプレパラートをつくり，顕
　　　微鏡で観察した。

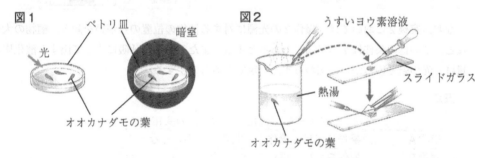

表1

	光によく当てた葉	暗室に置いた葉
操作3で観察した葉のようす	ヨウ素溶液の反応が現れた葉緑体が多数観察できた	ヨウ素溶液の反応が現れた葉緑体が観察できなかった

(1)　**実験1**の結果から，光合成によってつくられた栄養分は何か，答えなさい。

(2) 光合成によってつくられた(1)の栄養分が，植物の体全体に運ばれるしくみについて，最も適切なものを，次の**ア～エ**からひとつ選び，記号で答えなさい。

　ア (1)の栄養分のまま，道管を通って植物の体全体に運ばれる。

　イ (1)の栄養分のまま，師管を通って植物の体全体に運ばれる。

　ウ 葉の中で，水にとけやすい物質に変えられ，道管を通って植物の体全体に運ばれる。

　エ 葉の中で，水にとけやすい物質に変えられ，師管を通って植物の体全体に運ばれる。

問2 光合成と光の強さの関係について調べるために，**実験2**を行い，その結果を**表2**にまとめた。あとの(1)，(2)に答えなさい。

　実験2

操作1　一晩暗室に置いた同じ種類の植物を3つ用意し，それぞれポリエチレンの袋をかぶせて，**図3**のように，息をじゅうぶんにふきこみ，**図4**のように，袋の中の二酸化炭素の割合を気体検知管で調べたうえで，密閉した。

操作2　**図5**のように，部屋を暗室の状態にし，光源からの位置が近い場所に置いた植物を**A**，光源からの位置が遠い場所に置いた植物を**B**，箱でおおい光がまったく当たらない植物を**C**とした。

操作3　光源から出た光を当てながら数時間置いたあと，再び，気体検知管で二酸化炭素の割合を調べ，**操作1**の測定結果と比較して，その変化を確認した。

図3

図4

ポリエチレンの袋　　　気体検知管

図5

　なお，**実験2**においては，**操作2**の光源に対する植物の位置のちがいを除き，植物の大きさなど，その他の条件はすべて同じであるとする。また，植物が呼吸によって出す二酸化炭素の量は，光の強さのちがいに関わらず，一定であるものとする。

表2

	袋の中の二酸化炭素の割合の変化
植物A	**操作3**では，**操作1**の割合より小さくなった
植物B	**操作3**では，**操作1**の割合と変化がなかった
植物C	**操作3**では，**操作1**の割合より大きくなった

(1) **実験2**において，植物Bでは，二酸化炭素の割合が**操作2**の前後で変化しなかった。「光合成」と「呼吸」の2つの語句を用いて，その理由を答えなさい。

(2) **実験2**の結果から，植物A～Cが光合成でつくった栄養分の量の大小関係は，どのようになると考えられるか。最も適切なものを，次の**ア～エ**からひとつ選び，記号で答えなさい。

　ア　植物A ＞ 植物B ＝ 植物C　　　イ　植物A ＝ 植物B ＜ 植物C
　ウ　植物A ＜ 植物B ＜ 植物C　　　エ　植物A ＞ 植物B ＞ 植物C

【問題6】イギリスの科学者ダニエルは，亜鉛と銅，硫酸亜鉛水溶液と硫酸銅水溶液を用いたダニエル電池を発明した。ダニエル電池をつくり，電気エネルギーをとり出したときのようすを調べるために，次の実験1を行った。あとの各問いに答えなさい。

実験1

操作1　5.0%硫酸亜鉛水溶液20 g と，14%硫酸銅水溶液20 g をそれぞれ準備した。

操作2　図1のように，銅板，硫酸銅水溶液でじゅうぶんに湿らせたろ紙，セロハン，硫酸亜鉛水溶液でじゅうぶんに湿らせたろ紙，亜鉛板の順になるように重ねた。

操作3　図2のように，操作2で重ねたものをプラスチックのクリップではさみ，密着させた。

操作4　①電子オルゴールの－極の導線を亜鉛板に，＋極の導線を銅板につないだところ，電子オルゴールの音が鳴った。しばらくつないだままにしたあと，②亜鉛板と銅板の表面を観察した。

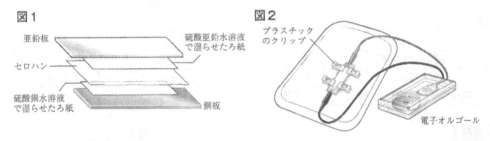

図1

亜鉛板
硫酸亜鉛水溶液で湿らせたろ紙
セロハン
硫酸銅水溶液で湿らせたろ紙
銅板

図2

プラスチックのクリップ
電子オルゴール

問1　14%硫酸銅水溶液20 g には，何 g の硫酸銅がとけているか，答えなさい。

問2　操作4の下線部①について，導線で電子オルゴールを接続すると，導線の中を粒子Xが移動し，セロハンの小さな穴を粒子Yが移動することで，電池として機能する。粒子Xと，粒子Yの組み合わせとして，最も適切なものを，次のア～エからひとつ選び，記号で答えなさい。

	導線の中を移動する粒子X	セロハンの小さな穴を移動する粒子Y
ア	電　子	電　子
イ	電　子	イオン
ウ	イオン	電　子
エ	イオン	イオン

問3　操作4の下線部②について，亜鉛板と銅板の表面のようすとして，最も適切なものを，次のア～エからひとつ選び，記号で答えなさい。
　ア　亜鉛板と銅板のどちらも，ぼろぼろになった。
　イ　亜鉛板はぼろぼろになり，銅板の表面に新しい銅が付着した。
　ウ　銅板はぼろぼろになり，亜鉛板の表面に新しい亜鉛が付着した。
　エ　亜鉛板の表面に新しい亜鉛が付着し，銅板の表面に新しい銅が付着した。

問4　金属の組み合わせを変えることで，ダニエル電池の電圧を変化させることができる。どのような金属の組み合わせにすると，電圧を大きくすることができるかを調べるために，実験2，

実験3を行った。あとの(1)，(2)に答えなさい。

実験2

操作1　図3のように，マイクロプレートの穴の大きさに合わせて，台紙に表をかき，亜鉛，銅，マグネシウムの3種類の金属片と硫酸亜鉛，硫酸銅，硫酸マグネシウムの3種類の水溶液を入れる場所を決めた。

操作2　プラスチックのピンセットを用いて，マイクロプレートのそれぞれの穴に金属片を入れ，金属片がひたる程度に水溶液を加えた。

操作3　金属片のようすを観察し，表1にまとめた。

図3

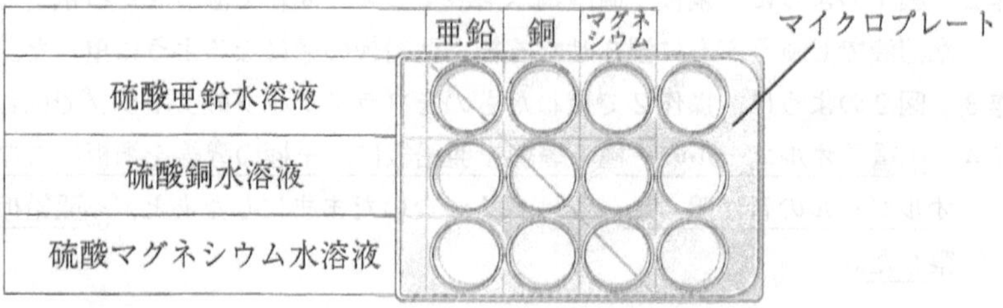

	亜鉛	銅	マグネシウム		マイクロプレート
硫酸亜鉛水溶液					
硫酸銅水溶液					
硫酸マグネシウム水溶液					

表1

	亜　鉛	銅	マグネシウム
硫酸亜鉛水溶液		変化なし	亜鉛が付着した
硫酸銅水溶液	銅が付着した		銅が付着した
硫酸マグネシウム水溶液	変化なし	変化なし	

実験3

　実験1と同じ方法で，亜鉛，銅，マグネシウムのうち，2種類の金属を組み合わせた電池をつくり，図4のように，電圧計で電圧を測定した。

　次の表2は，実験3の結果をまとめたものである。

図4

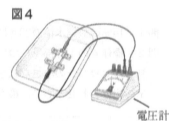

電圧計

表2

金属の組み合わせ		電圧〔V〕
亜鉛	銅	1.1
亜鉛	マグネシウム	1.6
銅	マグネシウム	2.7

(1) 表1の結果から，亜鉛，銅，マグネシウムを，イオンになりやすい順に左から並べ，金属名で答えなさい。

(2) 実験2，実験3の結果から，電池の電圧を大きくするためには，どのような性質の金属を組み合わせればよいと考えられるか，「**イオンへのなりやすさが**」の書き出しに続けて，答えなさい。

【問題7】　力の性質について調べるために，次の**実験1**を行った。あとの各問いに答えなさい。なお，図1，図3，図4は，ばねを木の板にくぎで固定し，上から見た状態を模式的に表した図である。ただし，ばねののびは実際のようすを表していない。

実験1

　図1のように，2種類のばねA，ばねBを接続し，それぞれの一端をくぎで固定した。ばねAとばねBは一直線上で互いに力をおよぼし引き合っている。このとき，ばねAののびが3.0cm，ばねBののびが2.0cmとなった。ただし，ばねAは2.0Nの力で引くと1.0cmのび，ばねBは引く力とのびの関係が不明である。

図1

ばねA　　　　　ばねB

くぎ ⟨WWWWWWWW⟩⟨WWWWWWW⟩ くぎ

問1　次の**文**は，**実験1**において，ばねAとばねBが互いにおよぼし合う力について説明したものである。文の（①），（②）にあてはまる内容の組み合わせとして，最も適切なものを，あとの**ア〜エ**からひとつ選び，記号で答えなさい。

文

ばねAとばねBが互いにおよぼし合う力は，大きさが等しく一直線上にあり，向きが反対で，（　①　）にはたらく，（　②　）である。

	（　①　）	（　②　）
ア	2つの物体に別々	つり合っている2力
イ	2つの物体に別々	作用・反作用の2力
ウ	1つの物体	つり合っている2力
エ	1つの物体	作用・反作用の2力

問2　図2は，ばねを引く力の大きさとばねののびとの関係を表したグラフである。ばねを引く力の大きさとばねBののびとの関係を表したグラフとして，最も適切なものを，**図2のア〜エ**からひとつ選び，記号で答えなさい。

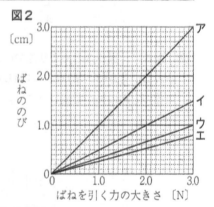

図2

問3　**実験1**で用いたばねA1本と，ばねBと同じばねB₁とばねB₂の2本を用いて，次の**実験2**を行った。あとの(1)，(2)に答えなさい。

実験2

操作1　次のページの図3のように，ばねAの一方の端をくぎで固定し，ばねB₁，ばねB₂をそれぞれ接続した。ばねB₁はばねAと直接接続し，ばねB₂は伸縮しない細い糸でばねAと接続し，それぞれくぎで固定した。このとき，ばねAののびは6.0cmになった。

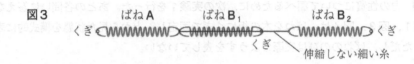

図3 　　ばねA 　　ばねB₁ 　　　　ばねB₂

操作2 　図4のように，ばねAののびを6.0cmに保ち
　　　　ながら，2本のばねB₁，ばねB₂の引く角度を，
　　　　ばねAの作用線からそれぞれ60°にし，くぎで
　　　　固定した。
操作3 　図4の状態と同様に，ばねAののびを6.0cm
　　　　に保ちながら，ばねB₁，ばねB₂の引く角度を変
　　　　え，それぞれの場合のばねB₁，ばねB₂ののびを
　　　　測った。

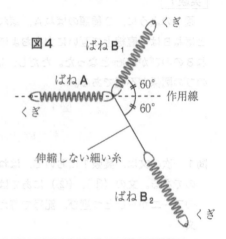

(1) 操作1においても，操作2においても，ばねB₁，ばねB₂ののびはそれぞれ同じになった。
　　操作1のばねB₁，ばねB₂ののび，操作2のばねB₁，ばねB₂ののびとして，最も適切なもの
　　を，次のア～オからそれぞれひとつ選び，記号で答えなさい。

	ばねB₁とばねB₂ののび
ア	2 cm
イ	3 cm
ウ	4 cm
エ	6 cm
オ	12cm

(2) 図5は，操作3のある状態での，ばねAがばねB₁，ばねB₂を引く力 F_3 を矢印で表してい
　　る。このときの，ばねB₁，ばねB₂がばねAを引く力をそれぞれ F_1，F_2 とし，それぞれ図の
　　点線の方向に矢印で表しなさい。

図5

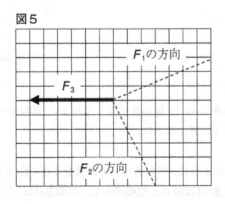

【問題8】　次の図は，もととなる堆積物によって，堆積岩を分類したものである。あとの各問い
に答えなさい。

図

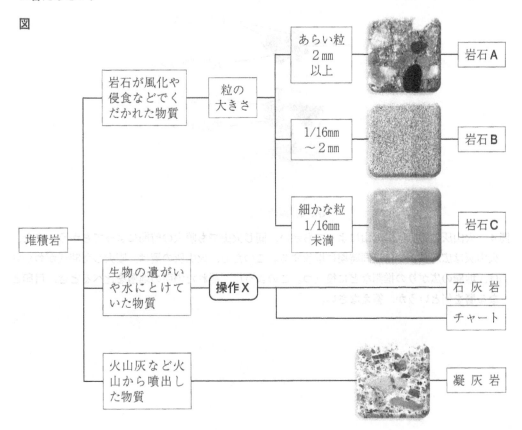

問1　図の岩石Aを何というか，答えなさい。

問2　図の操作Xは，岩石が石灰岩とチャートのどちらであるかを調べるために行うものであ
る。操作Xの操作方法とその結果の組み合わせとして，最も適切なものを，次のア〜エからひ
とつ選び，記号で答えなさい。

	操　作	結　果
ア	うすい塩酸をかける	気体が発生したほうがチャートである
イ	うすい塩酸をかける	気体が発生したほうが石灰岩である
ウ	鉄くぎで表面を傷つける	簡単に傷つき，表面に鉄くぎのあとが残るほうがチャートである
エ	鉄くぎで表面を傷つける	簡単に傷つかず，逆に鉄くぎがけずられてしまうほうが石灰岩である

問3　双眼実体顕微鏡をつかって岩石を観察するときには，どのような手順で操作を行うか。次
のア〜エを正しい順に左から並べ，記号で答えなさい。

ア　左目でのぞきながら，視度調節リングを回して，ピントを合わせる。

イ　右目でのぞきながら，微動ねじを回して，ピントを合わせる。

ウ　左右の接眼レンズが自分の目の幅に合うように鏡筒を調節する。

エ　鏡筒を支えながら粗動ねじをゆるめ，観察物の大きさに合わせて鏡筒を上下させて，粗動ねじをしめて固定する。

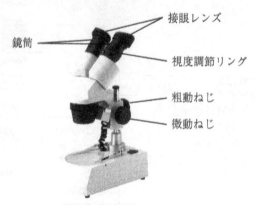

接眼レンズ

鏡筒

視度調節リング

粗動ねじ

微動ねじ

双眼実体顕微鏡

問4　火山灰の特徴は，火山によってちがい，同じ火山でも噴火の時期によってちがう。また，火山灰は広範囲かつほぼ同時期に堆積する。このため，火山灰の層は，噴火した時代がわかれば，地層の広がりの推測などに役立つ。このように，離れた場所の地層を比べるとき，目印となる層を何というか，答えなさい。

＜社会＞　　時間　50分　　満点　50点

【問題1】

問1　次の地図を見て，あとの各問いに答えなさい。

地図

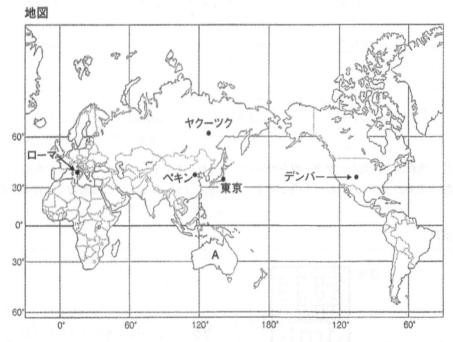

（1）　次の**ア〜エ**は，地図中のデンバー，東京，ペキン，ローマのいずれかの都市の雨温図である。ペキンの雨温図として，最も適切なものを，次の**ア〜エ**からひとつ選び，記号で答えなさい。

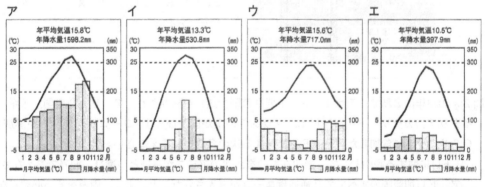

「理科年表　2023」，「中学校社会科地図」より作成

（2）　次のページの**表**は，牛肉，小麦，綿花，羊毛の輸出量がそれぞれの輸出量全体に占める割合上位5か国（2021年）を示しており，**表**中の**ア〜エ**は，牛肉，小麦，綿花，羊毛のいずれかである。**小麦**のものとして，最も適切なものを，**表**中の**ア〜エ**からひとつ選び，記号で答えなさ

い。なお，**表**中の**A**は，**地図**中の**A**の国である。

表

	ア	イ	ウ	エ
1位	ブラジル (16.1%)	A (35.8%)	ロシア (13.8%)	アメリカ合衆国 (31.4%)
2位	アメリカ合衆国 (11.4%)	ニュージーランド (26.5%)	A (12.9%)	ブラジル (21.3%)
3位	A (10.1%)	南アフリカ共和国 (5.6%)	アメリカ合衆国 (12.1%)	インド (13.6%)
4位	ニュージーランド (8.2%)	イギリス (3.3%)	カナダ (10.9%)	A (7.6%)
5位	アルゼンチン (5.8%)	トルコ (3.1%)	ウクライナ (9.8%)	ギリシャ (4.0%)

「世界国勢図会　2023/24」より作成

(3) 次の**資料**は，**地図**中の**ヤクーツク**の周辺地域に見られる建物を模式的に表したものと，その建物の工夫について書かれたものである。**資料**中の（**X**）にあてはまる適切な内容を答えなさい。

資料

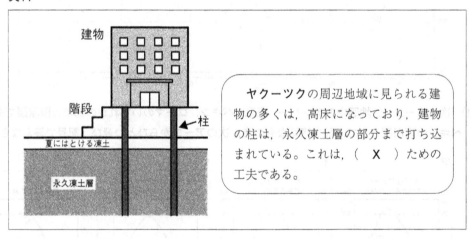

ヤクーツクの周辺地域に見られる建物の多くは，高床になっており，建物の柱は，永久凍土層の部分まで打ち込まれている。これは，（　**X**　）ための工夫である。

問2　2023年に広島でG7サミット（主要国首脳会議）が開催され，アメリカ合衆国，イギリス，イタリア，カナダ，ドイツ，日本，フランスの7か国及びEU（ヨーロッパ連合）が参加した。G7サミットに参加した国及びEUに関する次の各問いに答えなさい。

(1)　EUに関する説明として，適切なものを，次の**ア～エ**からひとつ選び，記号で答えなさい。

ア　EU加盟国のすべてで共通通貨ユーロが導入されたことにより，両替をする必要がなくなり，国境を越えた買い物や旅行などが活発になった。

イ　EU域外からの輸入品にかかる税金をなくしたことにより，EU域内の農産物や工業製品の貿易が盛んになった。

ウ　EUに加盟した東ヨーロッパの国は，西ヨーロッパの国と比べて，一人あたりの国民総所

得が低い傾向があり，ＥＵ域内の経済格差が拡大している。

エ　1990年代から2000年代にかけて加盟国が拡大しており，ＥＵ発足後から現在まで，ＥＵを離脱した国はない。

(2)　次のＡ～Ｃは，アメリカ合衆国，カナダ，フランスの輸出総額と，各輸出品がそれぞれの国の輸出品全体に占める割合（2021年）を示したものであり，Ａ～Ｃは，アメリカ合衆国，カナダ，フランスのいずれかの国のものである。Ａ～Ｃの組み合わせとして，最も適切なものを，あとのア～カからひとつ選び，記号で答えなさい。

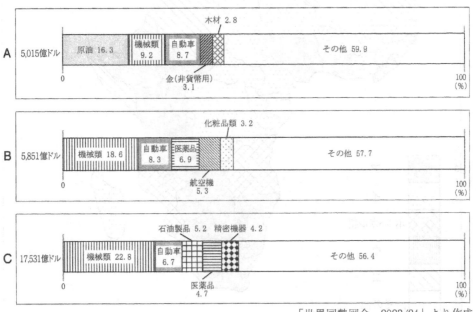

「世界国勢図会　2023/24」より作成

	ア	イ	ウ	エ	オ	カ
A	アメリカ合衆国	アメリカ合衆国	カナダ	カナダ	フランス	フランス
B	カナダ	フランス	アメリカ合衆国	フランス	アメリカ合衆国	カナダ
C	フランス	カナダ	フランス	アメリカ合衆国	カナダ	アメリカ合衆国

(3)　イギリスやフランスなどのヨーロッパ諸国は，19世紀後半から20世紀前半にかけて，アフリカ州に植民地を領有していた。その影響で，現在もアフリカ州の国々では，様々な言語が使用されている。次のページの図は，アフリカ州の主な使用言語を表したものであり，図中のア～エには，アラビア語，英語，スペイン語，フランス語のいずれかがあてはまる。フランス語があてはまるものとして，最も適切なものを，図中のア～エからひとつ選び，記号で答えなさい。

図

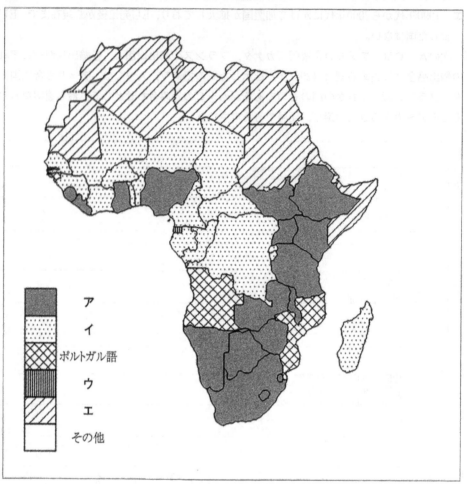

問3　次のⅠ，Ⅱは，**ひかるさんとあゆみさん**が，東海地方について，学習したことをまとめるために作成したノートの一部である。あとの各問いに答えなさい。

Ⅰ

> 　静岡県の牧ノ原や磐田原などの地域では，明治時代から茶の栽培が盛んになった。茶畑のそばには製茶工場があり，製品は国内で消費するだけでなく，海外へも輸出されている。

Ⅱ

> 　愛知県の名古屋市を中心とする地域では，内陸部の自動車工業と臨海部の重化学工業が一体となって発達し，中京工業地帯とよばれている。
> 　また，名古屋市は，鉄道や道路によって岐阜県や三重県などと結びついて，東京と京阪神に次いで，日本で三番目に人口が多く集まる大都市圏を形成している。

(1)　Ⅰに関連して，次の**会話**は，**ひかるさんとあゆみさん**が話したものである。あとの各問いに答えなさい。

会話

> **ひかるさん**：牧ノ原周辺の地形図を，タブレットで拡大して見てみようよ。
>
> **あゆみさん**：地形図中にあるＸ地点とＹ地点の標高差は（Ａ）ｍで，Ｙ地点の方がＸ地点よりも高くなっていることがわかるね。
>
> **ひかるさん**：牧ノ原のように，川や海沿いの平地よりも一段高くなっている土地のことを（Ｂ）とよぶことを学習したね。
>
> **あゆみさん**：河川が流れていなくて水田をつくりにくいから，畑や茶畑，住宅地として開発されていることも学んだよ。茶の栽培には，温暖で霜が降りることが少なく，日当たりと水はけがよい場所が適しているのだよね。
>
> **ひかるさん**：地形図中で，等高線の間隔が狭くなっているところのほとんどは（Ｃ）樹林だね。
>
> **あゆみさん**：地形図を見ると，その土地の様子がよくわかるね。他の地域の地形図も調べてみたいな。

地形図

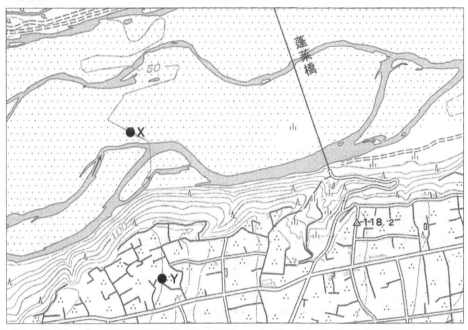

「地理院地図」より作成

① 地形図を見て，会話中の（Ａ）にあてはまる適切な数字を答えなさい。

② 会話中の（Ｂ），（Ｃ）にあてはまる語句の組み合わせとして，最も適切なものを，次のページのア～カからひとつ選び，記号で答えなさい。

	（B）	（C）
ア	扇状地	広葉
イ	扇状地	針葉
ウ	台地	広葉
エ	台地	針葉
オ	三角州	広葉
カ	三角州	針葉

(2) Ⅱに関連して，あとの各問いに答えなさい。

① 次の**表**は，**ひかるさん**が，製造品出荷額等割合のうち，輸送用機械の割合が多い愛知県，東京都，福岡県，三重県の製造品出荷額等割合（2019年）についてまとめたものである。**表**中の**ア～エ**は，愛知県，東京都，福岡県，三重県のいずれかである。**三重県**のものとして，最も適切なものを，次の**ア～エ**からひとつ選び，記号で答えなさい。

表

	ア	イ	ウ	エ
1位	輸送用機械 （25.4％）	輸送用機械 （55.4％）	輸送用機械 （33.6％）	輸送用機械 （16.4％）
2位	電子部品 （13.9％）	電気機械 （5.8％）	食料品 （10.9％）	電気機械 （10.6％）
3位	化学 （12.0％）	鉄鋼 （5.0％）	鉄鋼 （9.8％）	印刷 （10.5％）
4位	電気機械 （6.5％）	生産用機械 （4.9％）	金属製品 （5.8％）	食料品 （10.0％）
5位	プラスチック製品 （4.9％）	食料品 （3.6％）	飲料・飼料 （5.7％）	情報通信機械 （6.5％）

「データでみる県勢 2023」より作成

② 岐阜県には，世界遺産の白川郷がある。次の**メモ**は，鳥取県に隣接する県にある世界遺産をすべて書き出したものであり，**メモ**を見ると，世界遺産がない県がひとつあることがわかる。あとの鳥取県に隣接する4県の統計のうち，**世界遺産がない県**のものとして，最も適切なものを，**ア～エ**からひとつ選び，記号で答えなさい。

メモ

・厳島神社　　　・石見銀山遺跡とその文化的景観　　　・原爆ドーム　　　・姫路城

	面積（k㎡）	100世帯あたり 乗用車保有台数（台）
ア	8,401	90.3
イ	6,708	140.3
ウ	7,114	136.0
エ	8,479	110.9

「データでみる県勢 2023」より作成

③　次の文は，**あゆみさん**が，大都市圏における住宅の不足への対応について調べたものである。文中の（D）にあてはまる適切な語句を，**カタカナ**で答えなさい。

文

> 　住宅の不足に対して，1960年代から京阪神大都市圏では，千里，泉北，須磨など，1970年代以降に東京大都市圏では，多摩，海浜などの郊外に（D）が建設された。

問4　次の**会話**は，**みさきさん**たちが，修学旅行で行った京都市で見た雨庭について話したものである。**会話**中の（A）にあてはまる適切な内容を答えなさい。

会話

> **みさきさん**：車通りの多い交差点で，植物や砂利が整備されている庭を見たよ。
>
> **先　　生**：私が大学生だった10年前にはなかったもので，雨庭というものです。雨庭には，砂利などを敷き詰めた「州浜」というものがあって，深いところでは，30cmから50cmくらいの厚みがあります。
>
> **つばささん**：どうして車通りの多い交差点に，新しく庭を作ったのかな。

みさきさんが見た京都市の雨庭　　　　雨庭のイメージ

> **みさきさん**：このあいだ，テレビを見ていたら，大雨の時に，車通りの多い交差点で，マンホールから水が飛び出していて驚いたよ。気になったから，マンホールから水が飛び出す仕組みを調べてみたよ。雨庭と何か関係があるのかな。

みさきさんが見た水が飛び出す様子

みさきさんが調べたマンホールから水が飛び出す仕組み

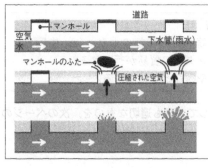

①　通常時

②　雨水が流入すると下水管の中の空気が圧縮されてマンホールのふたを吹き飛ばす

③　さらに増水すると下流のマンホールから雨水が吹き出す

| つばささん：アスファルトなどに覆われた京都市のような都市空間で，雨庭は，大雨の時に（　A　）ことを防ぎ，雨水があふれないようにする役割が期待されているのではないかな。 |
| 先　　生：雨庭には，その他にも，都市の緑化や自然に融合した景色の保全，ヒートアイランド現象の緩和などの役割が期待されています。 |

写真は「京都市ホームページ」，「京都新聞」より

【問題２】

問1　次の図と表1は，はるとさんが，江戸時代の鎖国下において，外国に開かれた4つの窓口（A，B，C，長崎）についてまとめたものである。あとの各問いに答えなさい。なお，図中のA～Cと，表1中のA～Cの同じ記号は，同じ藩を表す。

図

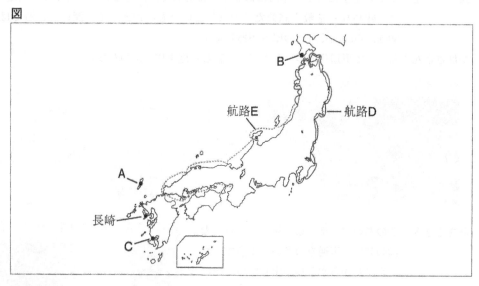

表1

| A
・(a) 朝鮮との交渉の窓口を務める。
・生糸，絹織物などを輸入する。 | B
・アイヌの人々と交易を行う。
・米や日用品と，(b) さけ・にしん・こんぶなどの海産物とを交換し，利益を得る。 |
| C
・江戸幕府により，琉球王国の支配を認められる。
・(c) 中継貿易を管理下におく。 | 長崎
・長崎奉行の監督のもと，(d) 中国，オランダとの貿易が行われる。
・銀や銅などを輸出する。 |

(1)　表1中のA～Cにあてはまる藩の組み合わせとして，最も適切なものを，次のページのア～カからひとつ選び，記号で答えなさい。

	A	B	C
ア	松前	薩摩	対馬
イ	松前	対馬	薩摩
ウ	薩摩	松前	対馬
エ	薩摩	対馬	松前
オ	対馬	薩摩	松前
カ	対馬	松前	薩摩

(2)　表1中の下線部(a)に関連して，次の表2は，はるとさんが，日本と朝鮮半島との主な関わりなどについてまとめたものである。あとの各問いに答えなさい。

表2

時代	日本と朝鮮半島との主な関わりなど
古　　墳	日本列島に移住する（e）渡来人が増える。
飛　　鳥	倭国の軍が，（f）白村江の戦いで大敗する。
平　　安	民間の商人による貿易が盛んに行われる。
室　　町	李成桂が，高麗を滅ぼし朝鮮を建国する。
安土桃山	豊臣秀吉が，二度にわたり朝鮮に大軍を送り込む。
江　　戸	（g）江戸幕府の将軍の代がわりなどに，朝鮮から祝いの使節が日本を訪れる。

（表の右側に、飛鳥から室町にかけて上下の矢印と「I」の記号）

①　表2中の下線部(e)が伝えた，高温で焼く技術により作られた土器として，最も適切なものを，次のア～エからひとつ選び，記号で答えなさい。

ア　　　　　　　イ　　　　　　　ウ　　　　　　　エ

青銅器　　　　　縄文土器　　　　弥生土器　　　　須恵器

「中国の歴史・現在がわかる本 第二期① 紀元前から中国ができるまで」「教科書に出てくる歴史人物・文化遺産 ①縄文・弥生時代」「地図でみる日本の歴史1 縄文・弥生・古墳時代」より

②　表2中の下線部(f)の後に即位した天智天皇が行ったものとして，最も適切なものを，次のア～エからひとつ選び，記号で答えなさい。

ア　初めて全国の戸籍を作った。

イ　墾田永年私財法を定めた。

ウ　大宝律令を作った。

エ　平城京に都を移した。

③　次のページの資料は，表2中の下線部(g)の使節が江戸のまちを進む様子を表したものである。下線部(g)の使節を何というか，答えなさい。

資料

「人物なぞとき日本の歴史 ④戦国・安土桃山・江戸時代前期」より

(3) 次の**文**は，外国との窓口が限られるまでの江戸幕府の貿易について説明したものである。文中の（**X**）にあてはまる適切な語句を，**漢字3字**で答えなさい。

文

> 徳川家康は，大名や豪商に海外への渡航を許可する証書を与える（**X**）貿易を行い，日本からは主に銀などを輸出し，かわりに生糸や絹織物などを手に入れていた。

(4) **表1**中の下線部(b)を本州に運んだ船の名前と，その船の主な航路の正しい組み合わせとして，最も適切なものを，次の**ア～エ**からひとつ選び，記号で答えなさい。

	ア	イ	ウ	エ
船の名前	北前船	北前船	菱垣廻船	菱垣廻船
航路	図中の航路D	図中の航路E	図中の航路D	図中の航路E

(5) **表1**中の下線部(c)を表した図として，最も適切なものを，次の**ア～エ**からひとつ選び，記号で答えなさい。

ア

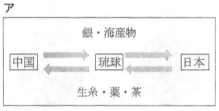

イ

ウ

ウ

エ

(6) **表1**中の下線部(d)に関連して，**表2**中の I の期間（飛鳥時代から室町時代）のできごとを，次の**ア～カ**から**4つ**選び，選んだ**4つ**を古いものから順に並べ，記号で答えなさい。

ア 菅原道真は，公的な使者を派遣する必要はないと提案し，遣唐使の派遣が停止された。

イ 清は，イギリスとのアヘン戦争に敗れ，南京条約が結ばれ，賠償金が課せられた。

ウ フビライ＝ハンは，モンゴルから中国にかけての地域に元という国名をつけた。

エ　聖徳太子（厩戸皇子）は，隋の制度や文化などを取り入れるため，遣隋使を派遣した。

オ　足利義満は，倭寇の取り締まりの要求に応じ，朝貢形式による日明貿易を始めた。

カ　殷では，戦争や農業などを占った結果を，亀の甲や牛の骨に，甲骨文字で記録した。

問2　次の**会話1**は，**まみ**さんたちが，選挙をテーマに話しているものである。あとの各問いに答えなさい。

会話1

先　　　生：この絵は，第1回衆議院議員総選挙の時の投票の様子を描いた風刺画です。何か気づくことがありますか。

まみさん：警察官が投票する人を監視していて，緊張感が伝わってきます。

りくさん：この絵の中には女性がいないように見えます。

まみさん：この時はまだ，(a)女性には有権者の資格がなかったよね。

先　　　生：では，選挙について何か興味があることはありますか。

りくさん：(b)これまでに行われてきた選挙の有権者数や投票率の推移に興味があります。

(1)　**会話1**中の下線部(a)に関連して，次の**文1**は，**まみ**さんが，あとの**写真**の人物について調べたものである。**文1**を参考にして，**写真**の人物の名前を答えなさい。

文1

　女性に対する古い慣習や考え方を批判し，女性の政治活動の自由などを求める運動を行った。また，雑誌『青鞜』の発刊に際して，「元始，女性は実に太陽であった。(略)」と述べた。

写真

(2)　**会話1**中の下線部(b)に関連して，**りく**さんは，日本において1890年から2017年までに行われた，いくつかの衆議院議員総選挙における有権者数と投票率の推移を，次のページの**グラフ1**

にまとめた。あとの各問いに答えなさい。なお，**グラフ1**中の2003年と2017年の投票率は小選挙区のものである。

グラフ1

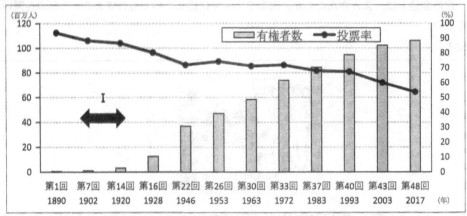

「総務省ホームページ」より作成

① 次の**文2**は，**グラフ1**中の**Ｉ**の期間（1902年から1920年）における日本の国内の様子を説明したものである。**文2**中の（Ａ），（Ｂ）にあてはまる語句の組み合わせとして，最も適切なものを，あとの**ア〜エ**からひとつ選び，記号で答えなさい。

文2

　　憲法に基づく政治を守ることをスローガンとする（Ａ）運動が起こり，民衆もこれを支持して，（Ｂ）内閣は退陣した。

ア　（Ａ）護憲　　　（Ｂ）桂太郎

イ　（Ａ）護憲　　　（Ｂ）原敬

ウ　（Ａ）自由民権　（Ｂ）桂太郎

エ　（Ａ）自由民権　（Ｂ）原敬

② **グラフ1**中の第16回衆議院議員総選挙（1928年）における有権者に必要な資格として，適切なものを，次の**ア〜カ**からすべて選び，記号で答えなさい。

ア　満20歳以上　　イ　満25歳以上

ウ　男子　　　　　エ　女子

オ　直接国税3円以上を納めている人

カ　直接国税15円以上を納めている人

③ **グラフ1**中に示された選挙のうち，第二次世界大戦後，最も投票率が高かった年に一番近いできごととして，最も適切なものを，次の**ア〜エ**からひとつ選び，記号で答えなさい。

ア　中東で起きた戦争の影響により石油危機が起こり，先進国は大きな打撃を受けた。

イ　アジア・アフリカ会議が開催され，植民地支配への反対や平和共存が確認された。

ウ　最初の東京オリンピック・パラリンピックが開催され，東海道新幹線も開通した。

エ　日本国憲法が施行され，天皇は，主権者ではなく，国と国民統合の象徴となった。

④　次の**グラフ2**は，日本の1931年から1945年までの軍事費が国家予算に占める割合を，**資料**は，1938年に成立した国家総動員法の第4条を示している。あとの**会話2**は，**グラフ2**，**資料**をもとに，**まみさん**たちが，太平洋戦争前の日本の様子について話し合ったものである。**会話2**中の（**X**）にあてはまる内容を，**グラフ2**から読み取ることができることと，**資料**から読み取ることができる国家総動員法の特徴をふまえて，答えなさい。

グラフ2

「数字でみる　日本の100年　改訂第6版」より作成

資料

　政府は戦時に際し，国家総動員上必要あるときは勅令の定むるところにより，帝国臣民を徴用して総動員業務に従事せしむることを得。

会話2

> **まみさん**：グラフ2を見ると，1936年までと1937年以降とでは，ちがいが見られるね。資料を見ると，勅令という言葉が出てくるけど，勅令とはどういうものなのかな。
>
> **りくさん**：調べてみると，当時の法令には法律と勅令の2種類があって，法律は議会で審議し賛成多数での成立を必要としたけれど，勅令は議会での審議を必要としなかったそうだよ。
>
> **まみさん**：当時の日本では，太平洋戦争前に，（　**X**　）など，戦争を優先する体制を整えていっている様子がわかるね。戦争を繰り返さないために，私たちにできることはあるかな。
>
> **りくさん**：例えば，選挙の仕組みや政治のあり方，歴史を学ぶことは，そのひとつではないかな。18歳になったら，選挙で投票することで自分の意思を示したいな。

【問題３】　ひなこさんたちのクラスでは，４つの班に分かれて，次のようなテーマで探究活動を行い，最後に発表会を開くことにした。あとの各問いに答えなさい。

1班　私たちと現代社会	2班　私たちと政治
3班　私たちと経済	4班　私たちと国際社会

問１　次の**カード**は，１班がキーワードを書いて整理したものである。あとの各問いに答えなさい。

カード

私たちと現代社会
・(a) 互いに納得できる解決策
・(b) グローバル化の進展
・(c) インターネットの発達

⑴　カード中の下線部(a)に関連して，次の**表**は，ひなこさんが，各班が図書館と多目的室を使用する曜日を割り当てたものである。また，あとの**メモ**は，表を作成する際に，ひなこさんが，公民の学習内容をもとにして，まとめたものである。**メモ**中の（Ｘ）と（Ｙ）にあてはまる語句の組み合わせとして，最も適切なものを，あとの**ア～エ**からひとつ選び，記号で答えなさい。

表

場所＼曜日	月	火	水	木	金
図書館	1班	4班	3班	2班	発表会
多目的室	2班	3班	4班	1班	

メモ

・「（Ｘ）」の視点
図書館と多目的室を，すべての班が１回ずつ使用できるようになっている。
・「（Ｙ）」の視点
図書館も多目的室も，使わない曜日をつくらず，無駄なく使用できている。

ア　（Ｘ）効率　　　（Ｙ）公正
イ　（Ｘ）公正　　　（Ｙ）効率
ウ　（Ｘ）対立　　　（Ｙ）合意
エ　（Ｘ）合意　　　（Ｙ）対立

⑵　下線部(b)の「グローバル化」の意味として，最も適切なものを，次の**ア～エ**からひとつ選び，記号で答えなさい。

ア　少子高齢化　　イ　貿易の自由化
ウ　世界の一体化　　エ　産業の空洞化

(3) 下線部(c)に関連して，次の**資料**は，2017年，2022年における４つのメディア（テレビ，新聞，インターネット，雑誌）に対する信頼度の年代別アンケートの結果を示したものである。**資料**から読み取ることができるものとして，適切なものを，あとの**ア～エ**から２つ選び，記号で答えなさい。

資料

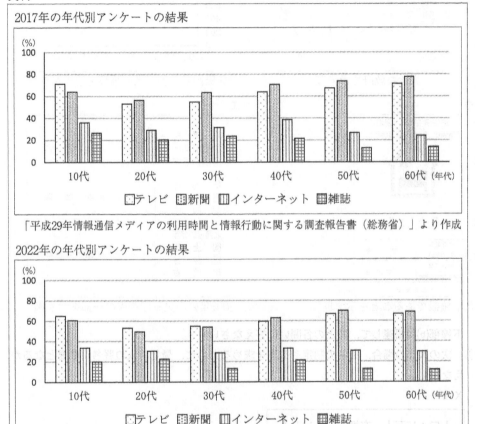

2017年の年代別アンケートの結果

「平成29年情報通信メディアの利用時間と情報行動に関する調査報告書（総務省）」より作成

2022年の年代別アンケートの結果

「令和４年度情報通信メディアの利用時間と情報行動に関する調査報告書（総務省）」より作成

　ア　2017年においては，すべての年代で，新聞への信頼度が最も低い。
　イ　2022年においては，すべての年代で，雑誌への信頼度が最も低い。
　ウ　2017年，2022年ともに，20代における４つのメディアへの信頼度の順位は変わらない。
　エ　2017年，2022年ともに，50代における４つのメディアへの信頼度の順位は変わらない。

問2　次の**カード**は，２班がキーワードを書いて整理したものである。あとの各問いに答えなさい。

カード

> 私たちと政治
> ・(a) 行政のあり方
> ・(b) くらしと地方自治

(1)　下線部(a)に関連して，2班が集めた次のア～エのうち，国や地方公共団体の行政改革，または規制緩和の例を示す資料として，**適切ではないもの**をひとつ選び，記号で答えなさい。

ア

大きな政府を示す図

イ

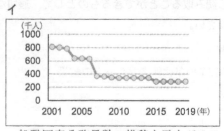

一般職国家公務員数の推移を示すグラフ

ウ

民泊施設であることを示す標識

エ

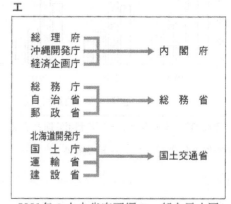

2001年の中央省庁再編の一部を示す図

(2)　下線部(b)に関連して，あとの各問いに答えなさい。

①　次のX市の場合，条例の制定や改廃を求めるために，最低何人の署名が必要となるか，答えなさい。

X市

人口：15万人，有権者数：12万人

②　次の**会話**は，2班が「鳥取県人権尊重の社会づくり条例」について話し合ったものである。**会話**中の（Y）には語句，（Z）には2015年に国際連合が定めた持続可能な開発目標（SDGs）のうちのひとつがあてはまる。（Y），（Z）にあてはまる組み合わせとして，最も適切なものを，あとの**ア～エ**からひとつ選び，記号で答えなさい。

会話

> **ともきさん**：1996年に鳥取県が全国に先駆けて制定した「鳥取県人権尊重の社会づくり条例」が，人権に関する問題の複雑化，多様化している状況をふまえて，一部改正され，2021年に施行されたよね。
>
> **そうたさん**：改正後の条例には，人種，国籍，民族，性別などを理由とする差別や人権に関する問題への取組みを推進することなどが，新たに加えられているよ。

	（Y）	（Z）
ア	フェイクニュース	5 ジェンダー平等を実現しよう
イ	フェイクニュース	4 質の高い教育をみんなに
ウ	ヘイトスピーチ	5 ジェンダー平等を実現しよう
エ	ヘイトスピーチ	4 質の高い教育をみんなに

ゆきみさん：特定の国籍や民族を見下したり，排斥（はいせき）したりする言動を（Y）とよぶことや，それに対して，2016年に法律が制定されたことを授業で学んだよ。

ともきさん：性別に関しては，SDGsの目標のひとつにも（Z）が定められていて，世界でも解決すべき課題だと捉えられていることがわかるよ。

そうたさん：これからも，人権が尊重される社会づくりのために学び続けていきたいね。

問3　次の**カード**は，3班がキーワードを書いて整理したものである。あとの各問いに答えなさい。

カード

私たちと経済
・（a）希少性
・（b）自由な経済活動

(1)　右の図は，3班が下線部(a)を説明するために作成したものである。ダイヤモンドや金（きん）が分類される場所として，最も適切なものを，図中の**ア～エ**からひとつ選び，記号で答えなさい。

図

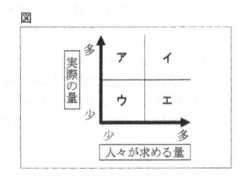

(2) 下線部(b)に関連して，あとの各問いに答えなさい。

① 独占禁止法は，企業間で相談して価格を決めることを規制している。これは，次の**日本国憲法第12条**に示されている，社会全体の利益を実現しようとする考え方に基づいたものである。次の**日本国憲法第12条**中の（**X**）にあてはまる語句を答えなさい。

日本国憲法第12条

> この憲法が国民に保障する自由及び権利は，国民の不断の努力によつて，これを保持しなければならない。又，国民は，これを濫用してはならないのであつて，常に（**X**）のためにこれを利用する責任を負ふ。

② 国民の生活を安定させるために，国や地方公共団体が決定や認可をする価格を公共料金という。公共料金のうち，地方公共団体が決定するものとして，最も適切なものを，次の**ア〜エ**からひとつ選び，記号で答えなさい。

ア　介護報酬　　　　　　　イ　手紙やはがきなどの郵便料金
ウ　社会保険診療報酬　　　エ　公立学校の授業料

問4　次の**カード**は，4班がキーワードを書いて整理したものである。あとの各問いに答えなさい。

カード

> 私たちと国際社会
> ・(a) 国際協調と国際貢献
> ・(b) 平和な世界に向けて

(1) 下線部(a)に関連して，あとの各問いに答えなさい。

① 次の**資料1**は，4班が調べた，日本の国際協調の考え方を示したものである。**資料1**中の（**W**）にあてはまる適切な語句を答えなさい。

資料1

> 「人間の（**W**）」とは，人間一人ひとりに着目し，生存・生活・尊厳に対する広範かつ深刻な脅威から人々を守り，それぞれの持つ豊かな可能性を実現するために，保護と能力強化を通じて持続可能な個人の自立と社会づくりを促す考え方です。…（中略）…今日の国際課題に対処していくためには，従来の国家を中心に据えたアプローチだけでは不十分になってきており，「人間」に焦点を当て，様々な主体及び分野間の関係性をより横断的・包括的に捉えることが必要となっています。

「外務省ホームページ」より作成

② 次のページの図は，4班が，日本のODA（政府開発援助）と国境を越えて活動する非営利の民間組織とを比較してまとめたものである。**図**中の（**X**）にあてはまるものとして，最も適切なものを，次の**ア〜エ**からひとつ選び，記号で答えなさい。

ア　NGO　　イ　GDP　　ウ　WHO　　エ　PKO

図

	主体	資金	利点	課題
ODA	政府 	国家予算 	資金が多く大規模事業が可能 	小回りが利きにくい 
(X)	民間 	募金・寄付 	現地に根ざし小回りが利く 	資金が少ない 

(2)　下線部(b)に関連して，次の**原稿**は，４班が発表会のためにまとめたものである。あとの**資料2**は，核弾頭[1]の数の比較，**資料3**は，現役核弾頭[2]の数の比較を示したものである。**資料2，資料3**をもとに，原稿中の（Y）にあてはまる内容を10字以内で，（Z）にあてはまる内容を15字以内で答えなさい。（**資料2，資料3**は次のページにあります。）

[1] 核爆発を起こす部分。一般的には，核弾頭とそれを搭載するミサイルなどを組み合わせたものを核兵器という。

[2] 保有している核弾頭のうち，引退した核弾頭を除いたもののことで，配備されていつでも使える核弾頭と配備に備えて貯蔵されている核弾頭のこと。

原稿

2023年，世界には推定12,523発の核弾頭が存在しており，北朝鮮，イスラエル，インド，パキスタン，イギリス，フランス，中国，アメリカ，ロシアの9か国が核弾頭を保有していると考えられています。2023年5月に広島で開催されたG7サミット（主要国首脳会議）では，「世界の核兵器数の全体的な減少は継続しなければならず，逆行させてはならない」と述べられていました。**資料2**を見ると，2023年の核弾頭の総数は2018年と比べて，1,922発減少していることがわかります。しかし，**資料2，3**から考察すると，核弾頭の総数の減少は，主にアメリカとロシアが保有していた核弾頭のうち，（　Y　）を解体（核兵器用に使われないように処理）した結果であり，フランスとアメリカを除く7か国では（　Z　）ことがわかります。核兵器のない世界を実現するために，私たちは今後も世界の動向に注視し，多角的に考察していきたいです。

資料2

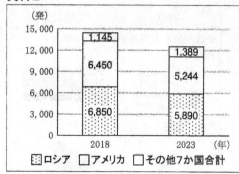

	2018年	2023年
北朝鮮	15	40
イスラエル	80	90
インド	125	164
パキスタン	140	170
イギリス	215	225
フランス	300	290
中国	270	410
アメリカ	6,450	5,244
ロシア	6,850	5,890
総数	14,445発	12,523発

資料3

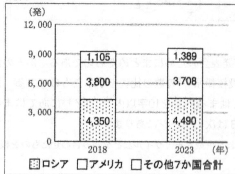

	2018年	2023年
北朝鮮	15	40
イスラエル	80	90
インド	125	164
パキスタン	140	170
イギリス	215	225
フランス	290	290
中国	240	410
アメリカ	3,800	3,708
ロシア	4,350	4,490
総数	9,255発	9,587発

資料2, 3ともに「世界の核弾頭データ（長崎大学RECNA）」より作成

問一　【話し合いの一部】において、目的に沿って話し合いが進むように発言や行動を促す司会の役割をしているのは誰ですか。最も適切なものを、次のア～エから一つ選び、記号で答えなさい。

ア　Aさん　　イ　Bさん　　ウ　Cさん　　エ　Dさん

問二　【話し合いの一部】において、傍線部のDさんの発言にはどのような特徴がありますか。最も適切なものを、次のア～エから一つ選び、記号で答えなさい。

ア　友達の発言を整理したうえで、自分の考えを提案している。

イ　友達の発言に疑問を投げかけ、自分の考えを主張している。

ウ　友達の発言と自分の意見を比較し、自分の考えを強調している。

エ　友達の発言とは別の視点を提示し、自分の考えを表明している。

問三　あなたの生活において、「芸術」とはどのようなものですか。次の【条件】に従って、あなたの考えを書きなさい。

【条件】

1　二段落構成とし、各段落の内容は次のとおりとする。
・第一段落には、あなたの生活において「芸術」とはどのようなものか、あなたの考えを書くこと。
・第二段落には、第一段落で書いた考えについて、その根拠となる自分の体験（見たことや聞いたことなども含む）を書くこと。

2　解答欄の八行以上、十行以内でまとめること。

3　原稿用紙の正しい使い方に従うこと。

【資料】

第2章 新美術館の目的・コンセプト

「私たちの県民立美術館」

未来を「つくる」美術館
～いろんな「つくる」で「とっとりのアート」の
「むかし」「いま」そして「みらい」をつむぐ～

1. 人を「つくる」

（1）「みるひと」をつくる：多くの人が訪れる美術館に
・魅力的な企画展示　・通常の展示が鑑賞しにくい方に配慮した展示
・従来の美術館像にとらわれない賑わい機能の創出　・オープンな美術館 等
（2）「つくるひと」をつくる：さまざまな創作者を支援しそだてる
・子どもたちや県民の美術創作の支援　・障がい者アートの支援
・幅広い芸術表現との連携 等
（3）「みらいの才能」をつくる：未来人材教育プログラム
・子どもたちに身近な美術館　・「とっとりの美術」をまなび・つくる環境を 等
（4）「居場所」をつくる：時間を過ごすことが楽しめる
・サードプレイスにもなる心地よい美術館　・多機能な美術館

2. まちを「つくる」

（1）周辺施設とまちをつくる：周辺施設とともにまちをささえる
・倉吉パークスクエアと一体となったイベントの開催
・大御堂廃寺跡と連携したのびやかで広がりのある美術館
・倉吉市立図書館等との連携
（2）地域とまちをつくる：地域の魅力をたかめる
・白壁土蔵群等との連携　・ポップカルチャー資源の活用 等
（3）他館とまちをつくる：連携により地域の魅力をたかめる
・県内の美術館と連携した広域的展開　・県外美術館との交流
・他施設を活用した展開 等

3. 県民が「つくる」

（1）県民が誇れる美術館
・誇りに思える美術館に　・みんなが楽しめるオープンな美術館
（2）県民が参加できる美術館づくり：県民とともにささえる
・県民による美術館づくりへの参加　・つくるプロセスをオープンに
・県民が支え育てる美術館 等
（3）展示・収蔵品とともに成長していく美術館 ～施設完成がはじまり～
・収蔵品を増やし成長する美術館　・収蔵品とともに研究を深める美術館 等

（鳥取県ホームページ「鳥取県立美術館整備基本計画の概要」から一部抜粋）

【話し合いの一部】

（前略）

Aさん

私が見つけた【資料】は、平成30年にまとめられた
「鳥取県立美術館整備基本計画」です。これを見れば、
美術館の*コンセプトが分かるかもしれません。

Bさん

皆さん、Aさんの【資料】を見て気になる
点はありますか。

【資料】には、「私たちの県民立美術館」とありますが、
「県民立」という表現はあまり聞いたことがありません。

Cさん

Aさん

確かに。「県民立」とはどういう意味なのでしょうか。

「未来を『つくる』美術館」の「つくる」が、ひらがな
で表記されているのも気になります。

Cさん

ここに、この美術館の特色があるのかもしれませんね。

Dさん

Bさん

では、私たちのグループは、「県民立」と「つくる」
というキーワードをもとにして、鳥取県立美術館
の特色について整理していきましょう。

「1.人を『つくる』」と「2.まちを『つくる』」の部分を
読むと、美術館が「人」と「まち」を「つくる」という
コンセプトであることが分かりますね。

Cさん

Aさん

はい。その下には「3.県民が『つくる』」とあります。

そうですね。鳥取県立美術館は、「人」や「まち」を「つくる」
美術館を、県民が「つくる」、というところに特色があるのかも
しれません。この特色については、ぜひたくさんの方に知って
いただきたいので、文化祭では、「県民が『つくる』」という
他の美術館にはないこの独自性に焦点をあてて発表しませんか。

Dさん

いいですね。そうしましょう。

Cさん

Bさん

それでは、皆さんが集めた資料や、これまでの話し合い
の内容をもとに、発表の原稿を作成していきましょう。

（注）コンセプト…企画などで、全体を貫く基本的な観点・考え方。

ひて、主に囁き言へば、「＊茗荷を食ひたる人は、心ぼけて、物忘れするものなり」と言ふを聞きて、あはせのみの、皆、茗荷を入れて食はせつ。さて商人は、明暮の空に起き出でて、立ちて行きぬ。妻は、旅人の忘れたる物見むと、寝たる所に入りて見れば、つやつや物一つなし。「食はせつる茗荷は、しるしなかりけり」と言へば、主、「否、3茗荷（　　）、しるしありけれ。4いみじき物忘れて行きぬ」と言ふ。妻、「何をか忘れたる」と問へば、「我に與ふべきかりての銭、忘れて去にけり」と言へば、妻、「げにげにへりて、己、損をしたりける。腹黒なる心は、使ふまじき物にぞありける。

（「しみのすみか物語」による）

（注）茗荷…ショウガ科の多年草。食用。

問一 「1言へば」を現代仮名遣いに直し、すべてひらがなで書きなさい。

問二 「2いかで、この包忘れて行けかし」を解釈したものとして、最も適切なものを、次のア〜エから一つ選び、記号で答えなさい。

ア いつか、この包みを忘れて行くだろうよ

イ まさか、この包みを忘れて行かないだろうよ

ウ なんとかして、この包みを忘れて行ってほしいよ

エ もしかしたら、この包みを忘れて行くかもしれないよ

問三 「3茗荷（　　）、しるしありけれ」は係り結びの表現になっています。（　　）に入る係りの助詞として、正しいものを、次のア〜オから一つ選び、記号で答えなさい。

ア ぞ　イ なむ　ウ や　エ か　オ こそ

問四 「4いみじき物」とありますが、これは何を指していますか。最も適切なものを、次のア〜エから一つ選び、記号で答えなさい。

ア 絹　イ 包　ウ 茗荷　エ かりての銭

問五 「主の妻は、恐ろしき心持ちたる者にて」とありますが、「恐ろしき心」と同じ内容を指す語句を、本文中から抜き出して書きなさい。

【問題五】 ある中学校では、総合的な学習の時間に「地域の魅力を発信しよう」というテーマで調べ、文化祭でグループごとに発表します。Aさんのグループは、新聞記事で、鳥取県立美術館・開館500日前イベントが開催されたことを知り、鳥取県立美術館について発表することにしました。次は、Aさんのグループが発表に向けておこなった【話し合いの一部】と、Aさんがタブレット端末で見つけた【資料】です。これらを読んで、あとの問いに答えなさい。

問一　「ヨーロッパの『コンパクトシティ』を志向する目的とは異なったものでした」とありますが、次の**表**は、ヨーロッパと日本における「コンパクトシティ」の背景と目的について、傍線部1より前の内容をまとめたものです。**表**の　Ⅰ　、　Ⅱ　にあてはまる内容を、それぞれ本文中から四字で抜き出して書きなさい。

表

日本	ヨーロッパ	
モータリゼーションの進行	モータリゼーションの進行	背景
・都市郊外の開発による大規模な新興住宅地の開発 ・都心部の商店街衰退と居住者減少 ・公共サービスの提供範囲拡大による行政側の負担増加 ・郊外における大型商業施設や大規模な新興住宅地の開発	・自動車の利用による二酸化炭素の排出量の増加	←
・　Ⅱ　の軽減のため ・都心部の再生のため	・　Ⅰ　の軽減のため	目的

問二　「2単純な定義」とありますが、筆者がこの「定義」を「単純」だとしている理由として、最も適切なものを、次のア〜エから一つ選び、記号で答えなさい。

ア　「消滅可能性都市」とは程遠い東京都豊島区という大都市までも含まれているから。

イ　2010年から30年間という短期間に限定されたデータでは、

ウ　若年女性人口というたった一つのデータのみが指標にされているから。

エ　全国1800市区町村のうち、49・8%にあたる896市区町村のみのデータしか扱われていないから。

　過去の社会情勢を考慮に入れられないから。

問三　本文から、次の一文が抜けています。この一文が入る最も適切な箇所を、本文中の【A】～【D】から一つ選び、記号で答えなさい。

　これまで日本では先人から学び、自然災害の被害が少ない土地を選んで人々は生活をしてきました。

問四　図1が示す内容は、本文中のどの箇所と対応していますか。その箇所を一文で抜き出し、はじめの五字を答えなさい。

問五　本文中の　□　にあてはまる言葉を、図2の中から抜き出して書きなさい。

問六　筆者が思い描く日本における「コンパクトシティ」とはどのような都市ですか。六十字以内で説明しなさい。

【問題四】 次の文章を読んで、あとの問いに答えなさい。（出題の都合上、本文を一部改めた箇所がある）

　田舎渡（ゐなかわた）らひして、絹商ふ商人（きぬあきなふあきびと）、日暮れぬれば、ある家の戸を叩（たた）きて、「宿借らなむ」と1言へば、承け引きて、開けて入れけり。主（あるじ）の妻は、恐ろしき心持ちたる者にて、この旅人の包（つつみ）の重りかなる〔重そうなのを〕を見て、「2いかで、この包忘れて行けかし。我物（わがもの）にしてむ〔自分のものにしたい〕」と思

図1

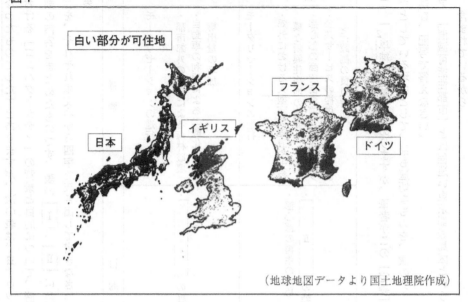

白い部分が可住地

日本
イギリス
フランス
ドイツ

（地球地図データより国土地理院作成）

図2

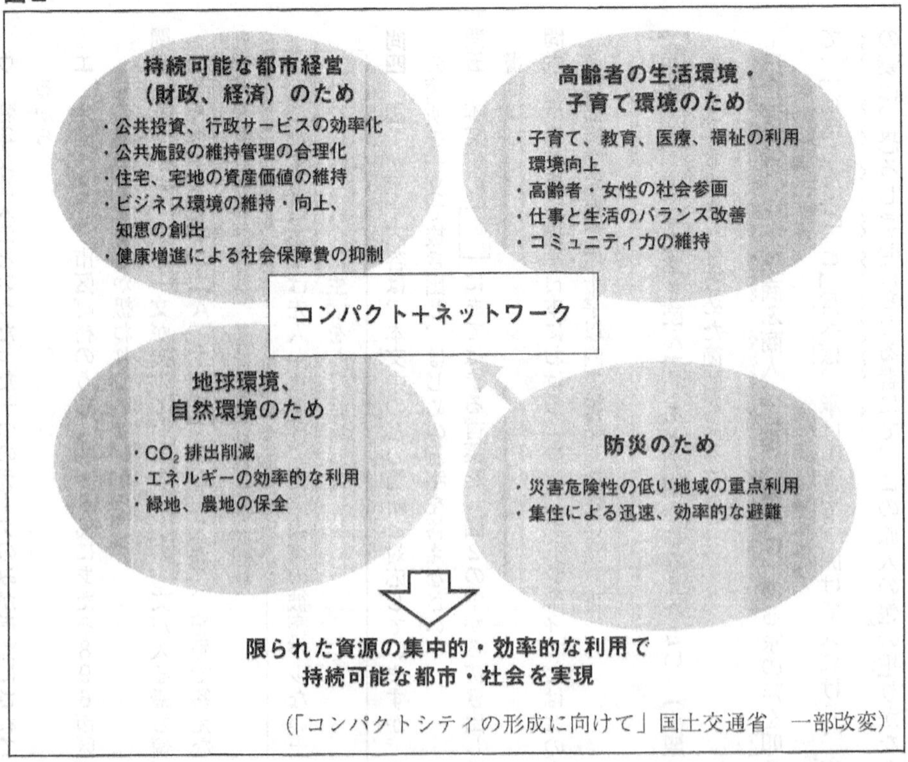

持続可能な都市経営
（財政、経済）のため
・公共投資、行政サービスの効率化
・公共施設の維持管理の合理化
・住宅、宅地の資産価値の維持
・ビジネス環境の維持・向上、
　知恵の創出
・健康増進による社会保障費の抑制

高齢者の生活環境・
子育て環境のため
・子育て、教育、医療、福祉の利用
　環境向上
・高齢者・女性の社会参画
・仕事と生活のバランス改善
・コミュニティ力の維持

コンパクト＋ネットワーク

地球環境、
自然環境のため
・CO_2排出削減
・エネルギーの効率的な利用
・緑地、農地の保全

防災のため
・災害危険性の低い地域の重点利用
・集住による迅速、効率的な避難

限られた資源の集中的・効率的な利用で
持続可能な都市・社会を実現

（「コンパクトシティの形成に向けて」国土交通省　一部改変）

が高齢化の深刻化の深刻化のきっかけとなったのが「消滅可能性都市」の発表でした。「消滅可能性都市」とは、民間の有識者でつくる日本創成会議が全国の市区町村別に2010年から30年間の人口の移動を推計した場合、行政や社会保障の維持、雇用の確保などが困難になるとみられる自治体です。具体的には、出産可能年齢の95%にあたる若年女性人口が2010年と比べて2040年に50%以下に減る自治体と定義しました。この定義によると、2040年には全国1800市区町村のうち49・8%にあたる896市区町村が消滅の危機に直面することになります。この中には池袋という大ターミナル駅を抱える東京都豊島区も含まれていました。確かにこのような2 単純な定義で、しかも「消滅」という表現から、それに対して異を唱える自治体や人々もいました。しかしその一方でこれを機に真剣に「少子高齢化」という問題に向き合う自治体も明らかに増えました。こうして日本独自の「コンパクトシティ」を志向する動きが活発化してきました。【A】

そしてもうひとつ日本独自の「コンパクトシティ」を志向する理由、それが自然災害です。日本は国土の約3分の2を山地や丘陵地が占めており、ヨーロッパと比べて可住地面積の割合が極端に低い国です。日本は地震、津波、火山、洪水、土砂災害などさまざまな自然災害のリスクを抱えています。とくに近年の地球温暖化による極端現象から洪水や土砂災害が頻発しており、その被害地域も拡大しています。また、都市化の進展も自然災害の被害地域を拡大させています。【B】

しかし、教育機会や就業機会に恵まれる都市へと人々が集中するようになった結果、自然災害リスクが極めて高い低地や傾斜地にも土地が造成されるようになってきました。こういった土地はこれまでは新

興住宅地としての開発が中心でしたが、近年は急速な高齢化や核家族化の影響から安く土地を確保できるとの魅力もあって、老人ホームや介護施設の造成が急増しているのです。【C】

ニュースの映像などで老人ホームや介護施設が被害にあっている様子が報道されますが、入居者が一人では避難困難だったからだけでなく、被害に遭いやすい土地に造成していることの表れでもあるのです。こういった自然災害の防災・減災の観点からも、政府や自治体が自然災害リスクの高い土地の開発・造成を規制し、自然災害リスクの低い土地へ立地誘導を進めていけば、結果として「コンパクトシティ」になっていくのです。ようやくここに来て、日本で「コンパクトシティ」を推進する流れができあがった感があります。【D】

こういった流れを国土交通省はくみ取り、「コンパクトシティ」の概念の中に、これまでなかった「防災」という観点を入れました。また、近年水による被害が大きかった17都市を「防災コンパクト先行モデル都市」に指定しました（2020年末時点）。世界一の高齢国の日本のさまざまな課題は、今後すべての国や地域で経験することになります。近い将来、日本の多くの自治体が環境、経済、社会が一体となった持続可能な都市として世界中から注目されるようになっていることを期待したいものです。

—（宇野仙『SDGsは地理で学べ』による）

心情を、四十字以内で説明しなさい。

問七　本文の表現について説明したものとして、適切でないものを、次のア～エから一つ選び、記号で答えなさい。

ア　過去形で語られる本文の中に時折現在形の表現を入れることで、臨場感がより高まるように描かれている。

イ　写実的な文章の中で繰り返し擬音語を使うことで、「わたし」と菊池さんとの交流がテンポよく描かれている。

ウ　「わたし」の視点から気持ちや考えをそのまま表現することで、「わたし」の内面の変化が分かりやすく描かれている。

エ　「怒られた。」「馬鹿だ、あたし。」など、短い言葉の下を余白にすることで、「わたし」の受けた衝撃が印象的に描かれている。

【問題三】　次の文章（二〇二二年十月出版）は、「コンパクトシティ」について述べたものです。この文章を一部改めた箇所がある）　この文章を読んで、あとの問いに答えなさい。（出題の都合上、本文を一部改めた箇所がある）

多くの方がご存じかもしれませんが、現在、日本は世界一高齢者（65歳以上）の割合が高い国です。　毎年敬老の日に因んで発表される統計があるのですが、2021年9月15日現在、総人口に占める65歳以上の割合は29・1％となり、いよいよ30％が目前となりました。次点のイタリアが約23％ですから、日本は5％以上も高く、突出しているころがわかります。なぜ「コンパクトシティ」なのに、高齢化の話から始まったのか、それはあとでわかります。

「コンパクトシティ」は、ヨーロッパにおいて地球温暖化への関心とともに1990年代に注目されるようになった概念です。背景にあったのは、モータリゼーション（日常生活での自動車の普及）の進行で、都市郊外（以下、郊外）の開発した。モータリゼーションが進むと、都市郊外（以下、郊外）の開発

による森林破壊や自動車の利用による二酸化炭素の排出量の増加へとつながります。そこで郊外へと分散した学校や病院などの公共施設や商業施設を都市中心部（以下、都心部）に集約し、環境負荷が小さい公共交通機関を整備していこうというものです。

日本の「コンパクトシティ」の議論は、ヨーロッパとは少々違った背景があります。モータリゼーションが進んだことは同じなのですが、日本の場合、地価が安価な郊外にショッピングセンターなどの大型商業施設や大規模な新興住宅地が次々に開発されるようになった一方で、都心部の利便性が低い商店街は衰退し、次第に居住者も減少するようになっていきました。また、郊外に居住地域が散った結果、ご み収集や道路・水道管理などの公共サービスの提供範囲が広がり行政側にとって大きな負担となってきました。つまり日本の「コンパクトシティ」は、都心部の再生と行政の財政負担の軽減のためというものでした。1ヨーロッパの「コンパクトシティ」を志向する目的とは異なったものでした。

2000年代に入り日本でも国土交通省を中心に、モータリゼーションが進んだ地方自治体に「コンパクトシティ」を進める動きが活発化していきました。ところが多くの自治体では先例であるヨーロッパの「コンパクトシティ」をそのまま採り入れようとしたため、市民の同意が得られず頓挫しました。「コンパクトシティ」の目的が異なるのに、その真似事ではうまくいくはずがありません。また、地域社会の参加意識が欧米と比べて低い日本では、市民の関心事として「コンパクトシティ」を志向する意味を見いだすことは難しかったのです。

ところが2010年代に入ると、日本で再び、いやようやく本腰で「コンパクトシティ」を始めようとする自治体が増えてきます。それ

「いないよ」

「他のキャラも？」えっと、例えば……喧嘩早いアヒルとか、冷静で頭のいいフクロウとかも、みんな創作？」

「そう。あ、でも、身近な人の性格をちょっとずつ借りてるみたいなとこ、あるかも」

「へえ、すごいね」

菊池さんの称賛が届く。「へえ、すごいね」なんて、ありふれた言葉のはずなのに、わたしもわたしの周りの人も何気なく使っているはずなのに、瑞々しい特別の一言として届いてきたのだ。

7ふわっと、心が浮く。

おざなりじゃない称賛には浮力がある。

『森の王国』を書いてよかった。菊池さんが読んでくれてよかった。忘れずにいてくれて嬉しい。

「あっ」小さく叫んでいた。ふっと思い出したことがある。

菊池さんと目が合う。菊池さんが首を傾げる。

「忘れ物？」

「うん、思い出した。あの冊子を作ってくれたの名郷先生だった」

「あ……、そうか」

名郷先生だ。

課題を提出して二週間後に返ってきた原稿用紙に×はついていなかった。赤字で数行の感想が書き込まれていた。

（あさのあつこ『ハリネズミは月を見上げる』による）

問一　「1すとんと胸に落ちた」とありますが、これと同じ内容の表現として、最も適切なものを、次のア〜エから一つ選び、記号で答えなさい。

ア　会得した　イ　納得した　ウ　体得した　エ　説得した

問二　「2母は口元をきつく結び、横を向いた」とありますが、この時の母の心情を説明したものとして、最も適切なものを、次のア〜エから一つ選び、記号で答えなさい。

ア　自分を非難するような夫の言いぐさに腹を立てている。

イ　自分を擁護するような夫の気遣いに動揺している。

ウ　自分をからかうような夫の冗談にあきれている。

エ　自分を諭すような夫の指摘に驚いている。

問三　「3だから、驚いた」とありますが、「わたし」が驚いたのはなぜですか。六十字以内で説明しなさい。

問四　「4頬が熱くなる」「5幻の手でぶたれたみたいだ」とありますが、この時の「わたし」の心情を説明した、次の文の【　】にあてはまる内容として最も適切なものを、次のア〜エから一つ選び、記号で答えなさい。

菊池さんが「わたし」を助けてくれたことについて、愚かしいことを口にしてしまい、それを彼女に明確に否定されたことに【　　　】。

ア　反感を持つとともに、彼女への信頼も感じている

イ　屈辱を感じるとともに、自分の存在を軽視されたように感じている

ウ　憤りを覚えるとともに、彼女への強い罪の意識も感じている

エ　羞恥を感じるとともに、自身を強く非難されたように感じている

問五　「6取り返しがつかない」とありますが、この場面では具体的にどうなることですか。説明しなさい。

問六　「7ふわっと、心が浮く」とありますが、この時の「わたし」の

いつだったか廊下を歩いていて、誰かが『御蔵さん』て呼ぶのが聞こえたの。図書委員の集まりがあるとかどうとかそんなことを伝えてたよね。それで、ああこの人が御蔵さんかって思った」

「それで、あたしの名前を知ってたんだ」

菊池さんが頷く。頷いただけで、何かを付け加えることもしなかった。わたしは、少し慌てた。菊池さんがサヨナラと手を振るように感じたのだ。手を振って、さっさといなくなる。そんな気がした。

「あ、あの、今朝、助けてくれたのも、あたしのこと知ってたから?」

菊池さんの眉がひくりと動いた。

「知ってるとか知らないとか、関係ないよ、そんなの」

ぴしゃりと言われた。

4 頬が熱くなる。

5 幻の手でぶたれたみたいだ。

そうだ、関係ない。知っていようといまいと、菊池さんなら同じ行動をとっただろう。今朝、出会ったばかりだけれど、それくらいはわかる。わかっているはずなのに、とても愚かしいことを口にしてしまった。

馬鹿だ、あたし。

頬がどんどん火照ってくる。いつもなら、わたしはここで挫けてしまっただろう。自分の馬鹿さ加減にうんざりして、恥ずかしくてたまらなくて、逃げ出せるものなら逃げ出していただろう。でも、ここで逃げ出したら、明日から菊池さんに会えなくなる。まともに顔を合わせることも、しゃべることもできなくなる。わたしは、明日も明後日も、菊池さんと話がしたい。ちゃんと向き合いたい。

「ごめんなさい」

わたしは謝った。謝ってお終いにするためではなく、本気で謝らねばならないから謝った。

6 取り返しがつかないかもしれない。

そう考えると、胸の底が冷たくなる。

「謝るほどのことじゃないよ」

菊池さんが顎を引いた。

「どうしてそう、すぐ謝るかなあ」

「謝らなきゃいけないようなこと、言ったから」

菊池さんの身体がゆっくりと向きを変える。視線が、わたしを真正面から見据える。

「御蔵さん、いい人だね」

「え?」

「正直だし誠実だし……いい人だよ。とっても」

いい人。また、言われた。

面談室に入る前にも同じことを言われたのだ。

御蔵さんて、いい人なんだね。

辛いよね。

あのときは腹が立った。一方的に決めつけてと、憤りを覚えた。

今は不思議だ。

菊池さんは"いい人"に拘っている。"いい人"と辛さをイコールで結び付けている。どうして?

「『森の王国』にも出てくるよね。正直で、誠実で優しいキツツキのおかみさん。あれ、もしかして御蔵さんがモデル?」

「え? あ……いや、まさかまさか。モデルなんていないから」

手を左右に振る。

「いないの?」

【問題二】次の文章を読んで、あとの問いに答えなさい。（出題の都合上、本文を一部改めた箇所がある）

高校二年生の「わたし」（御蔵鈴美）は、登校中、トラブルに巻き込まれ、偶然そこに居合わせた同じ学校の二年生、菊池さんに助けられた。登校後、面談室で教師に事情を聴かれた「わたし」と菊池さんが部屋を出ると、菊池さんが「わたし」の創作した物語『森の王国』について話題にし始めた。

『森の王国』は、一年生の夏休みにわたしが創作した物語だ。いや、創作なんてかっこいいものじゃない。国語の課題に読書感想文か創作かの二択が出た。わたしは、本を読むのはそこそこ好きだが感想文は嫌いで、昔から苦労してきた。小学三年生のときに、学校側の指定した本がどれもぴんとこなくて、どうしようかと思い悩んだことがある。そのとき、母が「上手に書くことより、鈴美の感じたとおりに素直に書けばいいんじゃない。"おもしろくなかった"でも、立派な感想だと思うわよ。むしろ、斬新でいいんじゃない」と言ってくれたのだ。斬新の意味は理解できなかったが、言葉そのものは1すとんと胸に落ちた。わたしは、自分がなぜ、この本をつまらなく感じたかを原稿用紙四枚にびっしりと書き込んで担任の先生に提出した。

×の付いた感想文に母は当惑し、父は眉間に皺を寄せた。「感想文だから素直な気持ちを書けばいいってのは、建前でしかないからなあ。やはり、世間の常識に逆らわない方がいいぞ。母さんはそういうのに疎いからなあ」

父の何気ない一言に、2母は口元をきつく結び、横を向いた。

醜いほど歪んだ横顔と感想文がどう結びついたのか、あのときからわたしは感想文が嫌いになった。

なので、課題には創作を選んだ。何をどう書くか、あまり悩まなかった。頭の中にぱっと祖母の庭が浮かんだのだ。様々な鳥が集まっていたあの場所は、小さな王国のようだった。威厳のある鷹、群れて騒ぐメジロや雀たち、それを追い払い餌を独り占めしようとするヒヨドリ、黒々とした体色が美しい鴉……。

小学生の自分が感じたイメージをなぞって、わたしは創作に挑んだ。原稿用紙に二十枚ちょっとの物語は八月半ばに出来上がり、課題として提出することができた。

それを担当の先生が小冊子にして、一年生全員に配ってくれたのだ。わたしのを含めて四編の創作と、十の感想文、それに十五編の詩が載っていた。

選ばれたのだと思った。ちょっぴり誇らしかった。その小冊子は今も、わたしの本棚に並んでいる。でも、他人からすれば、ただの印刷物に過ぎないだろう。教科書でも問題集でもない。棄てないにしても、どこかに仕舞い込んで忘れてしまってもおかしくない。むしろ、それが当たり前かもしれない。わたし自身、二年生になってからは、以前のようにときたま取り出してめくることもなくなった。物語のことも、鳥たちのことも、祖母の庭のことも思い出す回数はめっきりと減っていた。

3だから、驚いた。あの作品を、『森の王国』をちゃんと読んで、おもしろいと言ってくれる人がいるなんて。「こんな物語を書いたの、どんな人だろうって思ったの。気になるってほどじゃないんだけど、ちょっと心に引っ掛かってた。そしたら、

＜国語＞

時間 五〇分　満点 五〇点

【注意】【問題二】から【問題五】において、答えに字数制限がある場合には、句読点やその他の符号も字数に数えることとします。

【問題一】 次の各問いに答えなさい。

問一 次の（1）～（4）の傍線部について、漢字は読み方をひらがなで、カタカナは漢字に直して、それぞれ楷書で丁寧に書きなさい。（3）には送り仮名をつけて答えなさい。

（1）仕事が滞る。
（3）便宜を図る。
（3）モッパラ練習に励む。
（4）問題の解決はヨウイではない。

問二 「体」という漢字をある漢和辞典で調べると、次の【漢和辞典の一部】のように説明されていました。「体裁」という熟語に使われている「体」の意味として、最も適切なものを、【漢和辞典の一部】の《意味》①～⑤から一つ選び、番号で答えなさい。

【漢和辞典の一部】

【体】
タイ・テイ
からだ

《意味》
① からだ。み。首・胴・手・足の総称。
② てあし。四肢。
③ かたち。ありさま。すがた。状態。かた。
④ もちまえ。本性。物事の根本となるもの。
⑤ 身につける。自分自身で行う。
きまり。規格。

問三 毛筆を用いて、楷書に調和するように平仮名「の」を書くとき、筆使いとして最も適切なものを、次のア～エから一つ選び、記号で答えなさい。なお、筆の穂先が通るところを、黒で太く示しています。

ア　　　イ　　　ウ　　　エ

問四 次の文章について、あとの各問いに答えなさい。

　皆さま、右の方を1見てください。こちらが日本遺産に認定されている名峰大山です。日本のどの山にも2全く見劣りすることのない美しい風景を目にすることができます。

（1）「1見て」とありますが、「くださ
い」に続くように、尊敬語に直して書きなさい。ただし、尊敬の助動詞は用いないこと。

（2）「2全く」に呼応している単語を抜き出して書きなさい。

問五 【論語】に、「由、誨女知之乎。知之為知之、不知為不知。是知也。（由よ、お前に物事を知るということを教えようか。自分の知っていることは知っているとし、自分の知らないことは知らないとする。これが本当に知るということだ。）」という一節があります。この一節の「不知為不知」が「知らざるを知らずと為す」という読み方になるように、「不_{ルヲ}　知_ラ　為_{ナス}　不_ト　知_ラ」に返り点を正しくつけなさい。

2024年度

解 答 と 解 説

《2024年度の配点は解答用紙集に掲載してあります。》

＜数学解答＞

【問題1】 問1　(1)　7　　(2)　$\dfrac{3}{2}$　　(3)　$\sqrt{3}$　　(4)　$5x-1$　　(5)　$6x^2y^2$

問2　$(x-1)(x-7)$　　問3　$x=\dfrac{1\pm\sqrt{21}}{10}$　　問4　$7a+4000b>15000$

問5　$\angle x=40$度　　問6　$\dfrac{7}{8}$　　問7　$\sqrt{31}$，$\dfrac{8}{\sqrt{2}}$，6　　問8　(1)　(例)上の段の飾りと下の段の飾りの総数を表している。　　(2)　ア：$5n$　　イ：$n-1$

問9　解説参照　　問10　ア　BC＝AD　　イ　解説参照

【問題2】 問1　エ　　問2　ウ　　問3　560人　　問4　0.28　　問5　(例)75番目と76番目の平均を求める　　問6　ア，オ

【問題3】 問1　(1)　20分　　(2)　(i)　(例)$\dfrac{a}{3}+\dfrac{1-a}{10}$　　(ii)　(例)$3\times\dfrac{b}{60}+10\times\dfrac{15-b}{60}$

問2　(1)　ア　(例)$\dfrac{15}{60}x+\dfrac{20}{60}y$　　イ　$\dfrac{10}{60}x+\dfrac{20}{60}x+\dfrac{30}{60}(y-21)$

(2)　歩く速さ：時速4km，列車の速さ：時速57km

【問題4】 問1　$a=8$　　問2　$y=-x+2$　　問3　tの値：$t=\dfrac{3}{2}$，点Rのy座標：$\dfrac{16}{3}$

問4　(1)　$n=14$　　(2)　$t=36$

【問題5】 問1　イ，オ　　問2　$\dfrac{250}{3}$cm^3　　問3　$t=6$　　問4　$2\sqrt{106}$cm　　問5　$\dfrac{1220}{3}$cm^3

＜数学解説＞

【問題1】　(小問群―数と式の計算，根号を含む計算，文字式の四則計算，因数分解，二次方程式，不等式，円の性質と角度の求値，確率，根号の利用とその大小，文字式を利用した規則性の読み取り，作図，平行四辺形の性質を利用した証明)

問1　(1)　$-2-(-4)+5=-2+4+5=7$

(2)　$-\dfrac{2}{3}\times\left(-\dfrac{9}{4}\right)=\dfrac{2}{3}\times\dfrac{9}{4}=\dfrac{3}{2}$

(3)　$3\sqrt{3}-\sqrt{2^2\times3}=3\sqrt{3}-2\sqrt{3}=\sqrt{3}$

(4)　$6x-3-x+2=5x-1$

(5)　$\dfrac{3xy\times2x^3y^2}{x^2y}=\dfrac{6x^4y^3}{x^2y}=6x^2y^2$

問2　足して-8，掛けて7になる2つ数字は-1と-7なので，$x^2-8x+7=(x-1)(x-7)$

問3　$5x^2-x-1=0$に二次方程式の解の公式を用いて，$x=\dfrac{-(-1)\pm\sqrt{(-1)^2-4\times5\times(-1)}}{2\times5}=\dfrac{1\pm\sqrt{21}}{10}$

問4　1個a円の梨を7個と1箱4000円の長いもをb箱買ったときの代金は，$a\times7+4000\times b=7a+4000b$（円）で，これは15000円より大きいので，$7a+4000b>15000$　が成りたつ。

問5　円周角の定理より同じ弧に対する円周角は等しいので，$\angle$CAD＝$\angle$CBD＝$20°$　△BCMにて2つの内角の和はもう1つの内角の外角と等しいので，$20°+\angle$BCM＝$80°$　$\angle$BCM＝$60°$　した

がって，△CANでも同様にして，∠x＋20°＝60°となるので，∠x＝40°

問6 3枚の硬貨をA，B，Cとすると，3枚の硬貨を投げたときのA，B，Cの表裏の出方を(A，B，C)とすると，その出方は(表，表，表)，(表，表，裏)，(表，裏，表)，(表，裏，裏)，(裏，表，表)，(裏，表，裏)，(裏，裏，表)，(裏，裏，裏)の8通りある。この中で**少なくとも1枚が表となる**のは，**すべて裏となるもの以外**の7通り。したがって，求める確率は$\dfrac{7}{8}$となる。

問7 $6=\sqrt{36}$，$\dfrac{8}{\sqrt{2}}=4\sqrt{2}=\sqrt{32}$なので，$\sqrt{31}<\sqrt{32}<\sqrt{36}$であることから，3つの数を小さい順に並べると，$\sqrt{31}$，$\dfrac{8}{\sqrt{2}}$，6 となる。

問8 (1) (例)上の段の飾りと下の段の飾りの総数を表している。 (2) 1個の部品に飾りは5個ついておりこれをn個つなげるが，重複する部分が$(n-1)$箇所あるので，これを引いて考えると，$5×n-2×(n-1)=3n+2$

問9 ∠BACの二等分線を引けばよい。手順は以下の通り。

① 点Aを中心とした円をかき，辺AB，ACとの交点をD，Eとする。 ② 2点D，Eを中心として同じ半径の円をそれぞれかき，その2つの円の交点をFとする。 ③ 2点A，Fを通る直線が∠BACの二等分線となるので，これと辺BCの交点がPである。

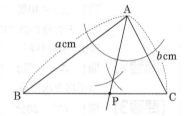

問10 ア 平行四辺形の対辺は等しいことを利用して，対応する辺を考えればよい。 イ (例)仮定より，△DCEはDC＝DEの二等辺三角形である。二等辺三角形の2つの底角は等しいので，∠DCB＝∠DEC 平行線の錯角は等しいので，AD//BCから，∠DEC＝∠EDA

【問題2】 (資料の散らばり・代表値・標本調査—標本調査の仕方，相対度数，中央値，箱ひげ図)

問1 ① 母集団はすべての参加者である4000人 ② 標本は，無作為に抽出する150人

問2 **標本は無作為に選ばないといけない**ことからウ。他の選択肢のように意図して選ぶものではない。

問3 度数分布表より，46歳以上51歳未満の人数は21人なので，その階級の相対度数は，$\dfrac{21}{150}=\dfrac{14}{100}=0.14$ とわかる。したがって，46歳以上51歳未満の参加者はおよそ4000×0.14＝560(人)とわかる。

問4 度数分布表より，36歳未満の累積度数は6＋12＋24＝42(人)なので，累積相対度数は，$\dfrac{42}{150}=\dfrac{28}{100}=0.28$

問5 (例)75番目と76番目の値の平均を求める。

問6 ア：箱ひげ図の箱が一番大きいのがAであることから正しい。 イ：箱ひげ図からは平均年齢が一番高いのが大会Bであるかどうかは不明である。 ウ：第1四分位数が40歳未満となっているのが大会Aのみなので，40歳未満の参加者が一番多いのは大会Aであるといえる。 エ：第1四分位数が最も小さいのは大会Aである。 オ：すべての大会で，第3四分位数が50歳以上となっていることから正しい。

【問題3】 (方程式の応用—速さについての問題，方程式の立式，連立方程式の利用)

問1 (1) $1÷3=\dfrac{1}{3}$(時間) すなわち，$\dfrac{1}{3}×60=20$(分)

(2) (i) 最初の$a$kmは時速3kmの速さで歩き，残り$(1-a)$kmは時速10kmの速さで走ったところ全部で15分かかっているので，$\dfrac{a}{3}+\dfrac{1-b}{10}=\dfrac{15}{60}$ が成り立つ。

(ii) 時速3kmの速さでb分歩き，時速10kmの速さで$(15-b)$分走ったところ全部で1km進んだことになるので，$3\times\dfrac{b}{60}+10\times\dfrac{15-b}{60}=1$ が成り立つ。

問2 (1) 歩く速さは時速$x$km，列車の速さは時速$y$km，バスの速さは時速$(y-21)$kmである。

ア A駅からB駅まで列車で20分，B駅からC寺まで徒歩で15分進み，合計20km進むことになるので，$y\times\dfrac{20}{60}+x\times\dfrac{15}{60}=20$ すなわち，$\dfrac{15}{60}x+\dfrac{20}{60}y=20$

イ C寺からD城跡まで徒歩で10分，D城跡からE神社まで徒歩で20分，E神社からホテルまでバスで30分進み，合計20km進むことになるので，$x\times\dfrac{10}{60}+x\times\dfrac{20}{60}+(y-21)\times\dfrac{30}{60}=20$ すなわち，$\dfrac{10}{60}x+\dfrac{20}{60}x+\dfrac{30}{60}(y-21)=20$

(2) (1)の連立方程式を解く。 $\dfrac{15}{60}x+\dfrac{20}{60}y=20$より，$3x+4y=240$…① $\dfrac{10}{60}x+\dfrac{20}{60}x+\dfrac{30}{60}(y-21)=20$より，$x+y=61$…② ①−②×3より，$y=57$ ②に代入して，$x+57=61$ $x=4$ よって，歩く速さは時速4km，列車の速さは時速57km

【問題4】 (関数と座標平面―反比例のグラフ，直線の式，放物線とその性質，直線や曲線で囲まれた図形と座標)

問1 曲線$y=\dfrac{a}{x}$のグラフ上に点A(2, 4)はあるのでこれを式に代入すると，$4=\dfrac{a}{2}$ これより，$a=8$

問2 $t=1$のとき，P(1, 1)，Q(−2, 4)となる。直線PQの傾きは(yの増加量)÷(xの増加量)より，$(4-1)\div(-2-1)=-1$ なので，直線PQの式は$y=-x+b$とおける。これに，P(1, 1)を代入すると，$1=-1+b$ $b=2$なので，直線PQの式は$y=-x+2$

問3 2点P，Qの座標はそれぞれP(t, t^2)，Q($t-3$, $(t-3)^2$)であり，直線PQがx軸と平行となるなら，2点P，Qのy座標は等しくなる。したがって，$t^2=(t-3)^2$ $t^2=t^2-6t+9$ $6t=9$ $t=\dfrac{3}{2}$

このとき，点Pのx座標は$\dfrac{3}{2}$であることから，点Rのx座標も$\dfrac{3}{2}$ したがって，点Rのy座標は $y=8\div\dfrac{3}{2}=\dfrac{16}{3}$ よって，R$\left(\dfrac{3}{2}, \dfrac{16}{3}\right)$

問4 (1) 条件を満たす点は，$x=0$のとき，(0, 0) $x=1$のとき，(1, 0)，(1, 1) $x=2$のとき，(2, 0)，(2, 1)，(2, 2)，(2, 3)，(2, 4) $x=3$のとき，(3, 0)，(3, 1)，(3, 2) $x=4$のとき，(4, 0)，(4, 1)，(4, 2) 以上14個あるので，$n=14$

(2) 条件を満たす点を，(1)と同様にxの値によって分けて考える。 $x=0$, 1, 2のときは，(1)より合計8個 $x=3$, 4のときは，(1)と同じくそれぞれ3個ずつあるので，$3\times2=6$(個) $x=5$, 6, 7, 8のときは，それぞれ2個ずつあるので，$2\times4=8$(個) $x=9$, 10, 11, …のときは，それぞれ1個ずつある。以上より，$50-(8+6+8)=28$より，$t=8+28=36$ となる。

【問題5】 (空間図形―ねじれの位置，三角錐の体積，三平方の定理の利用，展開図と最短距離，立体の体積)

問1 同一平面上にない(平行でなく，かつ，交わらない)2直線を探すと，イとオ。 ア 直線AB//直線DCよりねじれの位置でない。 ウ 直線AB//直線GHよりねじれの位置でない。 エ ABとBFは交わるのでねじれの位置でない。

問2 $t=5$のとき，三角錐BFGPの体積は，$\triangle$PFG$\times$BF$\times\dfrac{1}{3}=\left(\dfrac{1}{2}\times$PF$\times$FG$\right)\times$BF$\times\dfrac{1}{3}=\left(\dfrac{1}{2}\times5\times10\right)\times10\times\dfrac{1}{3}=\dfrac{250}{3}$(cm^3)

問3 DH⊥PHより，$\triangle$DPHにて三平方の定理より DP$=\sqrt{\text{DH}^2+\text{PH}^2}$を利用する。DH$=10$cmであり，EP$=(10-t)$cm，EH$=10$cmなので$\triangle$EPHにて三平方の定理よりPH$=\sqrt{(10-t)^2+10^2}=$

$\sqrt{200-20t+t^2}$(cm) よって，DP$=\sqrt{10^2+(\sqrt{200-20t+t^2})^2}=\sqrt{300-20t+t^2}$ これが$6\sqrt{6}$cm となるとき，$\sqrt{300-20t+t^2}=6\sqrt{6}$ 両辺を2乗して，$300-20t+t^2=216$ $t^2-20t+84=0$ $(t-6)(t-14)=0$ $0<t<10$より，$t=6$

問4 右図1のように展開図の一部を考える。（面ABCD，面ADHE，面AEFBの3面） ひもの長さは線分D_1PもしくはD_2Pのいずれかとなる。三平方の定理を用いて，$D_1P=\sqrt{10^2+18^2}=2\sqrt{25+81}=2\sqrt{106}$ $D_2P=\sqrt{20^2+8^2}=2\sqrt{100+16}=2\sqrt{116}$となり，$D_1P<D_2P$ よって，$2\sqrt{106}$cm

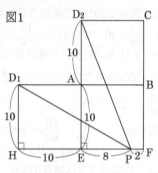

図1

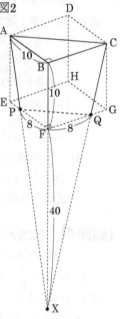

図2

問5 右図2のように直線AP，BF，CQを考え，その交点をXとする。（三角錐X−PFQ）∽（三角錐X−ABC）となり，その相似比はPF：AB$=8:10=4:5$なので，XF：XB$=4:5$ したがって，XF：FB$=4:1$となり，FB$=10$cmより，XF$=40$cm，XB$=50$cm よって，立体Xの体積は，（三角錐X−ABCの体積）−（三角錐X−PFQの体積）より求めることができるので，$\left(10\times10\times\frac{1}{2}\right)\times50\times\frac{1}{3}-\left(8\times8\times\frac{1}{2}\right)\times40\times\frac{1}{3}=\frac{2500}{3}-\frac{1280}{3}=\frac{1220}{3}$(cm^3)

＜英語解答＞

【問題1】 問1 No. 1 エ No. 2 イ No. 3 ア 問2 No. 1 エ No. 2 ア
問3 No. 1 ウ No. 2 エ 問4 (1) ウ→イ→ア (2) （例）What do you usually have for lunch at school(?)

【問題2】 問1 No. 1 （例）looking No. 2 Why No. 3 Let 問2 No. 1 ウ
No. 2 イ 問3 （例）Can I use／May I use

【問題3】 問1 ① （例）Do you like the food here(?) ② （例）what do you do
問2 （例）Sumimasen is a good word to know. It means excuse me. You can use it when you want to talk to people.

【問題4】 問1 (1) エ (2) ① ア ② エ 問2 ウ 問3 (1) イ (2) ア
【問題5】 問1 イ→エ→ア→ウ 問2 イ 問3 ウ 問4 ウ 問5 （例）ピーターたちが，けんのために特別に準備したソンクランだった（から。） 問6 （例）your warm smiles and kindness helped me a lot.

＜英語解説＞

【問題1】 （リスニング）

放送台本の和訳は，74ページに掲載。

【問題2】 （会話文問題：語句補充，語形変化）

問1 No. 1 A：何をしているの？／B：英語の教科書を探しているところだよ。（それを）見かけ

た？　＜be 動詞＋〜ing＞＝〜しているところだ(進行形)　look for 〜＝〜を探す

No. 2　A：今日の午後，一緒に数学の試験勉強をしない？／B：ごめん。歯医者に行かないといけないんだ。　**Why don't we 〜？**＝(一緒に)〜しませんか？

No. 3　A：リサと私は今度の週末に動物園に行くつもりなの。一緒に行かない？／B：もちろん。でもお母さんに聞いてみないといけないわ。／A：そうね。木曜日まで(より前)に私に教えてね。　＜let ＋人＋動詞の原形〜＞＝(人)に〜させる

問2　No. 1　私はあなたには同意しません。私は違う意見をもっています。私は外国の人たちが日本を訪れるのには夏がいちばんよい季節だと思います。　action ＝行動　work ＝仕事　opinion ＝意見　movement ＝(社会的・宗教的)運動，行動

No. 2　私たちのチームはトーナメント戦の前に一生懸命練習しました。私たちは勝ちませんでしたが，ベストを尽くしたことをうれしく思います。　If ＝もし〜ならば　Though ＝〜だが，〜にもかかわらず　So ＝そういうわけで，それで　Because ＝なぜなら

問3　A：ペンを忘れちゃった。あなたのものを使ってもいいですか？／B：もちろんいいよ。／A：ありがとう。　**Can (May) I 〜(動詞の原形)？**＝〜してもいいですか？　Can I 〜?に比べ，May I 〜?の方が丁寧な表現。

【問題3】　(自由・条件英作文)

(問題文・解答例訳)

佐藤先生：アン先生，鳥取に住んで6か月になりますね。

アン先生：はい。私は鳥取がとても好きです。

佐藤先生：それを聞いて嬉しいです。①こちらの食べ物は好きですか？

アン先生：はい。私は鳥取の食べ物が大好きです。お気に入りは牛骨ラーメンです。佐藤先生も好きですか？

佐藤先生：はい。おいしいですね。ところで，週末は②何をしていますか？

アン先生：私はよくカメラを持って出かけます。鳥取にはたくさんのきれいな場所があります。

佐藤先生：それなら，ここでの生活をとても楽しんでいるのですね。

アン先生：はい。でも一つ困っていることがあります。もっと日本の言葉を覚えたいのです。地元の人たちともっとコミュニケーションをとりたいです。

問1　①　Do you like the food here(?)　空所①直後のアン先生の発言に注目。「はい。私は鳥取の食べ物が大好きです」と答えている。　②　(By the way,)what do you do (on weekends ?)空所②直後のアン先生の発言に注目。「私はよくカメラを持って出かけます」と答えている。

問2　(問題文・解答例訳)　アン先生からの問いかけ：私はいくつか簡単な言葉は知っています，ありがとうやこんにちはなどです。役に立つ日本語をほかにも教えてもらえますか？　そしてその言葉の意味といつ使うのかを教えてください。／すみませんは知っておくとよい言葉です。それは excuse me を意味します。人に話しかけたいときに使うことができます。

【問題4】　(読解問題・資料読解：グラフ・絵・図・表などを用いた問題，内容真偽，語句補充)

問1　グラフ1：宅配便の荷物の数　　グループ2：再配達された荷物の割合　　グラフ3：宅配ボックスが設置される前と後の配達割合　(項目上から□1回目で対面配達　□1回目で宅配ボックスに配達　□再配達　その他)

(1)　ア　2018年には，2019年よりも多くの宅配便の荷物が送られた。　イ　宅配便の荷物の数

は2020年が最も少なかった。　ウ　2022年には，宅配便は過去4年間ほど多く利用されなかった。　エ　宅配便の荷物の数は年々増加した。（〇）　グラフ1参照

(2)　（問題文訳）　皆さんはよく宅配便を利用しますか？　それ（宅配便）はとても便利です。しかし荷物の再配達は大きな問題です。再配達は二酸化炭素を生み出し，それは環境に悪いのです。グラフ2は荷物の①10％以上が再配達されていることを表しています。この問題に関して私たちは何ができるでしょうか？　私は，宅配ボックスの使用がその問題を解決する一つの方法だと思います。グラフ3を見てください。宅配ボックスをつけた後，再配達の割合が宅配ボックス設置前よりも約②40％低くなったのです。

①　グラフ2参照　　②　グラフ3参照。宅配ボックス設置前の再配達の割合が49％，設置後は8％なので，約40％減少している。

問2　（イアン先生のお願い）　私の弟が泊まるのによい場所を知っていますか？　彼は地元の食べ物を食べたいと思っていて，歴史について学ぶことが好きです。

（生徒たちが作成したスライド）

しらかべ旅館
・地元の魚を使ったおいしい夕食を食べることができる。
・宿泊客は無料のツアーに参加することができ，ツアーガイドから鳥取の歴史について学ぶことができる。

大山グリーンホテル
・ホテルのレストランでおいしい地元の料理を食べることができる。
・鳥取の歴史についてのたくさんの本がある小さな図書館がある。

民宿しろうさぎ
・ここの夕食は有名。鳥取の牛肉と地元の野菜で作られている。
・オーナーが宿泊客と鳥取の歴史について話すことが好き。

おしどりゲストハウス
・宿泊客が使うための素敵なキッチンがある。
・外国の旅行客の間では人気の場所でお互いに話すことができる。

（メッセージの一部）　ありがとうございます。私は民宿しろうさぎに泊まることに決めました。私は鳥取の地元の食べ物を食べてみたいです。でも魚はあまり好きではありません。私は学校で日本語を勉強していますが，まだよく読むことができません。それでも私は地元の人たちと日本語で話したいです。だから，私は民宿しろうさぎが私にとって最適な場所だと思います。

全訳参照。　　線部分に注目。イアン先生の弟の希望に合っている宿泊先は，民宿しろうさぎ。

問3　（ホワイトボードアプリの画面）（左上から）　私たちの町には美しい浜辺があります。私たちは時々その浜辺を清掃します。よくビニール袋やペットボトル，そのほかのごみを見つけます。(1)浜辺を清掃することで，美しく保つことができ海の生き物を守ることができます。

　私たちの町には古いお寺があります。そこには有名な僧侶によって描かれた古い水墨画があります。伝統芸術が好きな人たちにとっては良い場所です。

　ある有名な画家が私たちの町で生まれました。彼の絵画のうちの何点かを所蔵している美術館が私たちの町にあります。その美術館は小さいですが訪れるのに最高の場所の一つです。

　この町に来る旅行者は無料で自転車を利用することができます。また，発電する風車を見ることもできます。自転車と風車は地球温暖化を止める助けになります。

　毎年音楽祭が行われます。地元の人たちが来て様々な種類の音楽を演奏します。去年は初めて有名な歌手を招待しました。

私たちの町はおいしい水で有名です。その水は森から来ているので，私たちは森を守るためになることをしています。植樹はそのうちの一つです。

(1)　ア　人々はよくおいしい水を飲むために森へ行く。　イ　浜辺の清掃は海にいる魚やその他の生き物を救う。（○）ホワイトボードアプリの画面の最初の内容参照。　ウ　美術館を訪れる人たちは美しい写真を見ることができる。　エ　有名な音楽家たちが毎年音楽祭に来る。

(2)　ア　私たちの町は環境を守り音楽を愛している。（○）　イ　私たちの町は自然と音楽でいっぱいだ。　ウ　私たちの町は美しい浜辺と森がある。　エ　私たちの町は小さいが旅行者のためのたくさんのイベントがある。

【問題5】　(長文読解問題・エッセイ：絵を用いた問題，語句補充，語句解釈，日本語で答える問題，自由・条件英作文)

（全訳）　サワディークラップ。これはタイ語で「こんにちは」です。私はこの前の夏のタイでの経験についてお話します。私の父はタイに何度も行ったことがあり，いつも私にタイは良いところだと言っていました。ある日，彼は私に尋ねました，「タイでの交換留学プログラムに参加してみるかい？」私は①不安でこう考えました，「僕はタイ語が話せない。そこの人たちとどうやってコミュニケーションをとればよいのだろう？　タイの生徒たちも英語を学んでいることは知っているけど，僕の英語はあまり上手じゃない。」父は言いました，「君にとって良い経験になるよ。考えてごらん。」私は数日間それについて考え，そして行くことに決めました。

バンコクの空港に着いたとき，私は少年と彼の家族に歓迎されました。その少年は微笑んで言いました，「こんにちは。僕はピーターです。君のホストブラザーだよ。」私は言いました，「ピーター？英語の名前ですね。」彼は言いました，「うん。僕のニックネームなんだ。タイでは，よくニックネームを使うんだよ，僕たちの本名はたいていとても長いからね。」彼によると，物のための様々な言葉もニックネームとして使われることがあるそうです。例えば，「ブック」「ボール」あるいは日本語の「ジュウドウ」もニックネームとして使われているのです。私は②それは面白いと思いました。

次の日，私はピーターと一緒に地元の学校に行きました。私はほかの生徒たちに会って彼らと英語を話すことに緊張していました。しかし，彼らが満面の笑みで私を歓迎してくれた時，安心しました。私は私が知っているすべての英語を使いました。そして英語でどのように言えば分からない時は，身振りを使いました。彼らも私のために易しい英語を使おうとしてくれたので，彼らの言うことを理解することができました。③私たちが良い友だちになるまでに長い時間はかかりませんでした。

ある日，ピーターが私に1枚の写真を見せてくれました。その写真の中で，人々がお互いに水をかけ合っていました。彼は言いました，「ソンクランを知っている？　この国の伝統的な新年のお祭りだよ。幸運を願ってバケツや水鉄砲で人に水をかけるんだ。」私はそのお祭りに行きたいと思いました！　でも，その時私はタイにはいないのです。とても残念に思いました。

学校最後の日，授業が終わると，ピーターが私に外に出るように頼みました。私のクラスメイトたちが水の入ったバケツと水鉄砲を持ってそこにいました。ピーターが言いました，「はい，これ君のバケツだよ，けん。④僕たちのソンクランを始めよう！」それから私たちはお互いに水をかけ始めました。みんな笑っていました。私はとても嬉しかったです。

人々はタイのことを「微笑みの国」と呼びます。今なら私はその理由が分かります。私は彼らのあたたかい笑顔と優しさを決して忘れないでしょう。

問1　全訳参照。　イ　第1段落　→　エ　第2段落　→　ア　第3段落　→　ウ　第5段落

問2　全訳参照。空所①直後のけんの発言に注目。不安な気持ちが述べられている。　excited ＝ ワクワクして　　worried ＝不安で，心配して　　tired ＝疲れて　　hungry ＝空腹の

問3　ここでの that は直前のピーターの発言内容を指す。　ウ　タイでは，ニックネームは物の名前に由来することがある。　come from ～＝～に由来する，～から生じる

問4　全訳参照。第3段落下線部③以前の内容に注目。　ウ　けんと彼のクラスメイトはお互いに理解するために最善を尽くした，が適当。

問5　全訳参照。第4段落でピーターがけんにソンクランについて紹介したが，けんはそのお祭りが開催される時期に自分はタイにいないことを残念に思っていた。そこで，ピーターたちがけんのために特別に独自のソンクラン(＝僕たちのソンクラン)を準備したから。

問6　(問題文・解答例訳)　僕は今ではタイが「微笑みの国」である理由が分かります。はじめは，僕は現地の学校に行くことに緊張していました。でも君のあたたかい笑顔と優しさが僕をとても助けてくれました。君のおかげで，僕は楽しんで君と話をしたし，素晴らしい時を過ごせました。ありがとう。

2024年度英語　リスニングテスト

〔放送台本〕

　これから放送による聞き取りの問題を行います。【問題1】を見てください。【問題1】には，問1，問2，問3，問4があります。問1，問2は1回のみ放送します。問3，問4は，2回ずつ放送します。聞きながらメモをとってもかまいません。では，問1を始めます。これから放送するNo. 1，No. 2，No. 3の英文を聞き，それぞれの英文の内容を最もよく表しているものを，次のア，イ，ウ，エからひとつずつ選び，記号で答えなさい。英文は1回のみ放送します。では，始めます。

No.1　Miyoko likes climbing mountains.

No.2　Satoshi is sitting on the bench between the big trees.

No.3　The anime movie starts at one o'clock, so Angela and I are going to meet at the movie theater fifteen minutes before that.

〔英文の訳〕

No.1　ミヨコは山に登ることが好きです。

No.2　サトシは大きな木の間にあるベンチに座っています。

No.3　そのアニメ映画は1時に始まります，だからアンジェラと私はその15分前に映画館で待ち合わせるつもりです。

〔放送台本〕

　続いて，問2を始めます。これから放送するNo. 1，No. 2の会話を聞き，それぞれの英語の質問に対する答えとして，最も適切なものを，次のア，イ，ウ，エからひとつずつ選び，記号で答えなさい。会話は1回のみ放送します。では、始めます。

No.1　〈留学生(Misa)とホストファーザー (Greg)との会話〉

　　　Misa: Greg, the pizza and salad are delicious.

　　　Greg: Thank you, Misa. I like cooking very much. Do you like cooking?

　　　Misa: Yes. I would like to cook something with you tomorrow if you have time.

Greg: That's a nice idea. Let's make lunch together.

No.2 〈ALT（Melinda）と中学生（Takuma）との会話〉

Melinda: Hi, Takuma. Your English has really improved.

Takuma: Thank you. My dream is to study overseas, so I am interested in learning foreign languages.

Melinda: That's a good dream. My dream is to teach Japanese when I go back to the United States. So I am studying it every day.

Takuma: I hope our dreams come true.

〔英文の訳〕

No.1　ミサ　　　：グレッグ，このピザとサラダはおいしいです。

　　　グレッグ：ありがとう，ミサ。私は料理が大好きなんだよ。君は，料理は好きかな？

　　　ミサ　　　：はい。もしあなたにお時間があったら明日一緒に何か料理をしたいです。

　　　グレッグ：それはいい考えだね。一緒に昼食を作ろう。

　　　質問：ミサは明日何をするつもりですか？

　　　答え：エ　昼食を作る

No.2　メリンダ：ハイ，タクマ。あなたの英語はとても上達していますね。

　　　タクマ　　：ありがとうございます。僕の夢は海外で勉強することなので，外国語を学ぶことに興味があるのです。

　　　メリンダ：それは素敵な夢ですね。私の夢はアメリカに帰った時に日本語を教えることです。だから毎日日本語を勉強しています。

　　　タクマ　　：僕たちの夢が叶うといいですね。

　　　質問：彼らは何について話しているところですか？

　　　答え：ア　彼らの将来の夢

〔放送台本〕

　続いて，問3を始めます。これから放送するNo. 1，No. 2の英文を聞き，次の各問いに答えなさい。

　では，No. 1を始めます。中学生のこうすけさんはニュージーランドでホームステイをしています。現地のボランティアガイドによる観光ツアーに参加し，このツアー中に，日本の家族へのお土産を買う予定です。ボランティアガイドによる出発前の説明を聞いて，こうすけさんがお土産を買うのに最も適切な場所を，次のア，イ，ウ，エからひとつ選び，記号で答えなさい。英文は2回放送します。では，始めます。

　　First, we will go to the east area of town to see a famous library. After that, we will go to the west part of town. There is a museum with many famous pictures. Then, we will go to a famous street that has many shops and restaurants. We will be there for about one hour. This is the only free time you will have. The last place that we will go to is a beautiful park with many flowers. There is one important thing I want you to remember. Please eat lunch and go shopping during the free time.

　では，No.2を始めます。中学生のえりさんは英語の授業で，AIについて発表しました。えりさんが最も伝えたいこととして，最も適切なものを，次のア，イ，ウ，エからひとつ選び，記号で答えなさい。英文は2回放送します。では，始めます。

Today, I'm going to talk about AI.　AI is an important technology that can make our lives more convenient.　Because of AI, we have cars which run without drivers and we can find useful information easily.　However, there are some problems with AI.　For example, AI can create information that is not true.　Also, some people will lose their jobs in the future because of AI.　So it is important to think about how we use AI for us to have a better future.

〔英文の訳〕

No.1　はじめに，町の東の地域に行き有名な図書館を見学します。その後，町の西の地域に行きます。そこにはたくさんの有名な絵画を所蔵する美術館があります。それから，多くのお店やレストランがある有名な通りに行きます。そこには1時間くらいいる予定です。これが予定している唯一の自由時間です。最後に行く場所はたくさんの花がある美しい公園です。覚えておいてほしい大切なことが1つあります。自由時間の間に昼食をとり買い物をしてください。

答え：ウ　有名な通り

No.2　今日は，私はAIについて話します。AIは私たちの生活をより便利にしてくれる重要な技術です。AIのおかげで，私たちは運転手なしで走る車を持つことができ，役に立つ情報を容易に見つけることができるのです。しかし，AIにはいくつか問題もあります。例えば，AIは真実ではない情報を作り出す可能性があります。また，AIが原因で将来仕事を失う人たちもいるでしょう。だから，よりよい未来を得るために私たちがAIをどのように使うかについて考えることが大切です。

答え：エ　私たちはAIをどのように使うかについて考える必要があります。

〔放送台本〕

続いて，問4を始めます。中学生のまさと(Masato)さんは英語部の部長で，シェリー先生(Ms. Sherry)と週末に行われるアメリカのある中学校とのオンライン(online)交流について話をしています。まさとさんとシェリー先生の会話を聞き，次の(1)，(2)の各問いに答えなさい。会話は2回放送します。1分後に会話が流れますので，問題用紙の(1)，(2)の問題を，今，読みなさい。では，始めます。

Masato:　　Ms. Sherry, please tell me about the online event.

Ms. Sherry:　Sure, Masato.　The meeting will have three parts.　First, everyone will introduce themselves.　Second, one student from each school will make a presentation about school life.　Third, all of the students will talk about their hobbies.

Masato:　　Every part sounds interesting.　I would also like to share information about famous places in our towns.

Ms. Sherry:　That's a good idea.　Let's do it after talking about school life.

Masato:　　We should decide who will talk about school life and who will talk about our town.

Ms. Sherry:　I want you to talk about school life in Japan.　And I want the other members to talk about our town.

Masato:　　Sure.　Do you have any good ideas to make my presentation about school life interesting?

Ms. Sherry:　You should start your presentation by asking the American students a question. The question should be about one thing that is different between their school and our school.

〔英文の訳〕

マサト　　　　：シェリー先生，オンラインイベントについて教えてください。

シェリー先生：もちろんです，マサト。会議は3部あります。はじめに，みんなは自己紹介をします。(1)ウ2部では，それぞれの学校から一人の生徒が学校生活について発表を行います。(1)ア3部では，生徒全員で自分たちの趣味について話をする予定です。

マサト　　　　：全部のパートがおもしろそうですね。(1)エ僕は僕たちの町の有名な場所についての情報を共有することもしたいと思います。

シェリー先生：それは良い考えですね。(1)イ学校生活について話した後でそれをやりましょう。

マサト　　　　：学校生活について話す人と，僕たちの町について話す人を決めるべきですよね。

シェリー先生：日本の学校生活についてはあなたに話してほしいです。そして他のメンバーに，私たちの町について話してほしいと思っています。

マサト　　　　：分かりました。学校生活についての発表を興味深いものにするための何か良い考えはありますか？

シェリー先生：発表をアメリカの生徒たちに質問をすることから始めるといいでしょう。その質問は彼らの学校と私たちの学校で違うことについてがいいと思います。

(2)　（マサトの発言・解答例訳）　こんにちは，僕はマサトです。日本の学校生活について話します。皆さんは普段学校で昼食に何を食べますか？

＜理科解答＞

【問題1】　問1　絶滅　　問2　ア，イ，ウ，キ　　問3　エ　　問4　(1)　相同器官
　　　　　　(2)　カ

【問題2】　問1　(1)　水上置換法
　　　　　　　　　(2)　$2Ag_2O \rightarrow 4Ag + O_2$
　　　　　　問2　(1)　右図1
　　　　　　　　　(2)　（銀：マグネシウム＝）9：1

【問題3】　問1　①　ア　　②　イ
　　　　　　問2　(1)　ウ　　(2)　（例）回路全体に流れる電流が直列につないだ場合より大きくなるから。　　問3　ウ

【問題4】　問1　エ　　問2　下図2　　問3　エ
　　　　　　問4　ウ　　問5　100000〔g〕

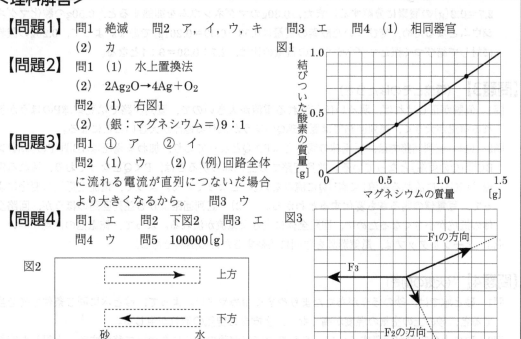

図1

結びついた酸素の質量〔g〕 / マグネシウムの質量〔g〕

図2　上方 / 下方　砂　水

図3　F_1の方向　F_3　F_2の方向

【問題5】　問1　(1)　デンプン　　(2)　エ　　問2　(1)　（例）植物が光合成によって吸収する

二酸化炭素の量と，呼吸によって放出する二酸化炭素の量が等しくなるため。

【問題6】 問1 2.8〔g〕 問2 イ 問3 イ 問4 （1） マグネシウム＞亜鉛＞銅

    （2） （イオンへのなりやすさが）（例）最も異なる金属の組み合わせ

【問題7】 問1 イ 問2 ウ 問3 （1） 操作1 ア 操作2 ウ （2） 前ページ図3

【問題8】 問1 れき岩 問2 イ 問3 ウ（→）エ（→）イ（→）ア 問4 鍵層

＜理科解説＞

【問題1】 （動物の分類と進化）

問1 オオサンショウウオは両生類に分類される動物で，水質悪化などによって個体数が減少し，絶滅危惧種に指定されている。

問2 両生類は卵を水中に産み，体表はうすい湿った皮膚である。

問3 脊椎動物は，**魚類→両生類→は虫類→哺乳類→鳥類**の順に現れている。

問4 （1） 相同器官は基本的な骨格が似ているため，もとは同じ器官であったと考えられている。

    （2） 脊椎動物の前足にあたる部分は基本的骨格が似ている。チョウは脊椎動物ではない。

【問題2】 （酸化銀の分解）

問1 （1） 水と置き換えて気体を集める捕集方法を，水上置換法という。 （2） 酸化銀→銀＋酸素の化学変化となる。

問2 （1） **結びついた酸素の質量〔g〕＝加熱後の酸化マグネシウムの質量〔g〕−けずり状のマグネシウムの質量〔g〕** によって求める。 （2） 2.9gの酸化銀を加熱すると，2.7gの銀と，2.9−2.7＝0.2〔g〕の酸素に分解する。また，0.30gのマグネシウムを加熱すると，0.50gの酸化マグネシウムとなるため，結びついた酸素の質量は0.50−0.30＝0.20〔g〕である。よって，0.20gの酸素に対して結びつく銀とマグネシウムの質量の比は，2.7：0.30＝9：1となる。

【問題3】 （電流とそのはたらき）

問1 仮説が正しければ，明るいほど流れる電流が大きいので，直列回路では豆電球Pのほうが流れる電流が大きく，並列回路では豆電球Qのほうが流れる電流が大きいことになる。

問2 （1） 直列回路では，豆電球の明るさはP＞Qとなっており，加わる電圧はAB間（Pの両端）＞BC間（Qの両端）となっている。並列回路での豆電球の明るさは，P＜Qとなっており，流れる電流は点G（Pに流れる電流）＜点I（Qに流れる電流）となっている。よって，電流と電圧の変化によって，豆電球の明るさも変化するとわかる。 （2） 直列回路よりも並列回路のほうが，回路全体の抵抗が小さくなるために，回路全体に大きな電流が流れる。よって，乾電池の消耗が早い。

問3 テーブルタップは，電気器具を並列に接続するための道具である。

【問題4】 （大気の動き）

問1 砂と水では，砂のほうがあたたまりやすく冷めやすい。よって，砂と水に同じ条件で光を当てると，砂の上の空気の温度が高くなり，上向きの空気の流れが生じる。

問2 砂の上の空気が上昇するので，まわりの空気が砂のほうに向かって移動する。上昇した空気はガラスの箱の上方で周囲に広がる。

問3 陸は冷めやすいが，海水は冷めにくいため，夜間の海上の温度は陸上の温度より高い。よっ

て，海の上に上昇気流が生じるため，海上の気圧が低くなる。

問4　夏は，日本の南の海上に発達する小笠原気団(高気圧)の影響により，太平洋側から大陸側へ向かう南東の季節風が見られる。

問5　$1000hPa＝100000Pa＝100000(N/m^2)$　よって，$1m^2$に100000Nの重さの空気がのっていることになるので，$100cm^2$の上にのっている空気の重さは，$100000(N)×\dfrac{100(cm^2)}{10000(cm^2)}＝1000(N)$　100g＝1Nより，1000N＝100000gとなる。

【問題5】　(植物のはたらき)

問1　(1)　植物は，光合成によって，二酸化炭素と水から有機物(デンプン)を作り出す。　(2)　維管束のうち，師管は，葉でつくられた養分を水にとけやすい物質に変えて運ぶための管である。

問2　(1)　光合成で吸収した二酸化炭素と，呼吸で放出した二酸化炭素の量が等しかったため，気体中の二酸化炭素濃度が変化しなかった。　(2)　気体中の二酸化炭素の濃度が小さくなっているほど，光合成は盛んに行われていたといえる。

【問題6】　(化学電池)

問1　$20(g)×0.14＝2.8(g)$

問2　導線を移動しているのは，電流の正体である電子である。セロハンを通過しているのは化学変化により生じたイオンである。

問3　亜鉛板から亜鉛がとけ出すため，亜鉛板の表面はぼろぼろになる。一方，銅板の表面には銅イオンから変化した銅が付着している。

問4　(1)　亜鉛板に銅が付着したことから，イオンへのなりやすさは，亜鉛＞銅とわかる。マグネシウム板に亜鉛が付着したことから，イオンへのなりやすさは，マグネシウム＞亜鉛とわかる。これらを整理すると，**マグネシウム＞亜鉛＞銅**となる。　(2)　3種類の金属のうち，銅は最もイオンになりにくい金属，マグネシウムは最もイオンになりやすい金属である。

【問題7】　(ばねの性質，力のはたらき)

問1　ばねAがばねBを引くことで，ばねAはばねBに引き返されている。これは，異なる物体にはたらく力どうしがおよぼし合っているので，作用・反作用の関係である。

問2　2.0Nの力で1.0cmのびるばねAが3.0cmのびたことから，ばねAは$2.0(N)×\dfrac{3.0(cm)}{1.0(cm)}＝6.0$ (N)の力で引かれている。作用・反作用より，ばねBも6.0Nの力で引かれている。このときばねBののびは2.0cmであることから，1.0cmのびるときに必要な力の大きさは$6.0(N)×\dfrac{1.0(cm)}{2.0(cm)}＝3.0(N)$　よって，3.0Nで1.0cmのびていることを表すグラフを選ぶ。

問3　(1)　実験1から，ばねAとBをそれぞれ1cmのばすのに必要な力の大きさは，ばねAが2.0N，ばねBが3.0Nである。操作1：ばねAが6.0cmのびているとき，ばねAに加わっている力の大きさは，$2.0(N)×\dfrac{6.0(cm)}{1.0(cm)}＝12.0(N)$である。ばねB1，B2はつないでいることから，1つのばねとして考える。この合体したばね全体に12.0Nの力が加わる。ばねB自体は，3.0Nの力を加えると1.0cmのびる性質をもつので，12.0Nの力を加えると，$1.0(cm)×\dfrac{12.0(N)}{3.0(N)}＝4.0(cm)$のびる。よって，ばねB1，B2各1本あたりでは2.0cmずつのびる。　操作2：ばねAが6.0cmのびているとき，ばねAに加わっている力の大きさは，$2.0(N)×\dfrac{6.0(cm)}{1.0(cm)}＝12.0(N)$　となり合うばねどうしが120°の角度で開いているときは，どのばねに加わる力の大きさも等しいので，ばねB1，B2にそれぞれ加わる力の大きさも12.0Nである。ばねBは，3.0Nの力で1cmのびるので，$1.0(cm)×$

$$\frac{12.0[\text{N}]}{3.0[\text{N}]}=4.0[\text{cm}]のびる。$$　　(2)　F₃とつり合う力を作図し，これをF₁とF₂の方向に分解する。

【問題8】 (地層と岩石)
問1　直径2mm以上のれきでできた岩石を，れき岩という。

問2　うすい塩酸をかけると，石灰岩はとけて気体を発生するが，チャートは変化しない。

問3　双眼実体顕微鏡は，鏡筒を調節して接眼レンズの幅を自分の目の幅に合わせてから，右目→左目の順にピントを合わせる。

問4　火山灰の層のように，同時に広範囲に堆積する層を，鍵層という。

＜社会解答＞

【問題1】　問1　(1)　イ　　(2)　ウ　　(3)　(例)建物から出る熱が永久凍土をとかし，建物が傾くことを防ぐ　　問2　(1)　ウ　　(2)　エ　　(3)　イ　　問3　(1)　①　80m　②　エ　　(2)　①　ア　　②　ウ　　③　ニュータウン　　問4　(例)一時的に雨水を貯留し，貯留した雨水をゆっくりと地中に浸透させることで，大量の雨水が一気に下水管に流れこむ

【問題2】　問1　(1)　カ　　(2)　①　エ　　②　ア　　③　朝鮮通信使　　(3)　朱印船　　(4)　イ　　(5)　ウ　　(6)　エ→ア→ウ→オ　　問2　(1)　平塚らいてう　　(2)　①　ア　　②　イ・ウ　　③　イ　　④　(例)軍事費が国家予算の大部分を占めるようになり，議会で審議をしないで国民を動員できるようにする国家総動員法が制定される

【問題3】　問1　(1)　イ　　(2)　ウ　　(3)　イ・エ　　問2　(1)　ア　　(2)　①　2400人　②　ウ　　問3　(1)　エ　　(2)　①　公共の福祉　　②　エ　　問4　(1)　①　安全保障　　②　ア　　(2)　Y　(例)引退した核弾頭　　Z　(例)現役核弾頭の数は増加している

＜社会解説＞
【問題1】 (地理的分野―世界地理－気候・人々のくらし・貿易・産業，―日本地理－地形図の見方・地形・工業・都市)

問1　(1)　ペキンでは，冬は平均気温が0℃を下回るほど寒く，夏は平均気温が30℃を超えるほど暑い。また，6月・7月・8月以外は降水量が極めて少ない。雨温図のイが，ペキンである。
(2)　表中のAは中国である。中国は，小麦の生産量が世界第一位であるが，自国内で消費する量も多い。一方，ロシアは，小麦の生産量は世界第五位であるが，輸出全体量に占める，小麦の輸出量の割合は高い。ウが小麦である。　　(3)　ヤクーツクのあるシベリアに特有の土壌は，永久凍土である。建物の暖房などの熱によって永久凍土がとけ，建物が傾くことのないように，高床式住居を建てて生活している。

問2　(1)　ア　EU(ヨーロッパ連合)に加盟している国の中でも，共通通貨ユーロを利用していない国は20か国ある。　　イ　EUは，EU域外の国からの関税をなくしてはいない。加盟国が共通の関税を定めている。　　エ　2020年にイギリスがEUを離脱している。イギリスがEUを離脱し

たのは，イギリスなど西欧の国に，東欧から多くの移民や難民が押し寄せ，イギリス内で問題となっていたためである。ア・イ・エのどれも誤りを含んでおり，ウが正しい。　ウ　EUに当初から加盟している豊かな西欧諸国と，後から加盟した貧しい東欧諸国との間の**経済格差**が課題となっている。　(2)　A　この3国の中で，原油を最も多く輸出しているのは，カナダである。C　アメリカ合衆国は，3国の中で，機械類・自動車の割合が最も高い。残るBがフランスである。航空機の輸出が比較的多いのがフランスの特徴である。正しい組み合わせは，エである。

(3)　フランスは，かつて中央アフリカに広大な**植民地**を持っていた。現在の国名で言えばモーリタニア・セネガル・ギニア・マリ・コートジボアール・ニジェール・チャド・中央アフリカ共和国・コンゴ共和国・マダガスカル・ジブチイである。これらの地域では，現在でもフランス語を**公用語**としているところが多い。

問3　(1)　①　この地形図の**縮尺**は2万5000分の1と推測される。2万5000分の1地形図では，等高線は10mごとに引かれている。X地点とY地点との間には，8本の**等高線**があるので，2地点の標高差は，80mと判断できる。　②　B　川沿いの平地よりも，一段高くなっている土地のことを**台地**という。台地の一部は**河岸段丘**ともいう。河川が，山地から平野や盆地に移る所などに見られる，運んできた土砂の堆積によりできるのが**扇状地**である。河川が運んできた土砂の堆積により河口部にできるのが**三角州**である。　C　地図記号から見ると，等高線が狭くなっているところ(傾斜の急なところ)のほとんどが，針葉樹林「Λ」である。正しい組み合わせは，エである。　(2)　①　イが愛知県である。愛知県は，国内最大の自動車メーカーの本拠地があり，製造品出荷額のうち**輸送用機械**が半分以上を占める。エが東京都である。印刷が上位に入っているのが，東京都の特徴である。ウが福岡県である。食料品が約10％を占めているのが福岡県の特徴である。残るアが三重県である。三重県は，**中京工業地帯**の一部であり，三重県四日市市付近では，**製鉄所**や**石油化学コンビナート**が発展している。　②　鳥取県に隣接する4県とは，兵庫県・岡山県・島根県・広島県である。この4県のうち，**世界遺産**がないのは岡山県である。表のア〜エを，面積の広い順に並べると，広島→兵庫→岡山→島根となるので，岡山県は，ウとなる。また，自動車の保有数ランキングでも，岡山県は第3位となる。　③　大都市の近郊，もしくはその一部に計画的に開発された新住宅地を**ニュータウン**という。東京都の多摩ニュータウンは，東京都西南部の多摩丘陵に位置する，八王子・町田・多摩・稲城の4市にわたるものである。

問4　(例)雨庭は，貯水槽の役割を果たし，一時的に雨水を貯留し，貯留した雨水をゆっくりと地中に浸透させるものである。大量の雨水が一気に下水管に流れ込み，マンホールから水が飛び出すようなことを防ぐ役割を果たす。このような趣旨を，(A)内にあてはまるようにまとめるとよい。

【**問題2**】　(歴史的分野—日本史時代別−古墳時代から平安時代・鎌倉時代から室町時代・安土桃山時代から江戸時代・明治時代から現代，—日本史テーマ別−政治史・法律史・文化史・経済史・外交史・技術史)

問1　(1)　①　**アイヌ**の人々との交易は，**蝦夷地**の南部を領地とした**松前藩**が独占した。地図上のBである。**薩摩藩**は1609年に，**琉球王国**に軍事侵攻し，王国を支配下に置き，貢納の義務を負わせた。琉球王国からは将軍の代替わりごとに**慶賀使**が江戸を訪問した。地図上のCである。朝鮮との貿易が認められていた藩は**対馬藩**であり，対馬藩の宗氏は，朝鮮との貿易で生糸や朝鮮人参などを輸入し，銀などを輸出していた。また，対馬藩は**朝鮮通信使**の仲介にもあたった。地図上のAである。正しい組み合わせは，カである。　(2)　①　**古墳時代**中頃に朝鮮半島を通じて

伝来した，窯で高温で焼かれる硬質の焼物が**須恵器**である。須恵器が生産されるまでの土器は，弥生式土器の流れをくむ**土師器**(はじき)で，野焼きで焼かれる素焼きで赤茶色の軟質の焼物のみであった。須恵器が伝来したのち，須恵器と土師器は併用された。須恵器の写真は，エである。
② イ 743年に墾田永年私財法を発したのは，**聖武天皇**である。 ウ **大宝律令制定**を命じたのは，**持統上皇と文武天皇**であり，刑部(おさかべ)親王・藤原不比等が701年に完成させた。
エ 元明天皇が藤原京から遷都し，平城京に都を移したのは，710年である。イ・ウ・エのどれも**天智天皇**とは関係がなく，アが正しい。 ア 初の全国的戸籍である**庚午年籍**(こうごねんじゃく)は，天智天皇のもとで，670年に作成された。 ③ **豊臣秀吉**による**朝鮮出兵**によって中断していた日本と朝鮮の国交は，徳川家康の時代に1609年の**己酉約条**(きゆうやくじょう)によって回復した。三代将軍徳川家光の時代から対馬藩の宗氏を仲介として，**朝鮮通信使**が来日するようになった。朝鮮通信使は，将軍の代替わりごとに，江戸時代を通じて12回来日した。
(3) **朱印船貿易**は，16世紀末に**豊臣秀吉**によって始められた。17世紀初期には，徳川家康は大名や有力商人に朱印状を与えて，正式な貿易船であることを認め，貿易を奨励した。鎖国以前にはこのように活発な貿易が行われており，東南アジアの各国には**日本町**がつくられた。 (4) **アイヌ**との交易で日本が手に入れた海産物などは，**北前船**によって大阪にもたらされた。 (5) **琉球王国**は，東シナ海にあるという地理的利点を生かし，明や明に流れ込んだ世界各地の産物を，**朝貢船**によって大量に持ち帰り，日本などに輸出し，相手国から集めた物産を中国等に輸出する，**中継貿易**を行った。日本には生糸・薬・茶などがもたらされた。これを図に表せば，ウが適当である。 (6) ア **菅原道真**が遣唐使の停止を建言したのは，894年のことである。 イ 清がイギリスとの**アヘン戦争**に敗れたのは，1842年である。 ウ **フビライ＝ハンが元**という国名をつけたのは，1271年のことである。 エ 聖徳太子が遣隋使を派遣したのは，607年のことである。 オ 室町幕府の三代将軍足利義満が，朝貢貿易の形で明との貿易を始めたのは，1404年のことである。 カ 甲骨文字を使用していたのは殷(いん)で，紀元前10世紀以前である。イとカが問題の指定する飛鳥時代から，室町時代にあてはまらず，残る四つを時代の古い順に並べると，エ→ア→ウ→オとなる。

問2 (1) 明治末期の1911年に**青鞜社**を結成して，その後女性解放活動を展開したのは**平塚らいてう**である。青鞜社の機関誌『青鞜』の巻頭言「**元始女性は太陽であった**」は有名である。
(2) ① A **長州陸軍閥の桂太郎**が第三次の組閣をすると，**政友会**などの政党勢力が，民衆の支持を背景に，「**憲政擁護**」「**閥族打破**」をスローガンとして**護憲運動**を展開した。 B 護憲運動を支持する民衆が帝国議会を取り巻き，桂太郎内閣は一か月余りで退陣した。 ② 第16回衆議院議員選挙は，**納税要件が撤廃された普通選挙**で行われた。25歳以上の男子には全て選挙権が与えられたが，女子には選挙権はなかった。 ③ ア **石油危機**が起こったのは，1973年である。 イ **アジア・アフリカ会議**は，1955年に行われた。 ウ **東京オリンピック・パラリンピック**が開催され，**東海道新幹線**が開通したのは，1964年である。日本国憲法は1946年に公布され，施行されたのは1947年である。グラフ1によれば，**第二次世界大戦**後，最も投票率の高かったのは，1953年の選挙であるから，最も近いできごとは，アジア・アフリカ会議の行われた年であり，イである。 ④ 1931年の**満州事変**以後，軍事費が毎年増加し，1937年に**日中戦争**が本格化して以降は，軍事費が国家予算の大部分を占めるようになった。また，議会で審議をしないでも，**勅令によって国民を動員できるようにする国家総動員法**が1938年に制定された。以上の趣旨を簡単にまとめて，解答すればよい。

【問題3】 (公民的分野—民主主義・国際社会との関わり・社会保障・国民生活・地方自治・憲

法・基本的人権・経済一般)

問1　(1)　時間・費用・労力の面で無駄を省く考え方が「**効率**」である。手続き・機会や結果において、公平を期す考え方が「**公正**」である。この割り当て表では、どのクラスも図書館と多目的室を1回ずつ利用できるようになっていて、公正である。Xが公正である。また、施設を使わない曜日をつくらず、無駄なく使用できている。Yが効率である。　　(2)　文化・経済・政治などの人間の諸活動およびコミュニケーションが、これまで存在した国家・地域などタテ割りの境界・枠組みを越えて大規模に行なわれるようになり、地球規模で統合され、一体化される傾向のことを**グローバル化**という。　　(3)　ア　2017年度では10代を除くすべての年代で、新聞の信頼度が最も高い。　　ウ　20代について、2017年度と2022年度を比較すると、新聞への信頼度がテレビへの信頼度よりも低くなっている。ア・ウには資料の読み取りに誤りがあり、イ・エが資料を適切に読み取っている。

問2　(1)　アは、政府が積極的に経済政策・社会政策を行おうとする、**大きな政府**の考え方であり、**行政改革**に逆行する考え方である。イ・エが、行政改革の考え方であり、ウが**規制緩和**の考え方である。　　(2)　①　地方自治における**直接請求**では、**条例**の制定・改廃を求める場合は、**有権者数の50分の1以上の署名**を、首長に提出することになっている。X市では有権者が12万人なので、その50分の1の2400人の署名が必要である。　　②　Y　虚偽の情報でつくられたニュースのことを**フェイクニュース**という。**ヘイトスピーチ**は、主に差別・侮辱・排除の言葉の暴力を、路上やインターネット上で撒き散らすものであるが、ヘイトスピーチはインターネット上で発信・拡散される記事をも指し、誹謗(ひぼう)・中傷を目的にした個人発信の投稿などを含む場合もある。**SDGs**の目標の一つである**ジェンダー平等**を実現するには、フェイクニュースも、ヘイトスピーチも解決しなければならない問題である。

問3　(1)　ダイヤモンドや金などは実際の量が少なく、一方人々の求める量は多くなる。図中のエである。　　(2)　①　日本国憲法第12条に「この憲法が国民に保障する自由及び権利は、国民の不断の努力によつて、これを保持しなければならない。又、国民は、これを**濫用**してはならないのであつて、常に**公共の福祉**のためにこれを利用する責任を負ふ。」と明記してある。例えば、他人の名誉を傷つける行為は禁止されており、表現の自由を制限する例である。感染症による入院措置は、身体の自由を制限する例である。いずれも公共の福祉によって、自由権が制限されるものである。　　②　アの介護報酬、イの郵便料金、ウの社会保険診療報酬は、どれも国が認可する公共料金である。エの公立学校の授業料は、地方公共団体が定められる**公共料金**である。現在多くの地方公共団体で授業料の**無償化**が検討されている。

問4　(1)　①　あてはまる語句は「安全保障」である。「**人間の安全保障**」とは、国家全体ではなく個々の人間に着目し、紛争・災害・貧困など人間の生命・生活・尊厳に対する脅威から人を守り、食糧・水・医療・教育の充実を図ることで個人の能力を向上させて、恐怖と欠乏の脅威を絶とうという考えである。1990年代から、**国際連合**などで使用されるようになってきた語句である。　　②　国際社会を中心とした医療・人道援助活動など様々な課題に取り組む**非政府組織**のことを、NGO(Non-governmental Organization)という。「国境なき医師団」はその一例である。　　(2)　Y　使えなくなった核弾頭を、アメリカとロシアが解体・処理したことにより、世界全体の核弾頭が減少したことになる。上記の趣旨を踏まえ「核弾頭」の語句を用い、10字以内までまとめる。　　Z　アメリカ・ロシア以外の7か国は、使用できる核弾頭の数を増やしている。上記の趣旨を、15字以内でまとめる。

＜国語解答＞

【問題一】 問一 （1） とどこお（る）　　（2） べんぎ　　（3） 専ら　　（4） 容易
問二 ③　　問三 ア　　問四 （1） （例）御覧になって（ください）
（2） ない　　問五 〔図〕

【問題二】 問一 イ　　問二 ア　　問三 （例）創作した自分でさえもあまり読まなくなって
いた『森の王国』を，きちんと読んでおもしろいと言ってくれる人がいたから。
問四 エ　　問五 （例）菊池さんに会って話ができなくなること。
問六 （例）菊池さんが自分の創作について心から称賛したことを，とてもうれし
く思っている。　　問七 イ

【問題三】 問一 Ⅰ 環境負荷　　Ⅱ 財政負担　　問二 ウ　　問三 【B】
問四 日本は国土　　問五 コンパクト＋ネットワーク　　問六 （例）政府や自
治体が，自然災害リスクの低い土地へ立地誘導を進めることで実現する，環境，
経済，社会が一体となった持続可能な都市。

【問題四】 問一 いえば　　問二 ウ　　問三 オ　　問四 エ　　問五 腹黒なる心

【問題五】 問一 イ　　問二 ア　　問三 （例1）私は，「芸術」は私たちが普段当たり前の
ものとして見過ごしているものを，新しい視点で見せ，喜びや感動を与え，生活
を豊かにしてくれるものだと考えます。
　先日，地域の文化祭で，家の近くの風景を描いた絵画が展示されていました。
いつも見ている風景なのに，丁寧に描かれたその絵にとても感動しました。それ
以来，その風景と，そこで営まれている私たちの生活が，愛おしいものに感じら
れるようになりました。
（例2）「芸術」は，人を目の前のことに集中させ，心を落ち着かせる。
　美術の時間に，粘土で作品を作ったことがある。粘土をこねたり形を作ったり
しているうちに，他のことはすべて忘れ，自分の世界に没頭していくような感覚
になった。実はその日，朝から少しイライラしていたのだが，作品を作ったこと
で，心がすっきりしたのを覚えている。

＜国語解説＞

【問題一】（漢文・知識—漢字の読み書き，語句の意味，敬語，表現技法・形式，書写）

問一 （1）「滞る」は，物事がうまく進まないという意味。　（2）「便宜」の「宜」（ギ）を，形の
似ている「宜」（セン）と混同しない。　（3）「専ら」は，他のことをしないでひたすらそればか
りをする様子を言う。　（4）「容易」の「易」は，横画の数に注意する。

問二 「体裁」は，外から見たときの**様子**という意味なので，「体」の意味は③の「かたち。ありさ
ま。……」である。

問三 **筆の角度や力のかけかたが適切な場合**は，筆の穂先はアの位置にくる。イとウは，明らかに
筆の角度がおかしい。エは力のかけ方が均一になり，勢いのある字にならない。

問四 （1）「見る」の敬語は「ご覧になる」なので，「**御覧になって**（ください）」「**御覧**（ください）」
などと答える。　（2）「全く」には，「**ない**」などの**否定**の言葉が呼応する。

問五 元の漢字の順序は「不知為不知」。「不」は「ざ（る）」「ず」と読んで平仮名で書くので，書き
下し文で読む順序は「知不知不為」である。初めの「不知」は「不」より先に「知」を読むの

で，「不」の左下にレ点をつける。「為不知」は一字ずつ返って読むので，「為」と「不」の左下にレ点をつける。

【問題二】　(小説―情景・心情，内容吟味，ことわざ・慣用句・四字熟語)

問一　ア　「会得」は理解し自分のものにすること，　イ　「納得」はなるほどと思って受け入れること，　ウ　「体得」は知識や技を身に着けること，　エ　「説得」は相手に話して承知させることである。「胸に落ちる」は，**納得する**という意味なので，イを選ぶ。「わたし」は「斬新」という言葉の意味はわからなかったが，「素直に書けばいい」「"おもしろくなかった"てのも立派な感想」という母の提案には賛成だったのである。

問二　母は，父に「そういうの(世間の常識)に疎い」と言われた。父にとっては何気ない言葉だったかもしれないが，母は，母親である自分が非常識なせいで娘が嫌な思いをしたと**非難された**ように感じて，腹を立てたのである。正解はア。イの「擁護」は，父の言葉からは感じられない。ウの「あきれている」やエの「驚いている」は，傍線部2のような行動に結びつかないので，不適切である。

問三　傍線部3の後の部分から，「わたし」が「『森の王国』をちゃんと読んで，おもしろいと言ってくれる人がいる」ことに驚いていることが読み取れる。驚いた理由は，前の段落の「でも，他人からすれば……減っていた。」という部分から，『森の王国』が「他人からすればただの印刷物」で，**自分でもあまり読まなくなっていた**作品であったことであることがわかる。この内容を，60字以内で説明する。

問四　傍線部4・5は，「とても愚かしいことを口にしてしまった」と感じた「わたし」の様子を描写したものである。傍線部4からは**羞恥**，傍線部5からは**強く非難された**という衝撃が読み取れるので，エが正解。アの「反感」やウの「憤り」は読み取れない。イは，「わたし」が菊池さんに存在を軽視されたと感じている様子はないので不適切である。

問五　謝罪の言葉の前の部分の「ここで逃げ出したら，明日から菊池さんに会えなくなる。まともに**顔を合わせることも，しゃべることもできなくなる**」をもとに説明する。

問六　傍線部7の直後の「おざなり」は，その場限りでいいかげんな様子。これが「じゃない」と否定されていることから，**菊池さんが心から『森の王国』を称賛した**ことがわかる。そのため，ありふれた言葉のはずなのに「瑞々しい特別の一言」として「わたし」に届き，「嬉しい」という気持ちを抱かせたのである。この内容を，40字以内で書く。

問七　この文章は，「～た。」という過去形が多く使われているが，時折「頷く。」などの現在形を入れて臨場感を高めているので，アは適切。イは，後半の説明は適切だが，前半の「**繰り返し擬音語を使う**」という説明が不適切。「わたし」の視点から内面の変化を分かりやすく表現しているので，ウは適切。エの短い言葉と余白の効果についての説明は適切。したがって，適切でないものはイである。

【問題三】　(論説文―内容吟味，文脈把握，脱文・脱語補充)

問一　Ⅰ　ヨーロッパの「コンパクトシティ」については，第2段落に「公共施設や商業施設を都市中心部(以下，都心部)に集約し，**環境負荷が小さい公共交通機関を整備していこうというもの**」と書かれている。　Ⅱ　日本の「コンパクトシティ」の目的は，第3段落に「都心部の再生と行政の**財政負担の軽減のため**」と説明されている。

問二　自治体の人口が減少する理由には，災害，若年男性人口の減少，未婚率の上昇，1家庭の子どもの数の減少などいろいろなものが考えられるのに，出産可能年齢にあたる**若年女性人口のみ**

を指標とする「定義」であることが「単純」なのである。正解はウ。指標が適切であれば、どこが含まれるかは問題でないので、アは不適切。「消滅可能性」を判定するのに過去の社会情勢は必ずしも必要でないから、イは不適切。データは全国1800市区町村のものを扱っているので、エは誤りである。

問三　空欄の前後の文章を見ると、【A】・【C】・【D】はつながりに不自然なところがない。一方、【B】は、前の「被害地域が拡大している」ということと後の「自然災害リスクが高い場所にも土地が造成されるようになった」という内容は、そのままでは「しかし」でつながらないが、ここに「これまで」のことを説明した一文を入れるとつながる。したがって、【B】に入れるのが適切である。

問四　図1は日本・イギリス・フランス・ドイツの可住地の割合を視覚的に示したものであり、【B】を含む段落の「日本は国土の3分の2を山地や丘陵地が占めており、ヨーロッパに比べて可住地面積の割合が非常に低い国です。」に対応している。

問五　図2を見ると、これまでの「コンパクトシティ」の概念を形成する「持続可能な都市経営」「生活環境」「自然環境」の3つの観点が、「コンパクト＋ネットワーク」としてまとめられており、そこに「防災」という観点を加えることが、矢印で示されている。

問六　筆者が思い描く都市は、ヨーロッパの「コンパクトシティ」ではない。【D】を含む段落の「政府や自治体が……自然災害リスクの低い土地へ立地誘導を進めていけば、結果として『コンパクトシティ』になっていく」、最終段落の「日本の多くの自治体が、環境、経済、社会が一体となった持続可能な都市として世界中から注目されるようになっていることを期待したい」をもとに、60字以内で説明する。

【問題四】　(古文―内容吟味、文脈把握、脱文・脱語補充、仮名遣い、古文の口語訳)

〈口語訳〉　田舎をめぐって絹の商売をする商人が、日が暮れたので、ある家の戸をたたいて、「宿を貸してほしい」と言うので、承知して(戸を)開けて(家の中に)入れた。主人の妻は恐ろしい心を持っている者であって、この旅人の包みが重そうなのを見て、「なんとかして、この包みを忘れて行ってほしいよ。自分のものにしたい」と思って、主人にささやいて言うと、「みょうがを食べた人は、心がぼんやりして物忘れをするものだ」と言うのを聞いて、おかずに皆みょうがを入れて食べさせた。そして商人は、夜明け方の空に起き出して、出立した。妻は、旅人が忘れたものを見ようと思って、寝ていた所に入ってみると、何一つない。「食べさせたみょうがは、きき目がなかった」と言うと、主人は、「いいや、みょうがのきき目はあった。大変な物を忘れて行った」と言う。妻が「何を忘れたのか。」と問うと、「私にくれるはずの宿賃を忘れて行ってしまった」と言うと、妻は、「本当に本当に」と言って、ますます腹を立てた。人をだまして物を取ろうとして、かえって自分が損をした。腹黒い心は、使ってはいけないものなのであった。

問一　「言」を平仮名にし、「へ」を「え」に直して「いえば」と書く。

問二　「いかで」は、なんとかしてという意味なので、ウが正解となる。

問三　「しるしありけれ」の「けれ」は、助動詞「けり」の已然形。係り結びで結びが已然形になる係助詞はオの「こそ」である。

問四　「我に與ふべきかりての錢、忘れて去にけり」とある。商人が忘れて行ったのは荷物ではなく、宿賃だったのである。

問五　「恐ろしき心」は、商人の荷物を奪おうと計略をめぐらす心である。文章の最後に「腹黒なる心は、使ふまじき物にぞありける」とあるので、ここから抜き出す。

【問題五】　（会話・議論・発表―内容吟味，作文）

問一　話し合いの目的は，鳥取県立美術館についての発表内容を決めることである。Bさんは，「皆さん，……気になる点はありますか。」「では，……整理していきましょう。」と言って，目的に沿って話し合いが進むように発言や行動を促す司会の役割をしている。

問二　Dさんは，前のCさんとAさんの発言を整理して，「県民が『つくる』」という独自性に焦点を当てて発表することを提案しているので，アが正解。イの「疑問」やウの「比較」，エの「別の視点」にあたる内容はないので，いずれも不適切である。

問三　【条件】に従って書くこと。第一段落には，自分の生活において「芸術」がどのようなものかについての自分の考えを書く。第二段落には，その考えについて，根拠となる自分の体験を書く。（例1）は鑑賞するものとしての芸術，（例2）は創作するものとしての芸術について書いている。原稿用紙の使い方に従い，書き始めは1マス空けること。書き終わったら必ず読み返して，誤字・脱字や表現の不自然なところは書き改める。

大切なことはメモしておこうネ！

鳥取県公立高等学校

2023年度
★★★★★★★★★★★★★★★★★★★

入 試 問 題

2023年度

●くわしい解説 …… 65ページ

＜数学＞　　時間　50分　　満点　50点

【問題1】 次の各問いに答えなさい。

問1 次の計算をしなさい。

(1) $-6-(-2)$

(2) $-\dfrac{2}{3} \div \dfrac{8}{9}$

(3) $6\sqrt{2} - \sqrt{18} + \sqrt{8}$

(4) $4(2x+1) - 3(2x+1)$

(5) $3xy \times 2x^3y^2 \div (-x^3y)$

問2 $x^2 - 3x + 2$ を因数分解しなさい。

問3 二次方程式 $3x^2 - x - 1 = 0$ を解きなさい。

問4 関数 $y = 2x^2$ について，x の値が1から4まで増加するときの変化の割合を求めなさい。

問5 右の図 I において，$\angle x$ の大きさを求めなさい。

　　ただし，4点A，B，C，Dは円Oの周上の点であり，線分ACは円Oの直径である。

図 I

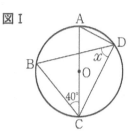

問6 右の図 II のように，1，2，3，4の数が，それぞれ書かれている玉が1個ずつ箱の中に入っている。この箱から玉を1個取り出し，その玉を箱の中に戻して箱の中をよくかき混ぜた後，もう一度箱から玉を1個取り出す。1回目に取り出した玉に書かれている数を a，2回目に取り出した玉に書かれている数を b とする。

　　このとき，$a + b$ が24の約数である確率を求めなさい。

　　ただし，どの玉が取り出されることも同様に確からしいものとする。

図 II

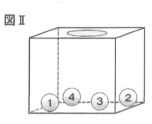

問7　面積が168n m²の正方形の土地がある。この正方形の土地の1辺の長さ（m）が整数となるような最も小さい自然数 n の値を求めなさい。

問8　連続する2つの偶数の積は，8の倍数である。**さよ**さんは，このことを，次のように文字式を使って証明した。

このとき，あとの(1)，(2)に答えなさい。

（証明）

n を整数とし，連続する2つの偶数のうち，小さい方を $2n$ とすると，

もう一方の偶数は　　ア　　と表される。

このとき，連続する2つの偶数の積は

　　$2n \times ($　ア　$) =$　イ　$n(n+1)$ …①

$n, n+1$ は連続する2つの整数だから，①の右辺の $n(n+1)$ は2の倍数である。

よって，m を整数とすると，$n(n+1)$ は $2m$ と表される。

このとき，連続する2つの偶数の積は

　　$2n \times ($　ア　$) = 8m$

m は整数だから，$2n \times ($　ア　$)$ は8の倍数である。

したがって，連続する2つの偶数の積は，8の倍数である。　　　　（証明終）

---

(1)　証明の　ア　，　イ　にあてはまる適切な数または文字式を入れて，証明を完成させなさい。ただし，　ア　には，同じ数または同じ文字式があてはまるものとする。

(2)　次の**説明**は，証明の下線部において，$n, n+1$ が連続する2つの整数だと，$n(n+1)$ は2の倍数となる理由を説明したものである。**説明**中の　ウ　に適切な文を入れなさい。

説明

連続する2つの整数 $n, n+1$ は，　　ウ　　。

整数と偶数の積は2の倍数となるので，$n(n+1)$ は2の倍数である。

問9　右の図Ⅲにおいて，△ABCの頂点Cを通り，△ABCの面積を二等分する線分と辺ABとの交点Dを，定規とコンパスを用いて作図しなさい。

ただし，作図に用いた線は明確にして，消さずに残しておき，作図した点Dには記号Dを書き入れなさい。

図Ⅲ

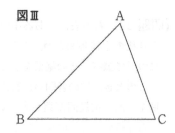

問10　次のページの図Ⅳのように，平行四辺形ABCDの対角線の交点Oを通る直線をひき，2辺AB，DCとの交点をそれぞれP，Qとする。

このとき，OP＝OQであることを，次のページのように証明した。あとの(1)〜(3)に答えなさい。

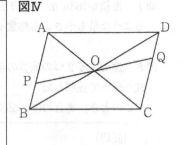

図Ⅳ

（証明）

△OAPと△OCQで，

対頂角は等しいので，

∠AOP＝∠COQ　…①

$\boxed{\quad a \quad}$ は等しいので，AB // DCから，

$\boxed{\quad b \quad}$　…②

平行四辺形の $\boxed{\quad c \quad}$ ので，

$\boxed{\quad d \quad}$　…③

①，②，③より

$\boxed{\quad e \quad}$ がそれぞれ等しいので，

△OAP≡△OCQ

合同な図形では，対応する辺は，それぞれ等しいので，

OP＝OQ　　　　　　　　　　　　　（証明終）

(1) 証明の $\boxed{a}$, $\boxed{b}$ にあてはまるものとして最も適切なものを，次のア～キからそれぞれひとつ選び，記号で答えなさい。

ア　平行線の同位角　　イ　平行線の錯角　　ウ　平行線の向かい合う辺

エ　∠OAP＝∠OCQ　　オ　∠OPA＝∠OQC　　カ　∠OBA＝∠ODC

キ　AP＝CQ

(2) 証明の $\boxed{c}$, $\boxed{d}$ にあてはまるものとして最も適切なものを，次のア～キからそれぞれひとつ選び，記号で答えなさい。

ア　2組の向かい合う辺は，それぞれ等しい

イ　2組の向かい合う角は，それぞれ等しい

ウ　対角線は，それぞれの中点で交わる

エ　∠ABC＝∠CDA　　オ　∠OAP＝∠OCQ　　カ　OA＝OC　　キ　AP＝CQ

(3) 証明の $\boxed{e}$ にあてはまる最も適切な語句を入れて，証明を完成させなさい。

【問題2】　右の表は，ある中学校の3年生1組から4組の生徒各30人が，1か月に読んだ本の冊数について調べ，その結果をまとめたものである。

このとき，次の各問いに答えなさい。

問1　四分位範囲が最も大きいクラスは，1組から4組のうちどのクラスか，答えなさい。また，その四分位範囲を求めなさい。

表

クラス	1組	2組	3組	4組
最小値	2	1	2	1
第1四分位数	4	3	4	4
中央値	6	5.5	6	6
第3四分位数	8	7	9	8
最大値	12	10	12	11

問2　次のページの図Ⅰは，各クラスの結果を箱ひげ図に表したものである。1組の箱ひげ図を，図Ⅰ中のア～エからひとつ選び，記号で答えなさい。

図Ⅰ

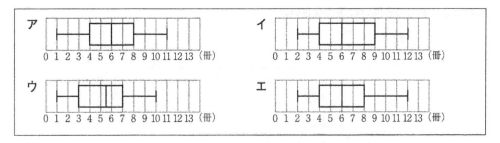

問3　あとの**図Ⅱ**は，各クラスの結果をヒストグラムに表したものである。

　このとき，次の(1)～(3)に答えなさい。

(1)　1組のヒストグラムを，**図Ⅱ**中の**ア～エ**からひとつ選び，記号で答えなさい。

図Ⅱ

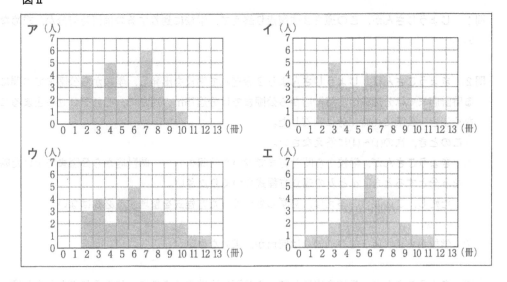

(2)　7冊の階級の相対度数が0.2であるクラスは，1組から4組のうちどのクラスか，答えなさい。

(3)　4組の平均値を求めなさい。

【問題3】　高校生のじょうじさんは陸上競技部に所属しており，学校から公園までの片道900mの道を走って往復するトレーニングをしている。ある日じょうじさんは，16時に学校を出発し，この道を分速300mの速さで立ち止まることなく走り2往復した。同じ日に，**きょうこさん**は，公園での清掃活動に参加するため，学校を出発し，**じょうじさん**と同じ道を通って公園に向かった。

　次のページの図は，**じょうじさん**が学校を出発してからの時間（分）と，学校から**じょうじさん**がいる地点までの道のり（m）の関係を，グラフに表したものである。ただし，グラフはじょ

うじさんが学校を出発してからこの道を1往復したところまでしかかかれていない。

このとき，あとの各問いに答えなさい。

図

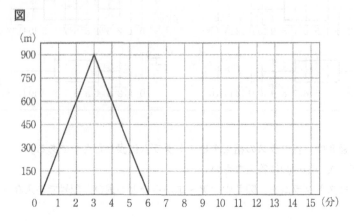

問1 じょうじさんが，この道を2往復走り終えて，学校に到着するのは何時何分か，求めなさい。

問2 きょうこさんは，じょうじさんより2分遅れて学校を出発し，学校から公園までの間にある時計店までは分速50m，時計店から公園までは分速75mの速さで，それぞれ立ち止まることなく歩き，公園に16時15分に到着した。

このとき，次の⑴～⑷に答えなさい。

⑴ きょうこさんが，学校から時計店まで歩いた時間を a 分，時計店から公園まで歩いた時間を b 分とするとき，a と b の連立方程式をつくりなさい。

ただし，この問いの答えは，必ずしもつくった方程式を整理する必要はない。

⑵ 学校から時計店までの道のりは何mか，求めなさい。

⑶ きょうこさんが，学校を出発してから公園に到着するまでに，じょうじさんとすれ違う，または追いこされるのはあわせて何回か，求めなさい。

⑷ きょうこさんが，学校を出発して，じょうじさんと最初にすれ違ってから，その後追いこされるまでにかかった時間は何分か，求めなさい。

【問題4】 次のページの図Ⅰのように，底面の半径が2㎝，母線の長さが8㎝の円錐Pと，円錐Pの内部で側面にぴったりと接している球Oがある。点Oは，円錐Pの頂点Aと底面の中心Cを結ぶ線分AC上にあり，球Oは，円錐Pと母線ABの中点Mで接している。

このとき，後の各問いに答えなさい。

問1 円錐Pの高さを求めなさい。

問2 球Oの半径を求めなさい。

図Ⅰ　　　円錐P

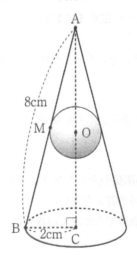

問3　右の図Ⅱのように，図Ⅰの円錐Pを，点Mを通り底面と平行な平面で2つに分けて，頂点Aを含まない立体をQとする。

　このとき，次の(1)，(2)に答えなさい。

(1)　立体Qの側面積を求めなさい。

(2)　図Ⅲは立体Qを線分MBで切ったときの側面の展開図で，点D，Eは，展開図を組み立てたときに，点M，Bとそれぞれ重なる点である。線分MEの長さを求めなさい。

図Ⅱ　　　立体Q

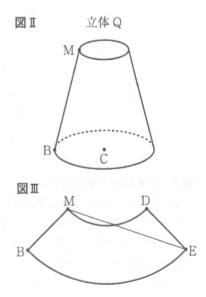

図Ⅲ

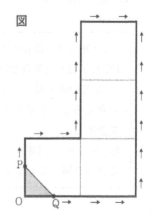

【問題5】　1辺の長さが4cmの正方形がいくつかあり，正方形の辺と辺がぴったりと合わさるように並べてさまざまな図形をつくる。2点P，Qはこの図形の頂点Oを同時に出発し，点Pは時計回りに，点Qは反時計回りにそれぞれ毎秒1cmの速さでこの図形の周上を移動し，2点P，Qが同じ位置に重なったときに止まる。右の図は，正方形を4個並べてつくった図形の例のひとつである。

　また，2点P，Qが頂点Oを出発してからx秒後の△OPQの面積を$y$cm²とする。ただし，2点P，Qが同じ位置に重なったときは，$y=0$とする。

このとき，次の各問いに答えなさい。

問1　正方形を3個並べてつくった右の**図形Ⅰ**において，次の(1)～(3)に答えなさい。

図形Ⅰ

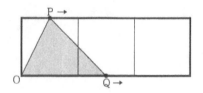

(1)　$x = 2$のときと，$x = 6$のときのyの値を，それぞれ求めなさい。

(2)　$0 \leqq x \leqq 4$におけるxとyの関係を式で表しなさい。

(3)　$0 \leqq x \leqq 12$におけるxとyの関係を表したグラフ（実線部分）として最も適切なものを，次の**ア**～**エ**からひとつ選び，記号で答えなさい。
　　ただし，**ア**～**エ**のグラフ中の点線で表された直線①は，傾き1の直線を表している。

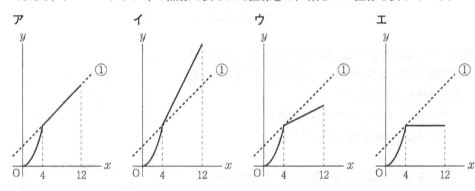

問2　正方形を3個並べてつくった右の**図形Ⅱ**において，次のノートは，**きよし**さんが，$8 \leqq x \leqq 12$におけるxとyの関係を式で表そうと考えたものである。
ノート中の　**ア**　～　**ウ**　にあてはまる式を，それぞれxを用いて表しなさい。
　ただし，点A，B，C，D，E，F，Gはそれぞれ正方形の頂点である。

図形Ⅱ

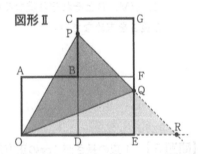

ノート

　　△OPQの面積y cm²を次のように考える。
　PQを延長した直線とOEを延長した直線の交点をRとするとき，
　　（△OPQの面積y）＝（△OPRの面積）－（△OQRの面積）（cm²）
　と考えることができる。このとき，線分EQ，DP，ORの長さ（cm）をそれぞれxを用いて表すと，
　EQ＝$x - 8$，DP＝　**ア**　，OR＝　**イ**　と表せる。
　これらを用いてyをxで表すと，y＝　**ウ**　と表すことができる。

問3　正方形を8個並べてつくった，次の**図形Ⅲ**および**図形Ⅳ**において，$24 < x < 28$のとき，**図形Ⅲ**における△OPQの面積を$S_1 \mathrm{cm}^2$，**図形Ⅳ**における△OPQの面積を$S_2 \mathrm{cm}^2$とする。$S_1 : S_2$を最も簡単な整数の比で答えなさい。

図形Ⅲ

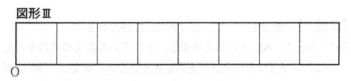

図形Ⅳ

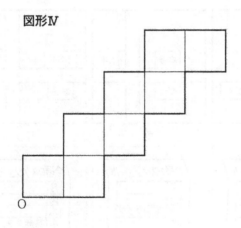

＜英語＞ 　時間　60分　　満点　50点

【問題1】　放送を聞いて，次の各問いに答えなさい。

問1　No.1～No.3の英文を聞き，それぞれの英文の内容を最もよく表しているものを，次のア～エからひとつずつ選び，記号で答えなさい。英文は1回のみ放送します。

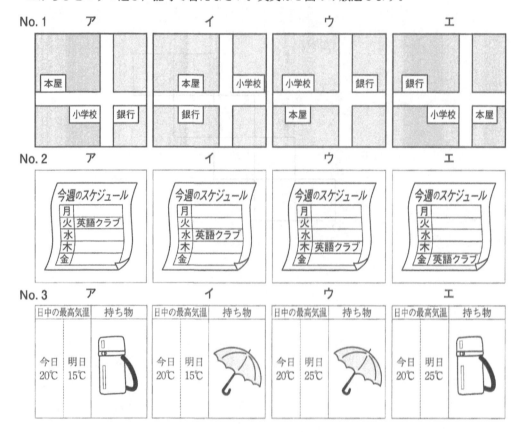

問2　No.1，No.2の会話を聞き，それぞれの英語の**質問**に対する答えとして，最も適切なものを，あとのア～エからひとつずつ選び，記号で答えなさい。会話は1回のみ放送します。

　No.1　〈メグ（Meg）先生と男子生徒（Takashi）との会話〉

【質問】　What did Meg ask Takashi to do?

　　ア　To find Meg's notebook.　　　　　イ　To read Japanese.

　　ウ　To look for Mayumi's notebook.　　エ　To write a name in Japanese.

　No.2　〈留学中の女子生徒（Amelia）と男子中学生（Shunya）との会話〉

【質問】　Amelia will not go to the zoo on Sunday.　Why?

　　ア　Amelia doesn't like animals.

　　イ　Amelia will watch an anime movie.

　　ウ　Amelia will ask her friends to come to her house.

エ　Amelia will go to her friend's birthday party.

問3　カナダからの留学生ソフィア (Sophia) さんと，中学生のなおと (Naoto) さんとの会話を聞き，次の(1)，(2)の各問いに答えなさい。会話は2回放送します。

(1)　次のア〜エの写真が撮影された時を考えて，古いものから新しいものになるように並べかえ，記号で答えなさい。

ア

イ

ウ

エ

(2)　会話の最後のなおとさんの発言に続く，ソフィアさんの発言として，最も適切なものを，次のア〜エからひとつ選び，記号で答えなさい。

ア　Really?　If I were you, I would go to other countries.

イ　You're welcome.　I like your pictures too.

ウ　I'm glad to hear that.　Please come to Canada someday.

エ　I don't think so.　You should take pictures of places in Japan.

問4　中学生のみどり (Midori) さんは，夏休みに，英語によるオンラインイベント (online event) に参加しました。イベントの初日には，スライドを使って自己紹介 (Self-Introduction) を行いました。その自己紹介の一部を聞いて，スライドの（①），（②）にあてはまる適切な英語を，それぞれ1語で答えなさい。

また，イベント後に，イベントに参加していたマーク (Mark) さんからみどりさんにメールが届きました。あとのマークさんからのメールの（③）にあてはまる英文を，4語以上の一文で書きなさい。英文は2回放送します。

（スライド，マークさんからのメールは次のページにあります。）

スライド

```
            Self - Introduction

Name : Midori Yamada
Age : 15
I want to ...
  → (  ①  ) my English
  → introduce Tottori
              ↑
      I have visited the U. S. (  ②  )
  → find new friends
```

マークさんからのメール

Dear Midori,

I enjoyed the online event.
Let me answer your question.　(　③　).　I often watch many kinds of sports on TV.
It is exciting.
I want to make a Japanese friend.
Please send me a reply* soon.

Mark

　　(注)　reply　返信

【問題2】　次の各問いに答えなさい。

問1　次のNo. 1～No. 3の会話を読み，（　）にあてはまる最も適切な英語を，それぞれ1語で答えなさい。

No. 1

George : What (　　　) did you get up today?

Emi　　 : At seven thirty. I was late for school this morning.

No. 2

Sachie : How long have you lived in Tottori?

Daniel : I have been here (　　　) five years.

No. 3

Henry　 : Look! That mountain is beautiful.

Kimiko : Yes. (　　　) is also fun to climb it. Let's go together someday.

問2　次のNo. 1, No. 2の英文を読み, (　) にあてはまる最も適切な英語を, 次のア～エからひとつずつ選び, 記号で答えなさい。

No. 1

I bought this computer yesterday, but it doesn't (　　　). What should I do?

　ア　use

　イ　break

　ウ　work

　エ　go

No. 2

I have decided (　　　) to go next summer. I will go to Okinawa to swim in the sea.

　ア　where

　イ　when

　ウ　how

　エ　which way

問3　次のマット (Matt) さんと, はるき (Haruki) さんの会話を読み, (　) 内の語を<u>必要に応じて適切な形に変えたり, 不足している語を補ったりして</u>, 会話が成り立つように英語を完成させなさい。

〈はるきさんの家で〉

Matt　　 : You have very nice cups.

Haruki : Thank you.

　　　　　 I bought these cups last year.

　　　　　 (make) by a famous artist* in my town.

　　　　(注)　artist　芸術家

【問題3】　中山先生 (Ms. Nakayama) とマイケル (Michael) 先生が, 英語の授業のはじめに話をしています。絵1～4は, そのときの2人の会話の様子を上から順に示したものです。これらの会話を読み, あとの各問いに答えなさい。

絵1

Hi, Michael.
How was your weekend?

It was good!

絵2

（　　①　　）?

I went to a concert on Saturday.
On Sunday, I visited my friend.
He has many cats.

絵3

（　　②　　）?

Five.
Do you have any pets?

絵4

Yes. I have a dog, but it's a robot* dog.

（注）robot　ロボット（の）

Wow!

問1　絵2の（①），絵3の（②）にあてはまる英文を，**それぞれ4語以上の一文で書きなさい。**ただし，I'm のような短縮形は1語として数え，符号（，や　．など）は語数に含めないこととする。

問2　絵1～4の会話の後，マイケル先生が次のように生徒に問いかけました。**マイケル先生からの問いかけの下線部に対するあなたの考えを，**あとの**条件に従って書きなさい。**

マイケル先生からの問いかけ

Robots can solve many problems around us.
What kind of robot do you want?
What problem do you want to solve with your robot?

条件

- 20語程度の英語で書くこと。
- 主語・動詞を含む文で書くこと。
- 会話で述べられている例以外の内容とすること。
- I'm のような短縮形は1語として数え，符号（，や．など）は（例）のように書き，語数に含めないこととする。
- （例）符号をつける場合の書き方：〜　a　　boy　，　Tom　．

【問題４】　次の各問いに答えなさい。

問１　中学生のかおるさんは，英語の授業で図書委員会の活動について紹介することになり，校内の読書に関するアンケート調査をもとに発表しました。次の**資料１**および**資料２**は，１年生 (first-year)，２年生 (second-year)，３年生 (third-year) の各学年 (each year) 100人ずつの生徒に行ったアンケート調査の結果をまとめたものです。**資料１**および**資料２**を見て，あとの(1), (2)の各問いに答えなさい。

資料１

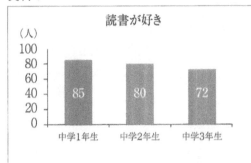

読書が好き

資料２

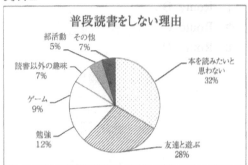

普段読書をしない理由

(1)　**資料１**の結果からわかることとして，最も適切なものを，あとの**ア〜エ**からひとつ選び，記号で答えなさい。

　ア　More than 80 percent of the students in each year like to read books.

　イ　The first-year students like to read books more than the third-year students.

　ウ　Older students are more interested in reading books than younger students.

エ　The second-year students don't like to read books as much as the third-year students.

(2)　かおるさんは，発表の中で，**資料2**をもとに校内の生徒が普段読書をしない理由について説明しました。次の**説明**中の（①）と（②）にあてはまる最も適切なものを，あとの**ア～エ**からそれぞれひとつ選び，記号で答えなさい。ただし，**説明**中の（①）には同じ語句が入ります。

説明

> 　Among the students who don't read books, more than 30% said that they do not want to read books.　I thought many students would answer that they do not read books because of （　①　）.　However, only 5% of the students gave* （　①　） as their reason*.　Another reason that more than 20% of the students gave was （　②　）.

（注）gave　give「（理由を）述べる」の過去形　　reason　理由

ア　club activities
イ　playing games
ウ　playing with friends
エ　studying

問2　ジョシュア（Joshua）先生は，サイクリング（cycling）に興味があり，英語の授業の中でホワイトボードアプリを使ってA～Dのどのサイクリングルートがよいかについて質問（Question）しました。グループ（Group）1～3の生徒たちは，各サイクリングルートについて調べ，ホワイトボードアプリ上の付箋に書き込みました。**生徒たちが書き込んだ付箋を読んだ**ジョシュア先生は，どのルートに決めたのかを生徒に伝えました。**先生の結論**中の（　）にあてはまる最も適切なものを，あとの**ア～エ**からひとつ選び，記号で答えなさい。

　（**生徒たちが書き込んだ付箋，先生の結論**は次のページにあります。）

ア　Route A
イ　Route B
ウ　Route C
エ　Route D

生徒たちが書き込んだ付箋

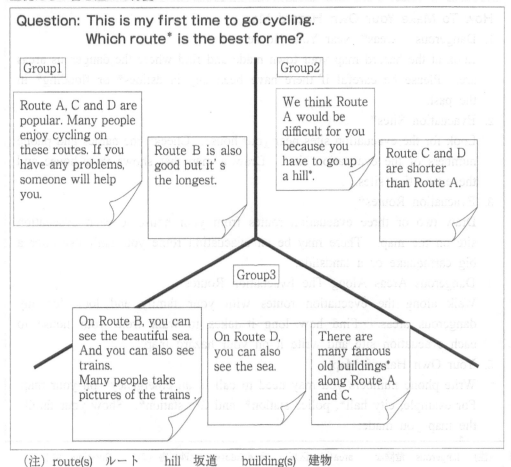

Question: This is my first time to go cycling.
Which route* is the best for me?

Group1

Route A, C and D are popular. Many people enjoy cycling on these routes. If you have any problems, someone will help you.

Route B is also good but it's the longest.

Group2

We think Route A would be difficult for you because you have to go up a hill*.

Route C and D are shorter than Route A.

Group3

On Route B, you can see the beautiful sea. And you can also see trains.
Many people take pictures of the trains .

On Route D, you can also see the sea.

There are many famous old buildings* along Route A and C.

（注）route(s) ルート　　hill 坂道　　building(s) 建物

先生の結論

Thank you. I think a short and easy route is the best for me. I think I will need help if I have any problems. I also like taking pictures of nature, like the sea and mountains. So, I will choose (　　　).

Joshua

問3　中学生のあゆみさんとみきさんの学校に，新しくグリーン先生（Ms. Green）が着任することになりました。グリーン先生が安心して生活できるように，あゆみさんとみきさんのふたりは，防災マップ（hazard map）の作り方（英語版）をもとに，グリーン先生のための防災マップを作り，英語の授業で発表することになりました。あとの(1)，(2)の各問いに答えなさい。

防災マップの作り方（英語版）

How To Make Your Own Hazard Map

1. Dangerous* Areas* Near Your House

Look at the hazard map your town made and find where the dangerous areas are. Please be careful if there have been any landslides* or flooding* in the past.

2. Evacuation Sites*

Look for the evacuation sites near your house. Check* the names and phone numbers of the evacuation sites. Draw a map that shows your house and the evacuation sites.

3. Evacuation Routes*

Draw two or three evacuation routes from your house to each evacuation site on the map. There may be an evacuation route you can't use after a big earthquake or a landslide.

4. Dangerous Areas Along The Evacuation Routes

Walk along the evacuation routes with your family and look for any dangerous areas. Find how long it takes to walk from your house to each evacuation site and write it on your hazard map.

5. Your Own Hazard Map

Write phone numbers you may need to call in an emergency* on your map. For example, city hall*, police station*, and fire station*. Show your family the map you made.

(注) dangerous 危険な　area(s) 区域　landslide(s) 土砂災害（の）　flooding 洪水
evacuation site(s) 避難所　check ～を確かめる　evacuation route(s) 避難ルート
in an emergency 緊急時に　city hall 市役所　police station 警察署
fire station 消防署

グリーン先生のための防災マップ

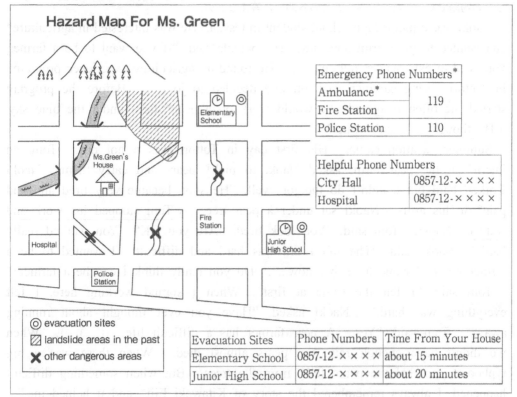

(注)　emergency phone number(s)　緊急連絡先　　ambulance　救急車

(1)　**防災マップの作り方（英語版）**の内容に合うものとして，最も適切なものを，次の**ア〜エ**からひとつ選び，記号で答えなさい。

ア　You should draw the supermarkets near your house.

イ　You should show your hazard map to your friends.

ウ　You should look at your town's hazard map to check dangerous areas.

エ　You should draw a map from your house to the nearest hospital.

(2)　あゆみさんとみきさんは，**防災マップの作り方（英語版）**と，**グリーン先生のための防災マップ**について英語の授業で発表しました。授業担当の佐藤先生は，発表後にあゆみさんとみきさんにアドバイスしました。佐藤先生のアドバイスとして，最も適切なものを，次の**ア〜エ**からひとつ選び，記号で答えなさい。

ア　Write how long it takes from Ms. Green's house to the schools.

イ　Draw evacuation routes from Ms. Green's house to each evacuation site.

ウ　Draw the landslide areas in the past and other dangerous areas.

エ　Write the phone numbers Ms. Green may need in an emergency.

【問題5】　次の英文は，中学生のなおき (Naoki) さんと，梨農家で実習生として働くトム (Tom) さんの物語です。これを読み，あとの各問いに答えなさい。

　　Naoki was a junior high school student in Osaka. He was interested in agriculture* and wanted to grow fruit someday. His parents said, "If you want to be a farmer, you need to experience* agriculture." He found an agriculture-experience program* in Tottori during summer vacation and decided to join it. Before the program started, he often imagined* he would work on a pear* farm under the blue sky. ①He thought, "I can't wait!"

　　Summer vacation came. His first day in Tottori was a hot day. Tom, an intern* at the pear farm, asked Naoki to pick* pears and carry them. Naoki worked hard but couldn't do the job well. He soon became very tired and had pain* in his arms. Naoki sat under a pear tree. ②Tom stopped his work and watched Naoki. Tom said, "You look tired. Are you OK? You worked really hard." Naoki said, "The job I did was hard and difficult. I wanted to be a farmer before I came here, but now... . Do you really think I can be a farmer?"

　　Tom said, "I felt the same at first. When I started working here, I felt everything was hard." Naoki asked, "Have you ever thought about running away?" Tom said, "Yes. A pear farmer has a difficult life. (　③　). When we didn't have enough rain, the pears almost died. When there was a big typhoon*, most of the pears fell* from the trees. But when something difficult happened, I always remembered the story of Kitawaki Eiji* and it helped me."

　　Mr. Kitawaki was born in Tottori in 1878. He brought ten young 20th century pear* trees to Tottori and tried to promote* growing 20th century pears among the farmers here. The farmers began to grow the pears. But they were weak against disease* and died. He thought, "Should I (　④　) growing the pears?" However, he didn't give up*. After a few years, the farmers in Tottori were able to* grow pears. The 20th century pear has become an important local fruit in Tottori.

　　Tom said, "I have tried to be like Mr. Kitawaki. Everyone experiences difficult things. But things will get better if you keep trying. Don't worry." ⑤Naoki looked happy.

　　On the last day of the program, Naoki said good-bye to Tom. On his way home, he was very tired but felt great. He learned how hard it was to be a farmer. At the same time, he learned how much he liked to work on a pear farm.

（注）　agriculture　農業　　experience　～を経験する
　　　　an agriculture-experience program　農業体験実習
　　　　imagined　imagine「～を想像する」の過去形　　pear(s)　梨（の）　　intern　実習生
　　　　pick　～をもぐ，収穫する　　pain　痛み　　typhoon　台風　　fell　fall「落ちる」の過去形
　　　　Kitawaki Eiji　北脇 永治（1878-1950）　　20th century pear(s)　二十世紀梨（の）

promote　〜を広める　　disease　病気　　give up　あきらめる

were able to 〜　be able to 〜　「〜することができる」の過去形

問1　本文の内容から判断して，下線部①のなおきさんの様子を表しているものとして，最も適切なものを，次の**ア〜エ**からひとつ選び，記号で答えなさい。

ア　初めての農業体験実習で慣れない作業に失敗したらどうしようという不安な様子。

イ　夏休みの経験として親が申し込んだ農業体験実習なので戸惑っている様子。

ウ　農業体験実習をやってみたいと思っていたので楽しみにしている様子。

エ　今すぐに農業体験実習のために出発しなくてはいけないので緊張している様子。

問2　本文の内容から判断して，下線部②のトムさんの気持ちとして，最も適切なものを，次の**ア〜エ**からひとつ選び，記号で答えなさい。

ア　He was worried because Naoki worked hard in hot weather.

イ　He felt angry because Naoki sat under a pear tree for a long time.

ウ　He was happy because Naoki chose a good place to rest.

エ　He felt sad because Naoki said that he did not want to work.

問3　本文の内容から判断して，（③）にあてはまる英文として，最も適切なものを，次の**ア〜エ**からひとつ選び，記号で答えなさい。

ア　We have to run away if we can't solve problems.

イ　We have to grow pears with a small amount of water.

ウ　We have to change what fruit we grow according to the weather.

エ　We have to live together with nature all the time.

問4　本文の内容から判断して，（④）にあてはまる英語を，1語で答えなさい。

問5　下線部⑤について，なおきさんがこのような様子になったのはなぜですか。その理由を，なおきさんの気持ちの変化をふまえ，**45字以内の日本語**で答えなさい。ただし，句読点も1字に数えることとする。

問6　大阪に帰ったなおきさんは，トムさんにメールを送りました。本文の内容をふまえ，次の**なおきさんが送ったメールの一部**の（⑥）にあてはまる言葉を，**10語程度の英語**で書きなさい。ただし，I'm のような短縮形は1語として数え，符号（，や．など）は，**（例）**のように書き，語数に含めないこととする。

なおきさんが送ったメールの一部

Thank you for telling me the story of Mr. Kitawaki.　I think Mr. Kitawaki was a very important person for Tottori because （　⑥　）.

（例）符号をつける場合の書き方：〜　a　　boy　，　Tom　．

＜理科＞　　時間　50分　　満点　50点

【問題１】　植物と動物の体のつくりとはたらきについて調べるために，次の**観察１**，**観察２**，**実験**を行った。あとの各問いに答えなさい。

| **観察１** | オオカナダモの若い葉をとり，酢酸オルセイン溶液で染色したものと，染色しないものと２種類のプレパラートを作成し，顕微鏡で細胞のつくりを観察した。 |

| **観察２** | 口をよくゆすいでから，ほおの内側を綿棒で軽くこすりとり，酢酸オルセイン溶液で染色したものと，染色しないものと２種類のプレパラートを作成し，顕微鏡で細胞のつくりを観察した。 |

問１　図１の顕微鏡を用いて，「よ」と印刷した紙をはりつけたスライドガラスを，図２のようにステージにのせた。顕微鏡をのぞいて観察したときの「よ」の見え方として，最も適切なものを，次の**ア～エ**からひとつ選び，記号で答えなさい。

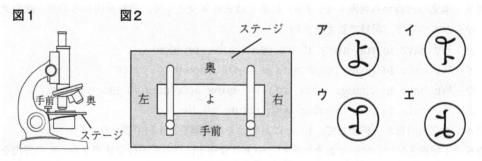

問２　次の表１の**ア～オ**は，**観察１**，**観察２**の結果と，図書館で調べてわかった細胞の特徴である。植物の細胞と動物の細胞の特徴について，**ベン図**を用いて整理するとき，**表１**の**ア～オ**を，解答用紙の**ベン図**に記入しなさい。なお，**ベン図**とは，円が重なる部分に共通点を，重ならない部分に相違点を記入するものである。

表１

	細胞の特徴
ア	細胞質のいちばん外側に，うすい膜がある。
イ	細胞の中に，緑色の粒状のつくりがある。
ウ	細胞のいちばん外側に，厚くしっかりした仕切りがある。
エ	細胞の中に，酢酸オルセイン溶液でよく染まる丸い粒が１個ある。
オ	成長した細胞には大きな袋状のつくりがある。

ベン図

[実験]

操作1　葉の枚数と大きさ，茎の太さをそろえ，同じ長さに切り
　　　とったホウセンカを，4本準備する。

操作2　表2のように，ワセリンで処理を行わないホウセンカを
　　　Aとし，A以外の3本について，それぞれB〜Dのよう
　　　に，ワセリンで処理を行う。

操作3　同量の水を入れた4本のメスシリンダーに，図3のよう
　　　に表2のA〜Dのホウセンカをそれぞれさし，水面からの
　　　蒸発を防ぐために，油をそそいで水面をおおう。

操作4　日のあたる風通しの良い場所に3時間放置したあと，メスシリンダーの水の減少量を
　　　測定する。

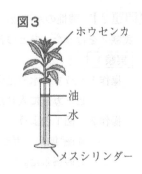

図3

表2

	処　　　理	メスシリンダーの水の減少量〔cm³〕
A	ワセリンをぬらない	a
B	すべての葉の表側にワセリンをぬる	b
C	すべての葉の裏側にワセリンをぬる	c
D	すべての葉の両側にワセリンをぬる	d

問3　図4〜図6は，ホウセンカの葉，茎，根の断面を模式的に表したものである。葉，茎，根
　　の各器官において，根から吸収した水が通る管は，図4〜図6の①〜⑥のどれか。最も適切な
　　組み合わせを，あとのア〜オからひとつ選び，記号で答えなさい。

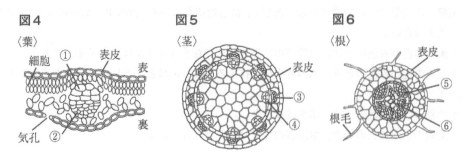

図4　〈葉〉　　　　図5　〈茎〉　　　　図6　〈根〉

ア　①③⑥　　イ　①④⑤　　ウ　①④⑥　　エ　②③⑤　　オ　②④⑥

問4　メスシリンダーの水の減少量を表2のようにa〜dの文字で表すとき，葉の裏側から蒸散
　　する水の量を表す文字式を，次のア〜カから2つ選び，記号で答えなさい。ただし，水の減少
　　量は，蒸散量と等しいものとし，a〜dは0よりも大きい数値であるものとする。

ア　a−b　　イ　a−c

ウ　a−d　　エ　b−c

オ　b−d　　カ　c−d

問5　実験の結果，表2のBのホウセンカはCのホウセンカに比べて水の減少量が多く，葉の表
　　側と比較して，裏側のほうが蒸散がさかんに行われた。その理由を答えなさい。

【問題２】　酸性の水溶液とアルカリ性の水溶液を混ぜたときの変化を調べるために，次の**実験１**，**実験２**を行った。あとの各問いに答えなさい。

実験１

操作１　うすい水酸化ナトリウム水溶液20cm³をはかりとり，
　　　　　ビーカーに入れた後，BTB溶液を数滴加えた。

操作２　図１のように，**操作１**のビーカーに，うすい塩酸を
　　　　　4cm³加え，ガラス棒でかき混ぜ，水溶液の色の変化
　　　　　を観察した。

操作３　加えるうすい塩酸の体積が20cm³になるまで，**操作**
　　　　　２を繰り返した。

次の**表１**は，**実験１**の結果をまとめたものである。

図１

表１

加えたうすい塩酸の体積〔cm³〕	4	8	12	16	20
水溶液の色	青色		緑色	黄色	

問１　**実験１**では，酸とアルカリがたがいの性質を打ち消し合う反応が起こった。この反応を何というか，答えなさい。

問２　**実験１**で使ったものと同じ濃度のうすい水酸化ナトリウム水溶液20cm³とうすい塩酸12cm³をよく混ぜた水溶液をスライドガラスにとり，水を蒸発させると結晶が現れた。この結晶となった物質の化学式を答えなさい。

問３　**実験１**の結果について述べたものとして，最も適切なものを，次の**ア〜エ**からひとつ選び，記号で答えなさい。

ア　水溶液の色が青色のとき，水溶液中に最も多く存在するイオンは水素イオンである。

イ　水溶液の色が緑色のとき，水溶液中に存在するイオンのほとんどはナトリウムイオンと塩化物イオンである。

ウ　水溶液の色が緑色のとき，電流は流れない。

エ　水溶液の色が黄色のとき，水溶液の性質はアルカリ性である。

実験２

操作１　図２（次のページ）のように，**A〜E**のビーカーに同じ濃度のうすい水酸化バリウム水溶液20cm³を入れ，**A〜E**のビーカーに同じ濃度のうすい硫酸をそれぞれ4cm³，8cm³，12cm³，16cm³，20cm³加え，ガラス棒でかき混ぜたところ，すべてのビーカー内に白い沈殿が生じた。

操作２　**操作１**で生じた白い沈殿をろ過して乾燥させ，沈殿した物質の質量を測定する。また，ろ過したろ液にBTB溶液を２，３滴加え，水溶液の色の変化を観察する。

図2

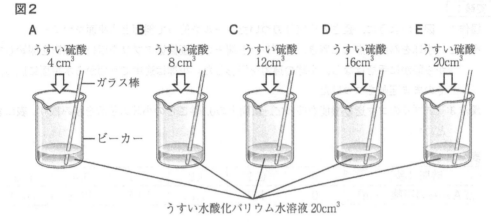

うすい水酸化バリウム水溶液 20cm³

次の**表2**は，**実験2**の結果をまとめたものである。

表2

	A	B	C	D	E
加えたうすい硫酸の体積〔cm³〕	4	8	12	16	20
沈殿した物質の質量〔g〕	0.2	0.4	0.6	0.7	0.7
BTB溶液を加えたときの水溶液の色	青　色			黄　色	

問4　**表2**をもとに，加えたうすい硫酸の体積と沈殿した物質の質量との関係を表すグラフをかきなさい。

問5　操作1で加えたうすい硫酸の体積と，沈殿が生じたあとのビーカー内の水溶液中の硫酸イオンの数との関係を，グラフに表したものとして，最も適切なものを，次の**ア～エ**からひとつ選び，記号で答えなさい。

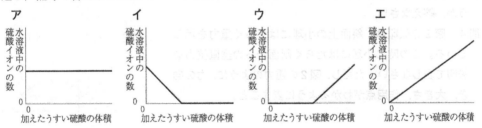

【問題3】　物体にはたらく力と運動の関係を調べるために，次の**実験1**，**実験2**を行った。あとの各問いに答えなさい。ただし，小球にはたらく摩擦や空気の抵抗はないものとする。

図1

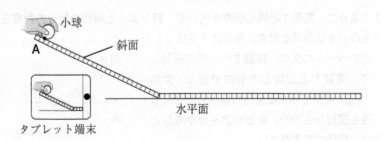

実験1

操作1　図1のように，長さの目盛りのついたレールを使って斜面と水平面をつくった。

操作2　小球を斜面の点Aに置き，タブレット端末の動画撮影アプリを用いて撮影を開始してから静かに手をはなし，小球の運動を撮影した。小球は途中で斜面から水平面に達し，そのまま運動をつづけた。

操作3　アプリのコマ送り機能を使って，斜面上の0.1秒ごとの小球の位置を読み取り，表にまとめた。

表

時間〔秒〕	0	0.1	0.2	0.3	0.4	0.5
点Aからの距離〔cm〕	0	1.2	4.8	10.8	19.2	30.0

問1　実験1において，0.2秒から0.3秒の間の小球の平均の速さは何cm/秒か，答えなさい。

問2　実験1で，小球が斜面上を運動しているときの，時間と速さとの関係をグラフに表したものとして，最も適切なものを，次のア～エからひとつ選び，記号で答えなさい。

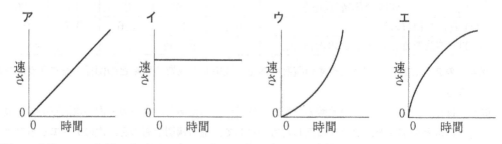

問3　実験1で，小球は水平面に達した後，一定の速さで一直線上に動いた。この運動を何というか，答えなさい。

問4　図2の矢印は，斜面上の小球にはたらく重力を示している。この時に小球にはたらく斜面からの垂直抗力を矢印で表しなさい。ただし，図2の重力のように，**力の向き，大きさ，作用点**がわかるように表すこと。

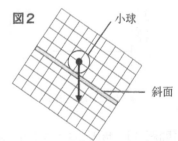

図2

実験2

図3のように，**実験1**と同じ装置を用いて，図1よりも斜面の傾きの角度を大きくし，点Aと同じ高さの点Bに小球を置き，静かに手をはなした。

問5　次のページの文は，**実験2**の小球の運動について，**実験1**と比較したものである。文の（①），（②）にあてはまる語句の組み合わせとして，最も適切なものを，あとの**ア～カ**からひとつ選び，記号で答えなさい。

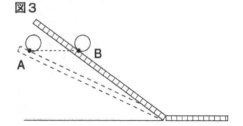

図3

文

	（　①　）	（　②　）
	実験2は，実験1と比べて，斜面を下る小球の速さのふえ方は（　①　），水平面に達した時の小球の速さは（　②　）。	

	（　①　）	（　②　）
ア	大きくなり	大きくなる
イ	大きくなり	小さくなる
ウ	大きくなり	変わらない
エ	変わらず	大きくなる
オ	変わらず	小さくなる
カ	変わらず	変わらない

【問題4】　次の図1は，ある地域の地形を等高線で表したものである。地点Cは地点Aの真南に，地点Bは地点Aの真東にある。図1のA～Cの各地点でボーリング調査を行ったところ，それぞれ図2のような柱状図を得ることができた。なお，凝灰岩の層は同一のものであり，この地域には断層やしゅう曲は存在せず，地層の上下の逆転は見られない。また，この地域の地層では，それぞれの層が互いに平行に重なっており，一定の方向に傾いていることがわかっている。あとの各問いに答えなさい。

図1

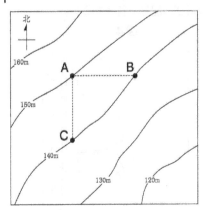

図2

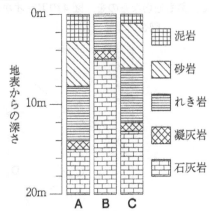

問1　図2において，凝灰岩の層があることから，この時代に起こった出来事が推定できる。起こった出来事として，最も適切なものを，次のア～エからひとつ選び，記号で答えなさい。
　　ア　巨大地震　　イ　火山の噴火　　ウ　洪水　　エ　ほ乳類の誕生

問2　図1の地域の地層は，一定の方向に傾いていることがわかっている。東・西・南・北のうち，どの方位に向かって低くなっていると考えられるか，最も適切なものを，次のア～エからひとつ選び，記号で答えなさい。
　　ア　東　　イ　西　　ウ　南　　エ　北

問3　図1（次のページ）の地域の石灰岩から写真のようなサンゴの化石が見つかった。このことを説明した次のページの文の（①），（②）にあてはまる語句の組み合わせとして，最も適切

なものを，あとの**ア～エ**からひとつ選び，記号で答えなさい。

文

サンゴの化石のように，地層ができた当時の環境を推定することができる化石を（　①　）化石という。サンゴからは，地層ができた当時の環境が（　②　）くて浅い海であったと推定できる。

写真

	（　①　）	（　②　）
ア	示　相	あたたか
イ	示　相	つめた
ウ	示　準	あたたか
エ	示　準	つめた

問4　図1の地点**A**では，海の中で凝灰岩より上の層が堆積する間，河口から地点**A**までの距離が次第に長く，水深が深くなっていったと考えられる。そのように考えられる理由を答えなさい。

問5　図3は，図1の**A～C**の各地点に加えて，地点**C**から真東の方角に，**ABCD**が正方形となるように地点**D**を決めたものである。地点**D**でボーリング調査を行ったところ，**A～C**地点でみられたものと同じ凝灰岩の層が発見された。この凝灰岩の層が見られる深さの範囲として，最も適切なものを，図4の**ア～オ**からひとつ選び，記号で答えなさい。

図3

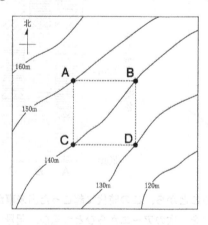

図4

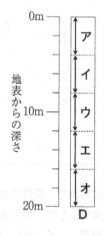

【問題5】　次の会話1，会話2は，あきこさんとはるおさんが，遺伝のしくみを考えるために，メンデルの実験について話し合ったものである。あとの各問いに答えなさい。

会話1

あきこさん：メンデルは，遺伝のしくみを調べるため，エンドウを用いて，図1（次のページ）のように，子葉の色が黄色になる純系と，子葉の色が緑色になる純系とを

かけ合わせる実験を行ったね。

はるおさん：どうして子葉の色が黄色になる純系と子葉の色が緑色になる純系からできる子は，すべて子葉の色が黄色になるのかな。それから，どうして子葉の色が黄色の子を自家受粉させると，子葉の色が黄色と緑色の孫ができるのかな。

あきこさん：子葉の色を黄色にする遺伝子をA，緑色にする遺伝子をaとして，子や孫の個体の染色体と遺伝子の組み合わせを考えてみよう。

図1

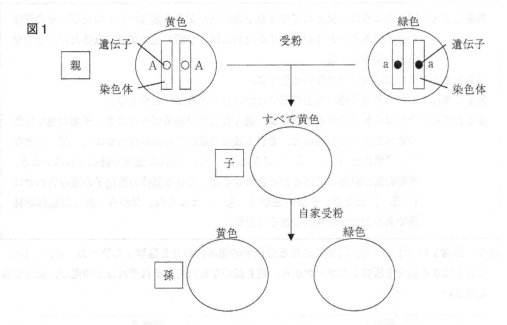

問1　メンデルが実験の材料にエンドウを選んだのは，図2のように花の構造が遺伝の実験に適していたからである。実験に適していた花の特徴として，最も適切なものを，次の**ア**～**エ**からひとつ選び，記号で答えなさい。

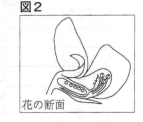

図2

花の断面

　ア　めしべとおしべが花弁に包まれていて，自然の状態では自家受粉を行う。

　イ　めしべとおしべが花弁に包まれていて，自然の状態では他家受粉を行う。

　ウ　めしべとおしべがむき出しになっていて，人工的に自家受粉させやすい。

　エ　めしべとおしべがむき出しになっていて，人工的に他家受粉させやすい。

問2　図1の子の個体の染色体と遺伝子の組み合わせとして，最も適切なものを，次の**ア**～**エ**からひとつ選び，記号で答えなさい。

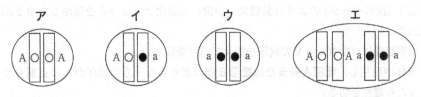

問3 対立形質をもつ純系どうしをかけ合わせたとき，子に現れる形質を何というか，答えなさい。

問4 図1において，子を自家受粉させると，孫として子葉の色が黄色の個体と子葉の色が緑色の個体ができた。できた孫のうち，子葉の色が緑色の個体が600個だったとすると，子葉の色が黄色の個体の数は約何個になるか，答えなさい。

会話2

> **あきこさん**：図1のように，孫としてできた子葉の色が黄色の個体から1つ選び，その個体が純系であるかどうか判別するためには，子葉の色が黄色の個体とかけ合わせるとわかるのかな。
>
> **はるおさん**：それでは判別できないと思うよ。
>
> **あきこさん**：では，子葉の色が緑色の個体とかけ合わせると，どうかな。
>
> **はるおさん**：それなら判別できると思うよ。選んだ個体が純系だったとき，子葉の色が緑色の個体とかけ合わせると，できる個体の遺伝子の組み合わせは（ ① ）となり，子葉の色は，（ ② ）になるね。一方，選んだ個体が純系ではないとき，子葉の色が緑色の個体とかけ合わせると，できる個体の遺伝子の組み合わせは（ ③ ）となり，子葉の色が（ ④ ）となるね。だから，選んだ個体が純系であるかどうか判別できそうだね。

問5 会話2の（①），（③）にあてはまる遺伝子の組み合わせを**語群Ⅰのア〜カ**，（②），（④）にあてはまる語句を**語群Ⅱのキ〜ケ**から，最も適切なものを，それぞれひとつ選び，記号で答えなさい。

語群Ⅰ	
ア	すべてAA
イ	すべてAa
ウ	すべてaa
エ	AAとAa
オ	Aaとaa
カ	AAとaa

語群Ⅱ	
キ	すべて黄色
ク	すべて緑色
ケ	黄色と緑色

【問題6】 電気分解によって発生する気体について調べるために，次の**実験1**，**実験2**を行った。あとの各問いに答えなさい。

実験1

操作1 図1（次のページ）のような装置に，少量の水酸化ナトリウムを溶かした水を100cm³入れた。

操作2 電源装置につなぎ，6Vの電圧を加えて電流を流した。

操作3 気体が発生し，**電極A**側または**電極B**側のどちらか一方の気体が4の目盛りまでたまったら電源を切る。

操作4　電極A側，電極B側に発生した気体の性質を調べた。

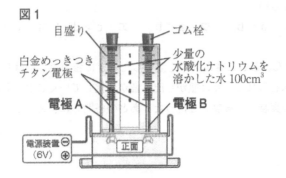

図1

目盛り　　　ゴム栓

白金めっきつき
チタン電極

少量の
水酸化ナトリウムを
溶かした水 100cm³

電極A　　　　　電極B

電源装置 ⊖
(6V) ⊕　　正面

実験2

操作1　図2のような装置に，2.5%塩酸
　　　　100cm³を入れた。

操作2　電源装置につなぎ，6Vの電圧を
　　　　加えて電流を流した。

操作3　気体が発生し，電極C側または電
　　　　極D側のどちらか一方の気体が4の
　　　　目盛りまでたまったら電源を切る。

操作4　電極C側，電極D側に発生した気
　　　　体の性質を調べた。

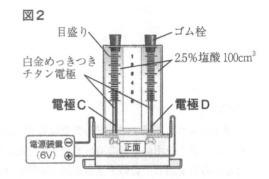

図2

目盛り　　　ゴム栓

白金めっきつき
チタン電極

2.5%塩酸 100cm³

電極C　　　　　電極D

電源装置 ⊖
(6V) ⊕　　正面

問1　実験1では質量パーセント濃度が2.5%の水酸化ナトリウム水溶液を用いた。この水酸化
　　ナトリウム水溶液を300gつくるとき，必要となる水酸化ナトリウムは何gか，答えなさい。

問2　実験1で，電極A側に発生した気体の性質を調べる方法とその結果として，最も適切なも
　　のを，次のア〜エからひとつ選び，記号で答えなさい。

　ア　火のついた線香を入れると，線香が激しく燃える。

　イ　赤インクで着色した水に管の上部の液を入れると，着色した水の色が消える。

　ウ　マッチの火を近づけると，音を立てて燃える。

　エ　水でぬらした赤色リトマス紙を近づけると，青色に変化する。

問3　実験1で電極B側に発生した気体と同じ気体を発生させる方法として，適切なものを，次
　　のア〜オからすべて選び，記号で答えなさい。

　ア　石灰石にうすい塩酸を加える。

　イ　炭酸水素ナトリウムを加熱する。

　ウ　二酸化マンガンにうすい過酸化水素水を加える。

　エ　酸化銀を加熱する。

　オ　酸化銅と活性炭をまぜたものを加熱する。

問4　実験2で用いた塩酸は，塩化水素が水に溶けた水溶液である。塩化水素の電離のようす
　　を，化学式を使って表しなさい。

問5　実験1，実験2の結果，電極A側，電極B側，電極C側，電極D側に発生し，管にたまっ
　　た気体の体積をそれぞれ a cm³，b cm³，c cm³，d cm³とする。実験1における，a，bの関係，

実験2における，c，dの関係として，最も適切なものを，次のア～カからそれぞれひとつ選び，記号で答えなさい。

ア　a＞b　　イ　a＝b　　ウ　a＜b　　エ　c＞d　　オ　c＝d　　カ　c＜d

【問題7】　たけしさんとともこさんは琴を演奏したときに弦の長さやはじき方によって出る音が違うことや，瓶に水を入れていくと瓶から出る音が変化していくことに興味を持ち，音の性質を調べるために，次の実験1，実験2を行った。あとの各問いに答えなさい。

図1

コンピュータ　　　マイクロホン　　　モノコード

実験1

図1のように，モノコードの弦をはじき，出した音をマイクロホンで拾い，コンピュータの波形表示ソフトを用いて音の波形を表示させた。弦の長さ，弦のはりの強さ，弦をはじく強さを変えながら音を出し，音の大きさや高さを聞き比べたり，出した音の波形を調べたりした。

問1　音の伝わり方について述べたものとして，適切なものを，次のア～エからすべて選び，記号で答えなさい。

ア　容器に入れたブザーから音を出し，その容器内の空気をぬいていくと，聞こえるブザーの音が小さくなっていく。

イ　音は，空気中を約30万km/sの速さで進む。

ウ　音を出す物体は振動しており，振動を止めると音も止まる。

エ　音が伝わる速さは，固体中より空気中のほうが速い。

問2　実験1で，弦をはじいて音を出したところ，図2のような音の波形がコンピュータの画面に表示された。この音の振動数は何Hzか，求めなさい。ただし，図2の縦軸は振幅，横軸は時間を表し，横軸の1目盛りを$\frac{1}{2000}$秒とする。

図2

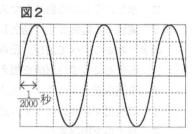

$\frac{1}{2000}$秒

問3　問2で音を出した条件から，弦のはりの強さと弦をはじく強さは変えずに弦の長さを長くしたところ，音の大きさは変化せず，振動数が2分の1となった。このとき，コンピュータの画面に表示されるおよその音の波形をかきなさい。ただし，解答用紙の（・）を始点として，端まで作図すること。

実験2

　図3のように，長さ20cmの試験管の中の水の量を変えながら，同じ強さで試験管の口にゆっくりと息を吹きかけ，ド（低）・ミ・ソ・ド（高）の音階の音が出る時の振動数と試験管の底から水面までの長さを測定し，結果を表にまとめた。

　あとの会話は，2人が結果について話し合ったものである。

図3

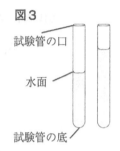

試験管の口

水面

試験管の底

表

音　階	ド(低)	ミ	ソ	ド(高)
振動数〔Hz〕	523	659	784	1047
試験管の底から水面までの長さ〔cm〕	3.7	7.1	9.2	11.9

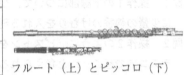

フルート（上）とピッコロ（下）

会話

> たけしさん：表から，水面が高くなるほど音が高くなることがわかるね。
> ともこさん：実験2でも実験1の振動する弦と同じ関係であると考えると，音の高さの変化が説明できそうだね。
> たけしさん：同じ関係とはどのような関係だろう。
> ともこさん：それは，（　①　）の関係だと思うよ。
> たけしさん：なるほど。そのように考えると，このときに振動している物体は（　②　）だと考えられるね。
> ともこさん：管楽器のフルートとピッコロを比べたときに，フルートの方が低い音が出ることからも同じ関係が説明できるね。他の楽器でも試してみよう。

問4　会話の（①）にあてはまるものとして，最も適切なものを，次のア～エからひとつ選び，記号で答えなさい。

ア　振動する弦の長さと音の高さ　　　イ　振動する弦の太さと音の高さ

ウ　振動する弦の振れ幅と音の高さ　　エ　振動する弦のはりの強さと音の高さ

問5　会話の（②）にあてはまる語句として，最も適切なものを，次のア～エからひとつ選び，記号で答えなさい。

ア　試験管の中の水　　イ　試験管の中の空気

ウ　試験管を持つ手　　エ　試験管のガラス

【問題8】　雲のでき方について調べるために，次の実験を行った。あとの各問いに答えなさい。

実験

操作1　図1（次のページ）のような実験装置を組み立てた。フラスコ内部をぬるま湯でぬらし，少量の線香のけむりを入れた。

操作2　大型注射器のピストンを押しこんだ状態でフラスコにつなぎ，矢印の方向にすばやく

引いて，フラスコ内のようすや温度の変化を記録した。

図1

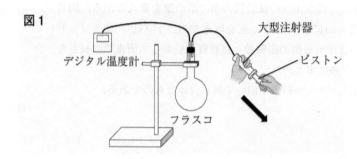

問1　操作1の下線部について，少量の線香のけむりは空気中のちりを再現している。フラスコに少量の線香のけむりを入れる理由を答えなさい。

問2　操作2のように，ピストンをすばやく引くと，フラスコ内が白くくもった。このとき，フラスコ内で起こったと考えられる状態変化として，最も適切なものを，次のア〜エからひとつ選び，記号で答えなさい。

ア　気体から液体になった。　　イ　液体から気体になった。
ウ　気体から固体になった。　　エ　液体から固体になった。

問3　次の文は，フラスコ内が白くくもったことについて説明したものである。文の（①），（②）にあてはまる語句の組み合わせとして，最も適切なものを，あとのア〜エからひとつ選び，記号で答えなさい。

文

> ピストンをすばやく引き，フラスコ内の空気の体積を大きくすることで，フラスコ内の空気の温度が（　①　）なり，（　②　）に達したためであると考えられる。

	（　①　）	（　②　）
ア	高　く	沸　点
イ	高　く	露　点
ウ	低　く	沸　点
エ	低　く	露　点

問4　写真のように，山に雲がかかっている姿をみることがある。このように山腹に雲ができる標高を，図2を用いて考えた。

図2は，温度が20℃，湿度48％である空気のかたまりが標高0mの地点Pから山の斜面に沿って上昇し，標高xmの地点Qで雲が発生した様子を表した模式図である。また，表は，空気の温度と飽和水蒸気量の関係を示したものである。次のページの(1)，(2)に答えなさい。

（図2，表は次のページにあります。）

写真

図2

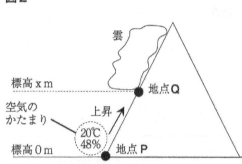

温度〔℃〕	飽和水蒸気量〔g/㎥〕	温度〔℃〕	飽和水蒸気量〔g/㎥〕
0	4.8	16	13.6
2	5.6	18	15.4
4	6.4	20	17.3
6	7.3	22	19.4
8	8.3	24	21.8
10	9.4	26	24.4
12	10.7	28	27.2
14	12.1	30	30.4

(1)　雲について説明したものとして，最も適切なものを，次のア〜エからひとつ選び，記号で答えなさい。

ア　太陽の光によって空気が熱せられると，下降気流が生じ，雲が発生しやすい。

イ　あたたかい空気が冷たい空気にぶつかる前線面では，雲は発生しない。

ウ　雲には十種雲形とよばれるように様々な形があるが，すべての雲は同じ高度で見られる。

エ　積乱雲は垂直に発達し，雨や雪を降らせることが多い雲である。

(2)　図2において，雲が発生した地点Qの標高ｘmはおよそ何mか，最も適切なものを，次のア〜エからひとつ選び，記号で答えなさい。ただし，空気のかたまりの温度は雲が発生していない状況下では標高が100m高くなるごとに1℃低下するものとする。また，空気のかたまりが山の斜面に沿って上昇しても下降しても，空気1㎥あたりに含まれる水蒸気量は変化しないものとする。

ア　約1200m　　イ　約1400m　　ウ　約1600m　　エ　約1800m

＜社会＞

時間 50分 満点 50点

【問題1】

問1 次の地図をみて，あとの各問いに答えなさい。

地図

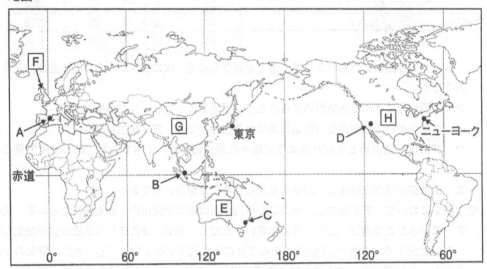

(1) 東京が3月7日正午であるとき，ニューヨークの日付と時刻を，午前か午後かを明らかにして答えなさい。なお，ニューヨークは，西経75度の経線を標準時としている。

(2) 地図中のA～Dの地点は，シドニー，シンガポール，バルセロナ，ラスベガスのいずれかであり，その4地点の雨温図は，次の①～④のいずれかである。温暖湿潤気候の雨温図と，その地点の組み合わせとして，最も適切なものを，次のページのア～エからひとつ選び，記号で答えなさい。

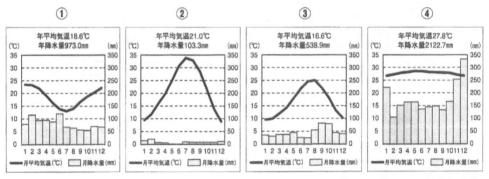

「理科年表 2022」より作成

	温暖湿潤気候の雨温図	地点
ア	①	C
イ	②	D
ウ	③	A
エ	④	B

(3)　次の**グラフ1〜4**は，1965年，1985年，2005年，2016年における**地図**中の**E**の国の全貿易額に占める貿易相手国の割合を示したものである。また，**グラフ1〜4**中の**①〜③**には，**地図**中の**F〜H**の国のいずれかがあてはまる。**グラフ1〜4**中の**①〜③**にあてはまる国の組み合わせとして，最も適切なものを，あとの**ア〜カ**からひとつ選び，記号で答えなさい。ただし，**グラフ1〜4**中の**①〜③**の同じ番号には，同じ国が入るものとする。

グラフ1
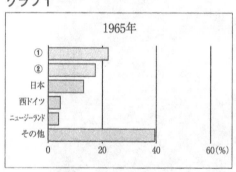

グラフ2
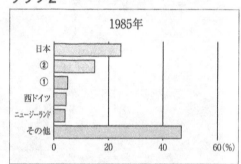

グラフ3
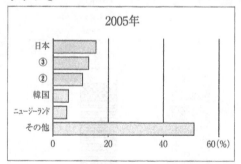

グラフ4
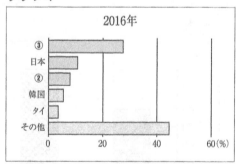

「新・世界の国々8　オセアニア州・南極」より作成

	①	②	③
ア	F	G	H
イ	F	H	G
ウ	G	F	H
エ	G	H	F
オ	H	F	G
カ	H	G	F

問2 2022年に開催されたサッカーの世界選手権大会「FIFAワールドカップカタール2022」のグループステージで，日本は，ドイツ，コスタリカ，スペインと対戦した。あとの各問いに答えなさい。

(1) 次の**写真1**は，買い物客でにぎわうドイツのクリスマスマーケットのようすを示したものである。また，あとの**グラフ**は，アメリカ合衆国，イラン，インド，タイの宗教別人口の割合を示しており，**グラフ**中の**ア～エ**には，イスラム教，キリスト教，ヒンドゥー教，仏教のいずれかの宗教があてはまる。**写真1**が開催される宗教として，最も適切なものを，**グラフ**中の**ア～エ**からひとつ選び，記号で答えなさい。

写真1

「新・世界の国々3 ヨーロッパ州①」より

グラフ

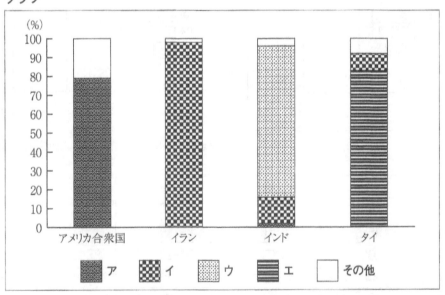

「データブック オブ・ザ・ワールド 2022年版」より作成

(2)　次の**写真2**は，コスタリカにある国立公園で，観光客が入場料を支払う入場口のようすを示したものである。コスタリカは，自然林の多くを国立公園や生物保護区に制定するなど，環境保護に積極的に取り組んでおり，そのための資金の一部として，観光客からの入場料を利用している。このような環境保護と観光の両立を目指す取り組みを何というか，**カタカナ**で答えなさい。

写真2

「体験取材！世界の国ぐに－5　コスタリカ」より

(3)　次の**表**は，日本，オランダ，スペイン，ドイツ，フランスの主な食料の品目別自給率（2017年）を示したものであり，**表**中の**ア～エ**には，オランダ，スペイン，ドイツ，フランスのいずれかの国があてはまる。このうち，**スペイン**の品目別自給率として，最も適切なものを，**表**中の**ア～エ**からひとつ選び，記号で答えなさい。

表 （単位：%）

	小麦	いも類	野菜類	果実類	肉類	牛乳・乳製品
日本	14	74	79	40	52	60
ア	15	202	328	38	228	203
イ	131	121	46	27	112	118
ウ	187	136	72	62	100	118
エ	47	66	191	137	140	84

「令和元年度　食料需給表」より作成

問3　さくらさんとごろうさんが通う中学校の研修旅行では，次の**行程**で鳥取県内を訪れることになり，さくらさんたちは訪問地に関連する内容について，事前に調べ学習を行った。あとの各問いに答えなさい。

行程

1日目　学校出発　⇒　(a)山陰海岸ジオパークで遊覧船に乗る　⇒　(b)鳥取市にある博物館を見学　⇒　倉吉市内の(c)果樹園で収穫体験　⇒　米子市内の(d)温泉宿に宿泊

2日目　宿舎出発　⇒(e)境港市の水木しげるロードを散策　⇒　大山で自然体験　⇒　学校到着

(1) さくらさんは，行程中の下線部(a)の一部を示している写真1をみつけた。また，地図1中の〇で囲まれた地域 f，g のどちらかは，写真1と同様の特徴をもつ海岸線であることを知った。写真1でみられる地形の名称と，写真1と同じ海岸線の特徴をもつ地図1中の〇で囲まれた地域の組み合わせとして，最も適切なものを，あとのア～エからひとつ選び，記号で答えなさい。

写真1

「岩美町観光協会ホームページ」より

地図1

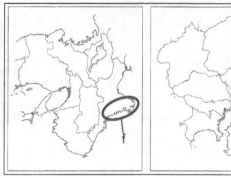

ア　名称－砂浜海岸，地域－地図1の f
イ　名称－砂浜海岸，地域－地図1の g
ウ　名称－リアス海岸，地域－地図1の f
エ　名称－リアス海岸，地域－地図1の g

(2) 行程中の下線部(b)に関連して，ごろうさんは，ホームページから，鳥取市をはじめとするいくつかの市町村で積極的に移住や定住の支援を行っていることを知った。次の文は，移住について，ごろうさんの身近な人を例に説明したものである。文中の（A）ターン，（B）ターンについて，（A），（B）にあてはまる適切なアルファベット1文字を答えなさい。

文

> 　ごろうさんの兄は，出身地の鳥取県から東京都にある大学に進学し，就職を機に鳥取県に戻ってきた。このことを（A）ターンという。ごろうさんのいとこは，出身地の東京都から鳥取県に移り住んだ。このことを（B）ターンという。

(3) 行程中の下線部(c)に関連して，さくらさんが見つけた次のページの表は，5つの県の果樹の収穫量（2020年）を示したものであり，表中のA～Dには，「日本なし」，「ぶどう」，「りんご」，「もも」のいずれかがあてはまる。「日本なし」と「ぶどう」にあてはまる組み合わせとして，最も適切なものを，あとのア～エからひとつ選び，記号で答えなさい。
ア　日本なし－C　ぶどう－A
イ　日本なし－C　ぶどう－B
ウ　日本なし－D　ぶどう－A
エ　日本なし－D　ぶどう－B

表　　　　　　　　　　　　　　　　　　　　　　　　　　　　　　　　（単位：t）

	A	B	C	D
鳥取県	84	508	339	10,500
青森県	1,530	4,810	463,000	1,250
島根県	58	2,180	57	902
千葉県	17	490	16	18,200
山梨県	30,400	35,000	666	594
全国	98,900	163,400	763,300	170,500

総務省統計局「作物統計調査　作況調査」より作成

(4)　行程中の下線部(d)について調べたごろうさんは，火山の恵みによって温泉が存在する場合があることや，火山の形成にはプレートが影響していることを知った。さらに調べてみると，次の地図２中の◯で囲まれた部分にも，箱根などの有名な温泉があることがわかった。ラテン語で「大きなみぞ」を意味する地図２中の◯で囲まれた部分を何というか，カタカナで答えなさい。

地図２

(5)　行程中の下線部(e)に関連して，次のさくらさんとごろうさんの会話と43ページの地形図，タブレットで拡大した地形図をみて，あとの各問いに答えなさい。

会話

さくらさん：境港市と同じように，島根県浜田市も漁業が盛んらしいよ。どんなところなのか地形図を見てみよう。

ごろうさん：地形図を見ると，浜田駅から市役所までは地形図上では４cmだったよ。

さくらさん：地形図上で４cmということは，実際の距離は（ A ）mだよね。

ごろうさん：タブレットで拡大した地形図を見ると，田町の南東に，見たことのない地図記号（次のページ）があるよ。授業で習った記念碑の地図記号と似ているね。

ごろうさんが見つけた地図記号

さくらさん：この地図記号は，自然災害伝承碑というらしいよ。国土地理院のホームページで調べてみたら，この地図記号の場所には，次の**写真2**の石碑と，石碑にきざまれた言葉の**説明**が出てきたよ。

写真2　　　　　　　　　　　　　　　　　　説明

碑　　　名	震災紀念之碑
災 害 名	浜田地震
災害種別	地震
建 立 年	1896
所 在 地	島根県浜田市牛市町
伝承内容	1872年3月14日，浜田市沖を震源とする大地震により，浜田市街では地は裂けて家屋は倒壊，火災があちこちで発生し，多くの死傷者が出た。牛市町では家屋83戸が倒壊・焼失し，人口300人余りのうち，死者42人，負傷者100人余りの被害を受けた。

ごろうさん：どうして自然災害伝承碑が必要なのかな。

さくらさん：それは（　B　）に役立つからだと思うよ。

ごろうさん：そういえば，おじいちゃんから，近所にある石碑には，昔の洪水のことが書かれていると聞いたことがあるよ。今度，その石碑を見に行ってみようよ。

地図記号，写真2，説明は「国土地理院ホームページ」より作成

地形図

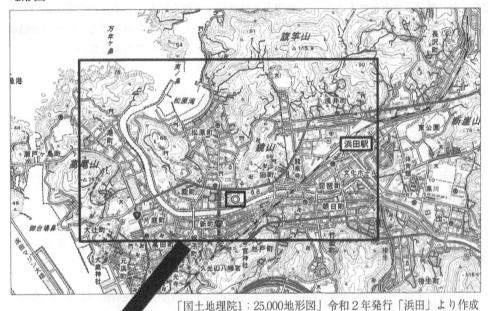

「国土地理院1：25,000地形図」令和2年発行「浜田」より作成

タブレットで拡大した地形図

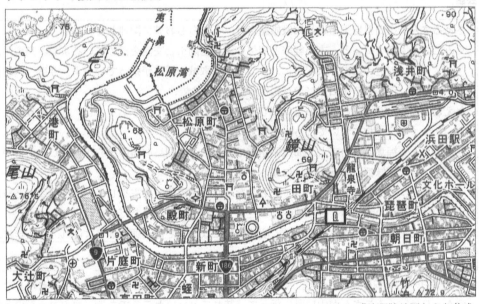

「地理院地図」より作成

① 会話中の（**A**）に入る数字を答えなさい。
② 会話中の（**B**）にあてはまる適切な内容を答えなさい。

【問題２】

問１ 次の表は，さとるさんたちが，鳥取市と姉妹都市提携を結んでいる４つの都市について，提携を結んでいる理由にあたる歴史的なできごとをまとめたものである。また，あとの会話は，さとるさんたちが表をみて話をしているものである。あとの各問いに答えなさい。

表

都市	歴史的なできごと
山口県岩国市（いわくに）	1581年に鳥取城が羽柴秀吉（はしばひでよし）（のちの豊臣秀吉）に攻められた際，城主・吉川経家（きっかわつねいえ）は自分の命と引きかえに兵士や住民を救った。経家の子孫が，代々岩国藩で家老をつとめた。
兵庫県姫路市（ひめじ）	1600年に姫路城主・池田輝政（いけだてるまさ）の弟である池田長吉（いけだながよし）が鳥取城主に，1617年には池田光政（いけだみつまさ）が鳥取32万石の藩主となった。
福島県郡山市（こおりやま）	1880年から1887年にかけて，旧鳥取藩の士族が広谷原（こうやはら）（現郡山市喜久田町（きくた））に移住し，苦労の末，開拓事業を成し遂げた。
北海道釧路市（くしろ）	1884年から翌年にかけて，旧鳥取藩の士族が釧路に移住し，鳥取村を形成した。1949年に鳥取村は釧路市に合併された。

会話

> さとるさん：山口県岩国市と兵庫県姫路市は，どちらもお城に関連しているね。
>
> くみこさん：表を見ると，吉川経家と関係が深い岩国市と交流を深めているよね。鳥取県庁の近くにある久松山（きゅうしょうざん）に，かつての鳥取城の城跡が残っているよ。今度，(a)岩国市のある山口県に遊びに行ってみたいな。
>
> たえこさん：姫路城主と鳥取城主は同じ池田氏というつながりがあるよね。(b)池田長吉という人物について，もっと知りたいな。
>
> さとるさん：福島県郡山市と北海道釧路市は，どちらも旧鳥取藩の士族が移住したことが，姉妹都市のきっかけになったようだね。
>
> くみこさん：福島県といえば，（X）をおこなった松平定信が藩主をしていた白河（しらかわ）藩があったよね。知らない土地への移住は大変な苦労があっただろうね。
>
> たえこさん：釧路市のある北海道は，明治時代になるまでは(c)蝦夷地とよばれ，1869年に，北海道と改称されたのだよね。

⑴ 会話中の下線部(a)に関連して，くみこさんは山口県への旅行の計画を立てることにした。次のＡ～Ｄは，くみこさんが山口県に行って，訪れてみたいところである。次のページの各問いに答えなさい。

Ａ	Ｂ	Ｃ	Ｄ
源氏と平氏の最後の合戦の戦場となった壇ノ浦	東大寺の大仏創建時の原料となった銅がとれた銅山跡	学問の神様とされる菅原道真をまつる防府天満宮	大内氏が雪舟に命じてつくらせたと伝わる庭

①　B中の下線部に関係の深い天皇として，最も適切なものを，次の**ア〜エ**からひとつ選び，記号で答えなさい。

　　ア　天武天皇　　**イ**　推古天皇　　**ウ**　聖武天皇　　**エ**　天智天皇

②　C中の下線部の菅原道真が活躍した時代に置かれていた都の名称を答えなさい。

③　A〜D中の下線部のできごとや，人物が活躍した時代のうち，中世に関係の深いものをすべて選び，記号で答えなさい。

(2)　**会話**中の下線部(b)に関連して，**たえこさん**は，池田長吉について調べて，その結果を次の**レポート**にまとめた。あとの**文**は，**レポート**中の下線部の疑問について，**たえこさん**がさらに調べた結果，わかったことである。どのようなことがわかったと考えられるか。文中の（　**Y**　）にあてはまる適切な内容を答えなさい。

レポート

＜池田長吉についてわかったこと＞

●池田恒興（いけだつねおき）の３男。羽柴秀吉の養子となる。

●関ケ原の戦いでの功績により因幡鳥取藩主池田家の初代となる。

●右の現在の京都市伏見区「桃山（ももやま）」の地図に「桃山羽柴長吉東町」「桃山羽柴長吉西町」「桃山羽柴長吉中町」という地名が残っている。

「マピオン　京都市伏見区」より作成

＜調べてみて疑問に思ったこと＞

　京都市伏見区には，この他にも「桃山毛利長門西町（もうりながとにしまち）」「桃山井伊掃部東町（いいかもんひがしまち）」など，「桃山」と当時の武将に由来する「毛利」や「井伊」などの名前を入れた町名が多く見られた。なぜ　これらのような町名がつけられているのだろうか。

文

　　豊臣秀吉は，のちに桃山城とよばれた伏見城を築いた。現在の京都市伏見区に，「桃山」と当時の武将に由来する「毛利」や「井伊」などの名前を入れた町名が多く見られるのは，（　**Y**　）からである。

(3)　**会話**中の（**X**）にあてはまる**改革**として，最も適切なものを，次の**ア〜ウ**からひとつ選び，記号で答えなさい。また，（**X**）の**内容**として，最も適切なものを，あとの**エ〜カ**からひとつ選び，記号で答えなさい。

　（X）にあてはまる**改革**

ア　享保の改革　　**イ**　寛政の改革　　**ウ**　天保の改革

　（X）の**内容**

エ　参勤交代を軽減する代わりに，大名から米を献上させる上米の制を行った。

オ　物価の上昇を抑えるため，株仲間を解散させた。

カ　幕府の学校では，朱子学以外の儒学を禁止した。

(4)　会話中の下線部(c)に関連して，次のア～エのできごとを，古いものから順に並べ，記号で答えなさい。

ア　アイヌの人々はコシャマインを指導者として，本州の人々と衝突を起こした。

イ　間宮林蔵が蝦夷地を調査し，樺太が島であることを発見した。

ウ　アイヌの人々はシャクシャインを指導者として，松前藩と戦った。

エ　アメリカからクラークが来日し，札幌農学校ですぐれた人材を多く育てた。

問2　次の図1は，太平洋戦争中の空襲による都市別死者数を示している。あとの会話は，まゆみさんたちが図1をみながら話しているものである。あとの各問いに答えなさい。

図1

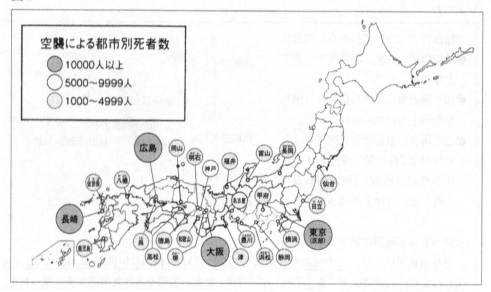

会話

まゆみさん：	全国各地で多くの方が空襲でなくなったのだね。空襲による都市別死者数を見ると，東京，大阪，広島，長崎が多いことが分かるね。
たかしさん：	東京や大阪は大都市だから多いのは分かるけど，広島や長崎はなぜ死者数が多いのかな。
まゆみさん：	どちらも1945年の8月に（　Ａ　）からだと思うよ。
たかしさん：	なるほど。他にも死者数が1,000人以上の都市の多くは，東海や瀬戸内に集中しているね。人口が多い地域ということ以外に理由があるのかな。
てつおさん：	そういえば，おばあちゃんから，鳥取からも瀬戸内に勤労動員として，多くの学生が働きに行ったと聞いたことがあるな。
まゆみさん：	勤労動員として人が集められていたのは，その地域には（　Ｂ　）が集まっていたからだと思うよ。当時は勉強したくても，学校で学べるような状況ではなかったのかもしれないね。

> **てつおさん**：そうだね。これまで日本と外国との間で，どのような戦いがあったのかな。江戸時代末期以降の外国とのおもな戦いについて，年表にしてまとめてみよう。

(1)　会話中の（A），（B）にあてはまる適切な内容をそれぞれ答えなさい。

(2)　会話中の下線部について，**てつおさん**は次の**略年表**を作成した。あとの各問いに答えなさい。

略年表

時代		外国とのおもな戦い
江戸	(a)1863年	長州藩が下関で外国船を砲撃する 薩摩藩がイギリス艦隊から砲撃される
明治	1894年 ↕ ア 1904年 ↕ イ	日清戦争が始まる 日露戦争が始まる
(b)大正	1914年	第一次世界大戦に参戦する
昭和	↕ ウ 1931年 ↕ エ 1937年 1941年	 満州事変が起こる 日中戦争が始まる 太平洋戦争が始まる

①　次の文は，**略年表**中の下線部(a)の時期のアメリカのようすを示したものである。文中の（C），（D）にあてはまる語句の組み合わせとして，最も適切なものを，あとの**ア〜エ**からひとつ選び，記号で答えなさい。

文

> （C）が行われており，北部の指導者は，合衆国の統一と奴隷の解放をめざす（D）であった。

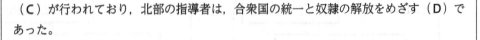

ア　（C）南北戦争　　（D）リンカン　　　　イ　（C）南北戦争　　（D）ワシントン

ウ　（C）独立戦争　　（D）リンカン　　　　エ　（C）独立戦争　　（D）ワシントン

②　**略年表**中の下線部(b)の時代には，大正デモクラシーといわれる風潮があった。この風潮と**直接関係がないもの**として，最も適切なものを，次の**ア〜エ**からひとつ選び，記号で答えなさい。

ア　吉野作造が民本主義を唱えた。

イ　護憲運動が起こり，普通選挙を求める声が高まった。

ウ　原敬が本格的な政党内閣を組織した。

エ　高度経済成長により人々の生活水準が高まった。

③　アメリカの呼びかけにより開かれたワシントン会議や，パリで結ばれた不戦条約など，世界が軍縮や平和の方向に向かった時期を含む期間として，最も適切なものを，**略年表**中の**ア**

～**エ**からひとつ選び，記号で答えなさい。

⑶ **略年表**に示した時代より後の日本の戦後復興について，**まゆみさん**たち3人は，学習したことを次の**図2**にまとめた。あとの各問いに答えなさい。

図2

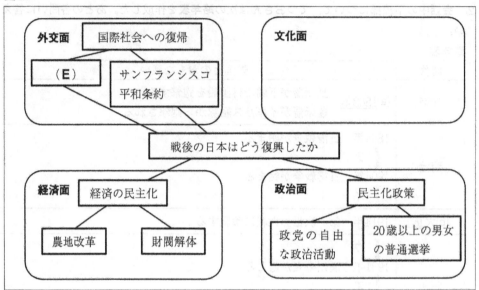

① 日本の国際連合への加盟のきっかけとなった，**図2**中の（**E**）にあてはまるものとして，最も適切なものを，次の**ア**～**エ**からひとつ選び，記号で答えなさい。

　ア 南京条約　　**イ** 日中平和友好条約　　**ウ** ポツダム宣言　　**エ** 日ソ共同宣言

② **図2**中の**文化面**として，最も適切なものを，次の**ア**～**エ**からひとつ選び，記号で答えなさい。

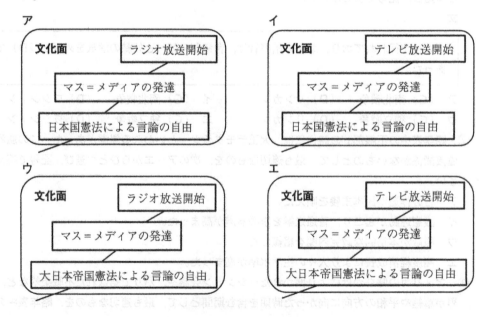

【問題3】

問1　次の**会話**は，**みちえさん**たちが2022年を振り返って話したものである。あとの各問いに答えなさい。

会話

> **みちえさん**：2022年も，国内外でいろいろなことがあったね。
>
> **ゆうたさん**：7月には国会議員を選ぶ選挙が行われたよ。国会は(a)日本国憲法によって，「国権の最高機関であって，国の唯一の立法機関である」と定められているよね。
>
> **たろうさん**：日本の選挙制度には，一人の候補者に投票する小選挙区制や，政党に投票する(b)比例代表制があるよね。
>
> **ゆうたさん**：7月の選挙では各政党が公約を公表して，(c)経済に関する政策や，(d)子育て支援のあり方など，さまざまな分野の意見を出していたね。
>
> **たろうさん**：11月の(e)国際連合のCOP27(国連気候変動枠組条約第27回締約国会議)では，地球規模で気候変動対策を話し合っていたね。
>
> **みちえさん**：わたしは，日本と外国との(f)貿易の問題が印象深かったよ。国内の政治や国際関係も，時代に合わせて大きく変化しているね。

(1)　**会話**中の下線部(a)に関連して，日本国憲法において保障されている自由権を，「**経済活動の自由**」，「**精神の自由**」，「**生命・身体の自由**」の3つに分類した場合，次の**A～C**は，3つの分類のどの自由のことをさしているか，その組み合わせとして，最も適切なものを，あとの**ア～カ**からひとつ選び，記号で答えなさい。

A　学問の自由　　**B**　職業選択の自由　　**C**　令状のない逮捕の禁止

	経済活動の自由	精神の自由	生命・身体の自由
ア	A	B	C
イ	A	C	B
ウ	B	A	C
エ	B	C	A
オ	C	A	B
カ	C	B	A

(2)　**会話**中の下線部(b)に関連して，右の**表**は，日本の比例代表制の選挙における，ある選挙区の投票結果を模式的に示したものである。日本の比例代表制の選挙では，当選者を決めるために，ドント式が用いられる。この選挙区から当選者を8人決めるものとした場合，**E**党に配分される議席数を答えなさい。ただし，**D～G**党のそれぞれの立候補者数は，等しく10人とし，立候補者数とは，各政党が提出した立候補者名簿に記載された人数を示すこととする。

表

政党名	得票数
D党	3800票
E党	2500票
F党	1800票
G党	3000票

(3)　**会話**中の下線部(c)に関連して，次の**図1**は，ものやサービスが自由に売買される市場における，ある商品の需要量，供給量，価格の関係を示したものであり，**図1**中の**X**，**Y**は，需要曲線か供給曲線のいずれかを示している。**図1**において，あとの**文1**のように需要の状況が変化したときの需要曲線の変化として，最も適切なものを，あとの**ア～エ**からひとつ選び，記号で答えなさい。ただし，供給の状況は変化しないものとする。

図1

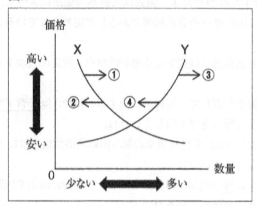

文1

　　ある商品について，おいしくて健康にも良いとテレビの情報番組で紹介された結果，購入する人が増えた。

ア　需要曲線である**X**は，**図1**中の①のように変化する。

イ　需要曲線である**X**は，**図1**中の②のように変化する。

ウ　需要曲線である**Y**は，**図1**中の③のように変化する。

エ　需要曲線である**Y**は，**図1**中の④のように変化する。

(4)　**会話**中の下線部(d)に関連して，次の**グラフ1**は，鳥取県における平成22年と平成27年の女性の年齢階級別の労働力率[*1]を示したものである。また，あとの**グラフ2**と**グラフ3**は，鳥取県における平成22年と平成27年の放課後児童クラブ[*2]の数と，病児・病後児保育施設[*3]の数をそれぞれ示している。**グラフ1**中の □ 部分において，平成27年の女性の労働力率が平成22年に比べて高くなっている理由として考えられることを，あとの**グラフ2**および**グラフ3**から読み取って説明しなさい。

　（**グラフ1**～**グラフ3**は次のページにあります。）

　　＊1　就業者と完全失業者を合わせた労働力人口が，15歳以上の人口に占める割合のこと。

　　＊2　保護者が放課後にいない家庭の児童などを預かるための場。

　　＊3　病気の子どもや，病気からの回復途中の子どもを預かる施設。

グラフ1

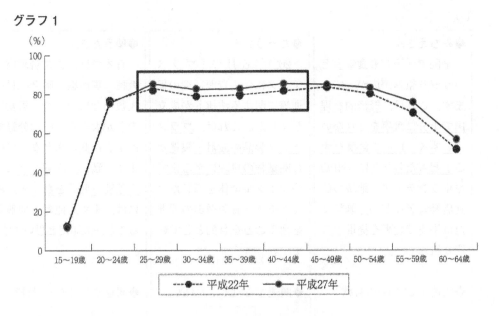

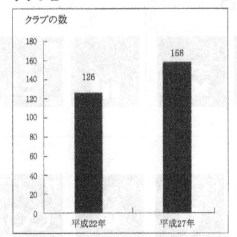

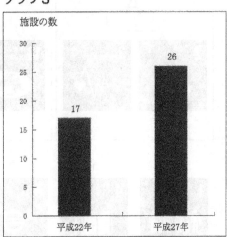

「鳥取県男女共同参画白書」，「鳥取県ホームページ」より作成

(5)　**会話**中の下線部(e)に関連して，国際連合はSDGsの目標を設定している。**たろうさんたち3人**は，令和4年に鳥取県が内閣府からSDGs未来都市に認定されたことに興味を持ち，SDGsについて，それぞれ次のページのように**レポート**にまとめた。**レポート**中の下線部に着目し，Ａ～ＣにあてはまるSDGsの目標として，最も適切なものを，あとの**ア〜カ**からひとつ選び，それぞれ記号で答えなさい。

レポート

◆みちえさん

　全国で「子ども食堂」という取り組みが広がっています。これは，<u>経済的な理由で十分に食事をとれない子どもや，1人で食事をする子どもたち</u>などに，NPOやボランティア，地域の飲食店経営者などが，無料または格安で食事を提供する取り組みです。

◆関連するSDGsの目標

A

◆たろうさん

　2021年6月に「プラスチックに係る資源循環の促進等に関する法律」が成立しました。これは，<u>プラスチック製品の設計・製造から廃棄物の処理に至るまで</u>のサイクル全体を通じたプラスチック資源循環の促進を図ることを目的としています。

◆関連するSDGsの目標

B

◆ゆうたさん

　日本では，経営管理職，教授，専門職，国会議員の人数などにおいて，男女間の差が大きく，政治分野では世界最低水準となっています。私は，<u>性別などによる差別や偏見をなくすため</u>には，まず，他者を理解することが大切だと思います。

◆関連するSDGsの目標

C

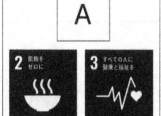

ア　　　　イ　　　　ウ　　　　エ　　　　オ　　　　カ

(6)　会話中の下線部(f)に関連して，次のページの図2と図3は，日本とアメリカが，商品Xと商品Yを貿易しているようすを模式的に示したものである。また，あとの文2は，外国為替相場が図2から図3に変化したことを説明したものである。文2中の（H）にあてはまる語句と，図3および文2中の（I）と（J）にあてはまる数字の組み合わせとして，最も適切なものを，あとのア～エからひとつ選び，記号で答えなさい。ただし，外国為替相場のみの変化であり，各国の所持金と商品の価格は変化しないものとする。また，図3および文2中の同じ記号には，同じ数字が入るものとする。

図2

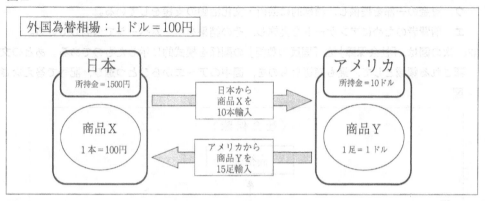

図3

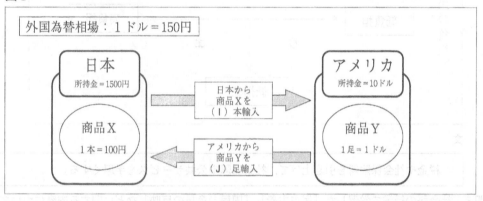

文2

> 　図2中の1ドル＝100円の外国為替相場が，図3中の1ドル＝150円の外国為替相場に変化することを，（ H ）という。図2から図3のように外国為替相場が変化した場合，図3のようにアメリカは日本から商品Xを（ I ）本輸入でき，日本はアメリカから商品Yを（ J ）足輸入できる。

	H	I	J
ア	円高・ドル安	15	10
イ	円高・ドル安	10	15
ウ	円安・ドル高	15	10
エ	円安・ドル高	10	15

問2　企業のはたらきと社会保障について，あとの各問いに答えなさい。

(1)　企業は利潤を追求するだけではなく，社会的な責任を果たす必要がある。企業の社会的責任の具体的な例の説明として，**適切ではないもの**を，あとのア〜エからひとつ選び，記号で答えなさい。

　　ア　年2回，春と秋の休日に，会社の周辺を清掃している。

　　イ　社員に不安を与えないよう，会社の経営に関する情報を公開しないことにしている。

　　ウ　資金の一部を提供し，積極的に芸術・文化活動の支援をしている。

　　エ　消費者のためにアンケートを実施し，その結果をホームページで公開している。

(2)　次の図は，「社会保障」と「国民の負担」の関係を模式的に示したものである。あとの文が分類される領域として，最も適切なものを，図中のア〜エからひとつ選び，記号で答えなさい。

図

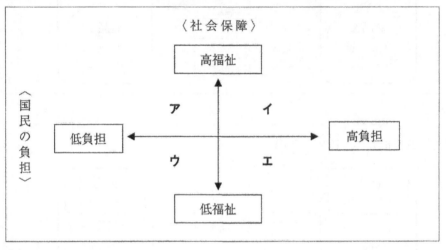

文

税金や社会保険料を引き上げて，社会保障や公共サービスを手厚くする。

問3　社会科の授業で学習した「民主主義」，「国民の意見の反映」などに関する内容について，こうたさんは図書館やインターネットで，さまざまな資料を集めた。あとの各問いに答えなさい。

(1)　次の図と文1は，国民の統治のあり方について示したものである。図中の（A）および文1中の（A）に共通してあてはまる語句を答えなさい。

図　　　　　　　　　　　　　　　文1

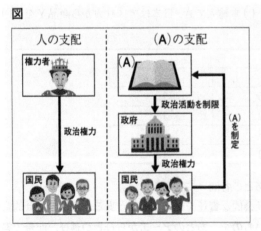

「人の支配」とは，国王や権力者が自分の思うままに権力を行使することであり，「（A）の支配」とは，誰にでも平等に適用される明確なルールに基づいて権力を行使することである。

(2)　次のページの表は，こうたさんが，日本国憲法第96条と国民投票法に規定されている憲法改正の手続きをまとめたものである。表中の（B）〜（D）にあてはまる語句の組み合わせとし

て，最も適切なものを，あとの**ア～エ**の中からひとつ選び，記号で答えなさい。ただし，**表**中の（**B**）には，同じ語句が入るものとする。

表

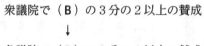

> 衆議院で（**B**）の３分の２以上の賛成
> 　　　　　↓
> 参議院で（**B**）の３分の２以上の賛成
> 　　　　　↓
> 国会が憲法改正を発議
> 　　　　　↓
> （**C**）の国民による国民投票で過半数の賛成
> 　　　　　↓
> （**D**）が国民の名において公布

	B	C	D
ア	出席議員	満20歳以上	天皇
イ	出席議員	満18歳以上	内閣総理大臣
ウ	総議員	満20歳以上	内閣総理大臣
エ	総議員	満18歳以上	天皇

⑶　次の**絵**は，日本の裁判員裁判のようすを模式的に示したものである。また，あとの**文２**は，こうたさんが裁判員制度を説明したものであるが，**文２**中の下線部①～④のうち，ひとつの番号の語句に**誤り**がある。**誤り**がある番号をひとつ選び，その語句を正しく書き直しなさい。

絵

文２

> 　日本の裁判員制度は，原則として，①６人の裁判員と，３人の裁判官が，②民事裁判を担当する。裁判員は，③裁判官と一緒に有罪か無罪か，有罪の場合は④刑の重さも決定する。

イ　伝える内容を間違えないために、原稿から目を離すことなく、淡々と正確に読む。

ウ　分かりやすい言葉を選び、相手に応じて、声の大きさや間の取り方を工夫する。

エ　聞き手にイメージを持たせるために、自分のペースで抑揚をつけず、一気に話す。

問四　【話し合いの一部】に「地域の活性化」とありますが、「地域の活性化」につながることとして、将来、あなたがしてみたいと思うことを、次の【条件】に従って、書きなさい。

【条件】

① 二段落構成とし、各段落の内容は次のとおりとする。

・第一段落には、「地域の活性化」につながることとして、してみたいと思うことを一つ取り上げて具体的に述べること。

・第二段落には、第一段落で取り上げた内容について、その理由を、自分の体験（見たことや聞いたことなども含む）を踏まえて書くこと。

② 解答欄の八行以上、十行以内でまとめること。

③ 原稿用紙の正しい使い方に従うこと。

域で行われている祭りの様子を、偶然、テレビで見たのですが、地域の方々の姿から、ふるさとを大切にする思いが伝わってきました。

Cさん：そうですね。祭りは地域の特色が出るものの一つですね。祭りを伝承したり、その様子を県内外の方に伝えたりすることによって、地域について広く知ってもらえるので、地域の活性化につながります。そして、地域の活性化は、社会のさまざまな課題解決にもつながるのではないかと思います。

Aさん：Dさんはどう思いますか。

Dさん：鳥取県の魅力を伝えるために、地域の祭りだけではなく、伝統的な文化についても紹介するのが良いと思います。また、それぞれの地域の方にインタビューし、地域に住む若い世代の人々に対する思いなどについても紹介するのはどうでしょうか。

Bさん：そうですね。地域の祭りや伝統的な文化とともに、地域の方の思いについても資料にまとめて紹介しましょう。

Cさん：いいですね。紹介をする際は、鳥取県の魅力が分かりやすく伝わるよう、話し方に気をつけることも大切ですね。

Aさん：では、ここまでの話し合いの内容を踏まえて、私たちのグループは、交流授業で、地域の祭りを含めた伝統的な文化について紹介するということでよいでしょうか。

（以下、話し合いは続く）

問一　【話し合いの一部】において、Aさんがおこなったことを説明したものとして、最も適切なものを、次のア〜エから一つ選び、記号で答えなさい。

ア　話し合いの中で他者と自分の意見とを比べて、相違点を提示している。

イ　話し合いが目的に応じて効率よく進行するように発言を促している。

ウ　話し合う目的を何度も確認して、話し合う方向性を明確にしている。

エ　話し合いによって課題解決ができるように集めた資料を整理している。

問二　【話し合いの一部】において、Dさんの発言の特徴を説明したものとして、最も適切なものを、次のア〜エから一つ選び、記号で答えなさい。

ア　BさんとCさんの発言の内容を簡潔に整理して、何度も繰り返し説明したうえで、話し合いの目的や意義を再確認している。

イ　BさんとCさんの発言の内容の問題点を指摘し、自分の意見との違いを明らかにしたうえで、解決策を補足している。

ウ　BさんとCさんの発言の内容を確認したうえで、自分の意見と友だちの意見との共通点と相違点を明確に提示している。

エ　BさんとCさんの発言の内容に意見を加えたうえで、ふるさとの魅力を伝えるために必要な情報収集の方法を提案している。

問三　【話し合いの一部】において、「話し方」とありますが、その話し方として、最も適切なものを、あとのア〜エから一つ選び、記号で答えなさい。

ア　本で調べたことだけを原稿にまとめて大きな声で何度も強調して、印象づける。

画はとつて予が師とし、風雅は教へて予が弟子となす。されども、
画においては
師が画は精神徹に入り、*筆端妙をふるふ。その*幽遠なるところ、
予が3見るところにあらず。予が風雅は*夏炉冬扇のごとし。
衆にさかひて用ふるところなし。　（『許六離別の詞（柴門の辞）』による）
人々の好みに反して

（*注）　一日…ある日。　草扉・草庵。　閑談…静かな語らい。
風雅…俳諧。　筆端…筆の運び、または筆で描いたもの。
幽遠…奥深い。　夏炉冬扇…役に立たないもの。

問一　「1去年」は、現代文では「きょねん」と読みますが、古文では
何と読みますか。ひらがなで書きなさい。

問二　「2学ぶこと二つにして、用をなすこと一なり」を説明したもの
として、最も適切なものを、次のア～エから一つ選び、記号で答え
なさい。

ア　学ぶことの画と俳諧の二つのうち、一つは人生では全く役に立
たないものである。

イ　学ぶことは画と俳諧の二つであるが、結果的に一つにつながっ
ていくものである。

ウ　学ぶことは画と俳諧の二つであるが、必ず一つを選ばないとい
けないものである。

エ　学ぶことの画と俳諧の二つのうち、特に一つを大事に扱う必要
があるものである。

問三　「3見るところにあらず」とありますが、その意味として、最も
適切なものを、次のア～エから一つ選び、記号で答えなさい。

ア　理解できる範囲にない　　イ　素晴らしいとは思わない
ウ　見るに値しない　　エ　知ろうとは思わない

問四　本文の内容と一致するものとして、最も適切なものを、次のア
～エから一つ選び、記号で答えなさい。

ア　筆者にとって許六は短い付き合いだったため、あまり深い関係
には至らなかった。

イ　筆者の画は過度に技巧が凝らされて、許六にとってその良さが
理解できなかった。

ウ　筆者は弟子である許六の画のすばらしさを、自分の俳諧以上に
高く評価していた。

エ　筆者は俳諧と画の才能に優れていたため、許六は画の技術や精
神を教わっていた。

【問題五】　鳥取県内のある中学校の三年生が、県外のある中学校の
三年生との交流授業で、グループごとにそれぞれの県の「ふるさと
の魅力」について紹介し合います。次は、Aさんたちのグループが、
鳥取県の魅力を紹介するために、事前におこなった【話し合いの一
部】です。これを読んで、あとの問いに答えなさい。

【話し合いの一部】

Aさん：それでは、まず、私たちのグループが、何について紹介
するかを決めましょう。皆さんが鳥取県の魅力として紹
介したいものは、何ですか。

Bさん：私が鳥取県の魅力として紹介したいものは、県内各地で
行われている地域の祭りです。それぞれの地域で、その
地域特有の祭りが行われています。この夏、私が住む地

ウ　であるということ。
自分たちの活動の目的は、秀(ひい)でた才能の持ち主を探し出すこと
であるということ。

エ　自分たちの活動の目的は、皆で仲良く作品作りに向かうこと
であるということ。

問六　「⁵僕はガクッとうなだれそうになった」とありますが、これは
どのような気持ちを表していますか。「正也の思い」という語を必
ず用いて、三十五字以内で説明しなさい。

問七　本文の構成や表現について説明したものとして、最も適切なも
のを、次のア〜エから一つ選び、記号で答えなさい。

ア　登場人物の言葉に、「東京に行かれないかも」や「行けたした」
などのくだけた表現を用いることによって、自分の思いを率直
に伝え合い、お互いに自分を正当化しようとする高校生の内面
を表現している。

イ　主人公「僕」の視点から他の部員たちの様子を丁寧に描いて物
語を展開させることで、放送部員として作品に向き合う意味に
気づくとともに、主人公「僕」が正也への理解を深めていく様
子を描いている。

ウ　真剣に作品と向き合う正也とは対照的に、真剣味に欠ける先輩
たちの姿を明るく描くことで、本音を見せることなくうわべだ
けの人間関係を築こうとする高校生たちの姿を読者へ効果的に
印象づけている。

エ　同じ部活動の中でも立場が異なるそれぞれの登場人物の視点か
ら場面を描くことによって、物語をテンポよく展開させるとと
もに、一つの出来事に対して多面的な解釈が可能であることを
提示している。

（出典：谷川俊太郎、三田誠広、池田晶子　ほか著
『目で見るものと心で見るもの』による）

【問題三】※問題に使用された作品の著作権者が二次使用の許可を
出していないため、問題を掲載しておりません。

【問題四】次の文章を読んで、あとの問いに答えなさい。

松尾芭蕉の、弟子の一人である森川許六が故郷に帰る際に、松尾芭蕉が
贈った別れの詞の一部である。

　¹去年の秋、かりそめに面(おもて)を合はせ、今年五月(さつき)の初め、深切に別れ
を惜しむ。その別れに臨みて、*一日(ひとひ)*草扉(そうひ)をたたいて、終日*閑談
をなす。

　その器(うつはもの)、画を好む。*風雅を愛す。予こころみに問ふことあり、画
は何のため好むや。風雅のため好む、といへり。風雅は何のため愛す
や。画のため愛す、といへり。その²学ぶこと二つにして、用をなす
こと一(いつ)なり。まことや、君子は多能を恥づ、といへれば、品二つにし
て、用一なること、感ずべきにや。

の、あらゆる長所を吸収して、短所でさえも自作のことのように真剣
に捉えて、次の作品に反映させることができるはず。白井さんが行け
ば、時間が許す限り、他の部門の見学もして、来年のための傾向と対
策を分析してくれるはず。町田くんや久米さん、他の二年生、誰が行っ
ても、来年のための何かを得て帰ってくる。そんなチャンスを、私た
ちは譲ってもらったの。私たちはJコンを、少なくとも、Jコンでオ
ンエアされた『ケンガイ』を、ここに持ち帰らなきゃならない。それ
が無理だと思うなら、五人の枠すべてを、後輩たちに譲ろう」

結局、Jコンには三年生の先輩たち五人が行くことになった。

（湊かなえ『ブロードキャスト』による）

（＊注）
ラグビー部先輩とミドリ先輩…放送部の二年生部員。「シュウサイ先輩」、
　　　「白井先輩」も同様。
シュウサイ先輩の提案…全国大会に出場する代表五名を誰にするかという
　　　話し合いの場での、「二年生三人で確定して、残り
　　　二枠をくじ引きでもして決めればいいんじゃない
　　　ですか？」という提案。
JBK…全国大会の会場であるテレビ局の名称。ここではJBKホールの
　　　こと。
慮る（おもんぱか）…よくよく考えること。

問一　□　にあてはまる表現として、最も適切なものを、次のア〜エ
　　　から一つ選び、記号で答えなさい。
　ア　□答えする
　イ　□ごもる
　ウ　□ずさむ
　エ　□を割る

問二　「1『ケンガイ』を置き去りにした東京行き」とありますが、こ
　　　れを具体的に言い換えた部分を、これよりあとの本文中より十二字
　　　で抜き出して書きなさい。

問三　「2ニッと笑う」とありますが、この時の正也の心情を説明した
　　　ものとして、最も適切なものを、次のア〜エから一つ選び、記号
　　　で答えなさい。
　ア　東京行きの話題からみんなの関心が薄れたことで場の雰囲気が
　　　穏やかになったため、安心している。
　イ　自分の作品の良さをみんなに認められて、脚本を書く自分の才
　　　能に自信を持ち、強気になっている。
　ウ　話題が「自分のこと」から「自分の作品」に移り、気まずさか
　　　ら解放された気持ちになっている。
　エ　自分の作品や他の作品について、期待していた率直な意見交換
　　　ができたことに喜びを感じている。

問四　「3神妙な面持ち」とありますが、その意味として、最も適切な
　　　ものを、次のア〜エから一つ選び、記号で答えなさい。
　ア　疑わしげな表情
　イ　気難しい表情
　ウ　かしこまった表情
　エ　無邪気な表情

問五　「4大切なこと」とありますが、これはどのようなことを表して
　　　いますか。最も適切なものを、あとのア〜エから一つ選び、記号で
　　　答えなさい。
　ア　自分たちの活動の目的は、さらに良い作品を作りあげることで
　　　あるということ。
　イ　自分たちの活動の目的は、本音で語り合える関係性を築くこと

正也はそう言って、ニッと笑った。そのまま、右手の人差し指で鼻の頭をポリポリとかく。僕には、正也が自分自身を納得させようとがんばっているようにしか思えない。

「えっ！」

「あと、『ケンガイ』は僕の採点では、三位でした」

月村部長が声を上げた。僕も驚いた。「ミッション」のあとの反応を見て、正也もこれには負けたと思っているかもしれない、とは想像できたけど、三位とは？

「一位は『ミッション』、二位は『告白シミュレーション』。実際の順位が、六位と七位なのは信じられないけど、だからこそ、コンテストの順位よりも大事なものがあるんじゃないかと、大会後からずっと考えてます」

「『ミッション』は僕もゾワッときたけど、『告白シミュレーション』が『ケンガイ』より上なポイントって？」

体をひねって振り返り、正也に訊ねた。

「圭祐、声出して笑ってたじゃん。俺も笑ったし、会場の至るところから笑い声が上がってた。俺は、あんなに笑わせる脚本を書ける自信は、今のところない。ほら、一般的によく言われてるじゃん。泣かせるよりも笑わせる方が難しいって」

「そうか……。ギャグやダジャレが出てくるわけでもないのに、おもしろかったよな」

僕は頷きながら、自分は誰かを笑わせたことがあるだろうか、と考えてみた。記憶にない。なるほど、確かに難しい。

「でも、正也。僕は『ケンガイ』の方がおもしろかった。おもしろいっていうイコール、笑えるじゃないと思うから」

頷きながらも、これだけは伝えなければならないと思った。正也が

2

ニッと笑う。鼻の頭はかいていない。

「宮本くん、本当にいいの？」

月村部長が 3 神妙な面持ちで訊ねた。

「はい。全国大会には、三年生の先輩たちで行ってきてください。僕は今日、こういう話じゃなく、『ケンガイ』や他の作品の話を、先輩たちとできることを期待していました」

さらりと放たれた正也のひと言に、部長は殴られたかのように顔をゆがめ、俯いた。

部長は部長なりに正也のことを＊慮り、自分が引いて正也を行かせる、という苦渋の決断をしたのかもしれないけれど、それでも 4 大切なことは見えていなかった。

何をしに全国大会へ行くのか。

Ｊコンは、田舎の高校生のご褒美旅行のために開催されるのではない。

「ありがとう、宮本くん……」

アツコ先輩が目を真っ赤にして、鼻をぐすぐすとすすりながら言った。先輩たちにも、正也の思いは伝わったようだ。

「お土産買ってくるからね」

続いたヒカル先輩の言葉に、 5 僕はガクッとうなだれそうになった。ほおづえをついていなくてよかった。何にも届いていない……。こんな人たち放っておいて、僕たちで東京に行こう。そう叫んでやろうか。

「そういうことじゃないでしょう！」

月村部長が自分の同級生たちの方を向き、言い放った。白井先輩よりも迫力のある、腹の底にドカンと響く声だ。

「宮本くんがＪコンに行けば、全国から集まったラジオドラマ作品

とミドリ先輩も立ち上がり、中途半端に残したケーキの皿をテーブルに置いたまま、放送室を出て行った。

＊シュウサイ先輩の提案は僕が一番理想とするものだけど、三年生の先輩たちが簡単に受け入れるとは思えない。

アツコ先輩、ヒカル先輩、ジュリ先輩、スズカ先輩が、無言のまま、どうするの？

と訊ねるような顔を月村部長に向けた。部長は少し空に目を遣り、意を決したような表情で口を開いた。

「私の代わりに、宮本くん、行ってくれないかな」

えっ、と三年生四人だけでなく、僕も驚きの声を上げてしまった。

「私、実は、お兄ちゃんに＊JBKに連れて行ってもらったことがあるの。だから……」

「だけど……」

部長が　　　　　。確かに、僕も＊白井先輩も三年生の先輩たちも、正也の気持ちを確認していたわけじゃない。

「やめてください！」

正也は静かに、だけど、力強く遮った。

「僕、東京に行きたいなんて、一度も言っていませんけど」

正也は月村部長にまっすぐ向き合った。

「そりゃあ、何人でも参加可能なら、喜んで行くけれど、他に行きたい人を蹴落としてまで、とは思ってません。だから、くだらない言い争いを、宮本のために、なんていう理由で続けるのなら、今すぐやめてください」

「でも、いいの？本当に」

「僕は東京に行くために『ケンガイ』を書いたんじゃありません。どうしても伝えたい思いがあって、それを応募作として物語にする機会

をもらえたから書いたんです。もちろん、それが県大会の予選を通過して、決勝で二位になって、全国大会に行けることになったのは、夢みたいに嬉しかった。だけど、その嬉しさは物語が多くの人に伝わって、もっと多くの人に聴いてもらえるチャンスを得たことに対してで、決して、東京に行けるからじゃない」

正也は落ち着いた口調で語ってはいるけれど、僕は正也の言葉の中に、怒りや悲しみを感じる。そして、僕自身も物語に本当の意味で向き合っていなかったことに、気付かされる。

東京に行かれないのは東京に行くからじゃない。

そんなことを気遣って、正也に連絡を取らなかったのがその証拠だ。大会終了後、普通に作品の話をすればよかったのだ。「ケンガイ」のこと、他校の作品のこと。

この場でだって、ケーキを食べながら、純粋に「ケンガイ」が評価されたことを喜び合い、反省会をすればよかったのだ。

なのに、みんなの頭の中には東京に行くことしかなかった。1[ケンガイ」を置き去りにした東京行きなんて、正也にとっては何の価値もないのかもしれない。

それでも……。本当に東京に行かなくてもいいのか？とまだ思ってしまう。全国から集まった高校生が「ケンガイ」を聴いているときの顔を、見たくはないのか？と。

「それに……」

正也は続けた。

「今年は、僕、行っちゃいけないような気がするんです。ビギナーズラックであっさり目標をクリアしてしまうと、来年、再来年、行き詰まったときに、まあいいや、って思ってしまいそうなんですよね。とりあえず、一回、行けたしって」

〈国語〉

時間　五〇分　満点　五〇点

【注意】　【問題一】から【問題五】において、答えに字数制限がある場合には、句読点やその他の符号も字数に数えることとします。

【問題一】　次の各問いに答えなさい。

問一　次の（1）～（4）の傍線部について、漢字は読み方をひらがなで、カタカナは漢字に直して、それぞれ楷書で丁寧に書きなさい。

（1）夕日に映える。

（2）逐次説明する。

（3）ワズラワシイ作業。

（4）情報のカクサンを防ぐ。

問二　次の行書で書かれた漢字A～Dを楷書で書いたとき、同じ総画数になる組み合わせとして、正しいものを、次のア～カから一つ選び、記号で答えなさい。

A　紺　B　敢　C　港　D　蒸

ア　AとB　イ　AとC　ウ　AとD
エ　BとC　オ　BとD　カ　CとD

問三　「台所」のように、上の漢字を音、下の漢字を訓で読む熟語として、正しいものを、次のア～エから一つ選び、記号で答えなさい。

ア　雨具　イ　番組　ウ　果物　エ　手本

問四　次の文について、用いられている品詞の組み合わせとして、正

しいものを、あとのア～エから一つ選び、記号で答えなさい。

おそらく来られない。

ア　副詞＋動詞＋助動詞＋形容詞
イ　動詞＋動詞＋助動詞＋助動詞
ウ　副詞＋動詞＋助動詞＋助動詞
エ　動詞＋形容詞＋助動詞＋助動詞

問五　『論語』に「知之者、不如好之者。好之者、不如楽之者。」という一節があります。この一節の、「好之者、不如楽之者。」の書き下し文「之を好む者は、之を楽しむ者に如かず。」に従って、返り点を正しくつけたものを、次のア～エから一つ選び、記号で答えなさい。

ア　好 $_レ$ 之 $_二$ 者、不 $_レ$ 如 $_二$ 楽 $_レ$ 之 $_一$ 者 $_一$。

イ　好 $_レ$ 之 $_一$ 者、不 $_レ$ 如 $_レ$ 楽 $_レ$ 之 $_二$ 者 $_一$。

ウ　好 $_レ$ 之 $_一$ 者、不 $_レ$ 如 $_二$ 楽 $_レ$ 之 $_一$ 者 $_二$。

エ　好 $_二$ 之 $_一$ 者、不 $_レ$ 如 $_二$ 楽 $_レ$ 之 $_一$ 者 $_一$。

【問題二】　次の文章を読んで、あとの問いに答えなさい。（出題の都合上、本文を一部改めた箇所がある）

全国高校放送コンテスト（Jコン）にむけて作成したラジオドラマ「ケンガイ」が、県大会で入賞し、東京で開催される全国大会への出場が決定した。全国大会に出場する代表五名の選出について、放送部の二、三年生の先輩たちと一年生の宮本正也と主人公「僕」が話し合っている場面である。

じゃあ、が示し合わせた合図だったかのように、＊ラグビー部先輩

大切なことはメモしておこうネ！

2023年度

解 答 と 解 説

《2023年度の配点は解答用紙集に掲載してあります。》

＜数学解答＞

【問題1】 問1　(1)　-4　　(2)　$-\dfrac{3}{4}$　　(3)　$5\sqrt{2}$　　(4)　$2x+1$　(5)　$-6xy^2$

問2　$(x-1)(x-2)$　　問3　$x=\dfrac{1\pm\sqrt{13}}{6}$　　問4　10　　問5　$\angle x=50$度

問6　$\dfrac{5}{8}$　　問7　$n=42$　　問8　(1)　ア　$2n+2$　　イ　4　　(2)　ウ

(例)どちらか一方が偶数である　　問9　解説参照　　問10　(1)　a　イ　　b　エ

(2)　c　ウ　　d　カ　　(3)　e　1組の辺とその両端の角

【問題2】 問1　クラス　3組　　四分位範囲　5冊　問2　エ　　問3　(1)　ウ

(2)　2組　　(3)　6冊

【問題3】 問1　16時12分　　問2　(1)　(例) $\begin{cases} a+b+2=15 \\ 50a+75b=900 \end{cases}$

(2)　150m　　(3)　3回　　(4)　$\dfrac{8}{5}$分

【問題4】 問1　$2\sqrt{15}$cm　　問2　$\dfrac{4\sqrt{15}}{15}$cm　　問3　(1)　12πcm^2　　(2)　$4\sqrt{5}$ cm

【問題5】 問1　(1)　($x=2$のとき)$y=2$　　($x=6$のとき)$y=12$　　(2)　$y=\dfrac{1}{2}x^2$　　(3)　イ

問2　ア　$x-4$　　イ　x　　ウ　$2x$　　問3　$S_1:S_2=1:1$

＜数学解説＞

【問題1】　(小問群―数と式の計算，根号を含む計算，文字式の四則計算，因数分解，二次方程式，
　　　　　変化の割合，円の性質と角度の求値，約数の性質と確率，根号の利用とその性質，文字式
　　　　　を利用した証明，作図，平行四辺形の性質を利用した証明)

問1　(1)　$-6-(-2)=-6+2=-4$

(2)　$-\dfrac{2}{3}\div\dfrac{8}{9}=-\dfrac{2}{3}\times\dfrac{9}{8}=-\dfrac{3}{4}$

(3)　$6\sqrt{2}-3\sqrt{2}+2\sqrt{2}=5\sqrt{2}$

(4)　$8x+4-6x-3=2x+1$

(5)　$-\dfrac{3xy\times2x^3y^2}{x^3y}=-\dfrac{6x^4y^3}{x^3y}=-6xy^2$

問2　足して-3，掛けて2になる2つ数字は-2と-1なので，$x^2-3x+2=(x-2)(x-1)$

問3　$3x^2-x-1=0$に二次方程式の解の公式を用いて，$x=\dfrac{-(-1)\pm\sqrt{(-1)^2-4\times3\times(-1)}}{2\times3}=$
$\dfrac{1\pm\sqrt{13}}{6}$

問4　変化の割合は，(yの増加量)$\div$(xの増加量)で求めることができるので，$\dfrac{32-2}{4-1}=\dfrac{30}{3}=10$

問5　線分ACは円Oの直径なので，$\angle ADC=90°$　また，円周角の定理より，$\angle ADB=\angle ACB=$
$40°$であることから，$\angle x=90°-40°=50°$

問6　24の約数は{1, 2, 3, 4, 6, 8, 12, 24}であるが，問題の条件から作れるのは2と3と4と6と8のみ。よって，玉の取り出し方は，$a+b=2$のとき，$(a, b)=(1, 1)$の1通り。$a+b=3$のとき，$(a, b)=(1, 2)$，$(2, 1)$の2通り。$a+b=4$のとき，$(a, b)=(1, 3)$，$(2, 2)$，$(3, 1)$の3通り。$a+b=6$のとき，$(a, b)=(2, 4)$，$(3, 3)$，$(4, 2)$の3通り。$a+b=8$のとき，$(a, b)=(4, 4)$の1通り。以上，合計$1+2+3+3+1=10$(通り)ある。そもそも，箱から玉を取り出す方法は全部で$4×4=16$(通り)あるので，求める確率は$\dfrac{10}{16}=\dfrac{5}{8}$

問7　1辺の長さは$\sqrt{168n}=2\sqrt{42n}=2\sqrt{2×3×7×n}$なので，これを整数にする最小の自然数$n$の値は，$n=2×3×7=42$

問8　(1)　ア　小さい方を$2n$とした連続する2つの偶数は$2n$，$2n+2$である。　イ　$2n×(2n+2)=4n(n+1)$

(2)　ウ　連続する2つの整数n，$n+1$は「いずれか一方が偶数である」ので，その積は偶数といえる。また，ウには「一方が偶数で，もう一方が奇数である」などを入れてもよい。

問9　線分ABの中点と点Cを結べば三角形の面積は二等分されることから，線分ABの垂直二等分線を引き，それと線分ABの交点をDとすればよい。

問10　(1)　平行線の錯角は等しいので，AB//DCから∠OAP＝∠OCQ，∠OPA＝∠OCQがいえるが，問題の流れに合うように，bにはエを入れればよい。

(2)　平行四辺形の対角線はそれぞれの中点で交わることから，OA＝OC，OB＝ODがいえるが，問題の流れから，dにはOA＝OCが入ることがわかる。

(3)　△OAPと△OCQにおいて，1組の辺とその両端の角が等しいことから合同といえる。

【問題2】　(資料の整理・標本調査—箱ひげ図，代表的な値，ヒストグラム，相対度数，平均値)

問1　四分位範囲は，「第3四分位数−第1四分位数」で求めることができるので，1組は$8-4=4$(冊)，2組は$7-3=4$(冊)，3組は$9-4=5$(冊)，4組は$8-4=4$(冊)となり，最も大きいのは3組で5冊。

問2　最小値，第1四分位数，中央値，第3四分位数，最大値のすべてのメモリが一致しているのはエとなる。

問3　(1)　最小値が2なので，イかウのどちらか。第3四分位数が8なので，冊数の多い方から8番目が8冊の所に属していればよいことから，ウ。

(2)　クラスの生徒が30人の場合，相対度数0.2なら$30×0.2=6$(人)となる。7冊の階級が6人となっているのは，ヒストグラムから，ア。アは最小値が1，最大値が10なので，表より2組とわかる。

(3)　4組のヒストグラムは，エであるので，その平均値は，$(1+2+3×2+4×4+5×4+6×6+7×4+8×4+9×2+10+11)÷30=6$(冊)

【問題3】　(関数とグラフ，方程式の応用—ダイヤグラムの読み取りと利用，連立方程式の応用，1次関数のグラフの利用)

問1　ダイヤグラムより1往復で6分かかっているので、2往復で12分かかる。したがって，16時12分。

問2　(1)　時間についての式を立てると，遅れて出発した2分と学校から時計店までのa分と時計店から公園までのb分を合わせて15分なので，$2+a+b=15$　また，進んだ距離について式を立てると，分速50mでa分，分速75mでb分進めば学校から図書館までの900mとなるので，

$50a+75b=900$

(2)　(1)の連立方程式を解くと，$a=3$，$b=10$
となる。したがって，学校から時計店まで
の距離は，分速50mで3分進んだ距離と同じ
なので，$50×3=150$(m)

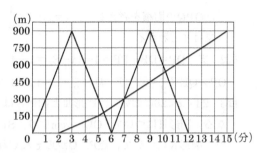

(3)　じょうじさんのグラフの続ときょうこ
さんのグラフを書き足したものが右図のよ
うになる。これより，3回交わっている。

(4)　16時x分の学校からの距離をymとして式で表すことにする。$3≦x≦6$において，じょうじ
さんのグラフは，$y=-300x+1800$…①　また，$5≦x$においてきょうこさんのグラフは$y=75x$
-225…②　①，②よりyを消去して解くと，$-300x+1800=75x-225$　$x=\dfrac{27}{5}$より，16時$\dfrac{27}{5}$
分に初めてすれ違う。その後，$6≦x≦9$において，じょうじさんがきょうこさんを追い越すのは，
グラフより16時7分とわかる。したがって，求める時間は$7-\dfrac{27}{5}=\dfrac{8}{5}$(分)

【問題4】　(空間図形—円錐と球，三平方の定理と線分の長さの求値，相似な図形の利用，円錐台 の側面積，円錐の展開図の利用)

問1　直角三角形ABCにおいて三平方の定理より，$AC^2=8^2-2^2=$
$64-4=60$　よって，$AC=\sqrt{60}=2\sqrt{15}$(cm)

問2　$△ABC∽△AOM$より，対応する辺の比は等しいので，AC：
AM=BC：OM　よって，$2\sqrt{15}:4=2:OM$　$2\sqrt{15}OM=8$
$OM=\dfrac{8}{2\sqrt{15}}=\dfrac{4\sqrt{15}}{15}$(cm)

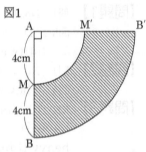

問3　(1)　円錐Pの展開図を考えると，側面のおうぎ形の部分の中心
角は，$360°×\dfrac{2×2×\pi}{8×2×\pi}=90°$　この図を用いると，立体Qの側面
は右図1の斜線部と同じである。よって，求める面積は，
$8^2×\pi×\dfrac{90}{360}-4^2×\pi×\dfrac{90}{360}=12\pi$ (cm²)

(2)　(2)と同じく円すいPの展開図を考えればよい。右図2よ
り，直線BMと直線DEの交点がAであり，$∠MAE=90°$な
ので，△AMEにて三平方の定理より，$ME^2=AM^2+AE^2=$
$4^2+8^2=80$　$ME=\sqrt{80}=4\sqrt{5}$ (cm)

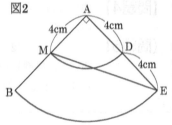

【問題5】　(関数の応用—動点と三角形の面積，面積の変化と関数・グラフの利用)

問1　(1)　$x=2$のときOP=OQ=2(cm)，$∠POQ=90°$で，
△OPQは直角二等辺三角形となり，$y=2×2×\dfrac{1}{2}=2$
$x=6$のとき，OQ=6cmでこれを底辺と考え，点Pから
線分OQに下ろした垂線の長さは4cmでこれを高さと考
えると，$y=6×4×\dfrac{1}{2}=12$

(2)　$0≦x≦4$のとき，OP=OQ=$x$cmで，$∠POQ=90°$で，
△OPQは直角二等辺三角形である。したがって，$y=x×$
$x×\dfrac{1}{2}=\dfrac{1}{2}x^2$

(3)　$4≦x≦12$においては，右図のようになっており，

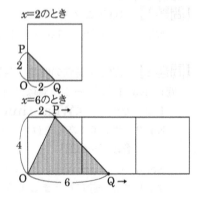

△OPQの面積を考えると，$y=x\times4\times\dfrac{1}{2}=2x$ 傾きが1より大きい直線であることから，グラフはイとわかる。

問2 ア DP＝DB＋PB＝4＋$(x-8)=x-4$ イ OR＝OE＋EQ＝x ウ $y=$OR×DP×$\dfrac{1}{2}-$OR×QE×$\dfrac{1}{2}=x\times(x-4)\times\dfrac{1}{2}-x\times(x-8)\times\dfrac{1}{2}=2x$

問3 $24<x<28$において，図形Ⅲと図形Ⅳは右図のようになる。図形Ⅲについて，OQ＝$x$cmより，$S_1=x\times4\times\dfrac{1}{2}=2x$ 図形Ⅳについて，点P，Qからそれぞれ線分ORに下ろした垂線をPI，QJとすると，PI＝12＋$(x-24)=x-12$，QJ＝8＋$(x-24)=x-16$となるので，$S_2=$△OPR－△OQR＝$x\times(x-12)\times\dfrac{1}{2}-x\times(x-16)\times\dfrac{1}{2}=2x$ よって，$S_1:S_2=2x:2x=1:1$とわかる。

図形Ⅲ

図形Ⅱ

＜英語解答＞

【問題1】 問1 No. 1 イ No. 2 ア No. 3 エ 問2 No. 1 イ No. 2 エ
問3 (1) ウ→ア→エ→イ (2) ウ 問4 ① (例)improve
② (例)twice[before] ③ (例)I like watching sports better(.)

【問題2】 問1 No. 1 time No. 2 for No. 3 It 問2 No.1 ウ No.2 ア
問3 They were made

【問題3】 問1 ① (例)What did you do(?) ② (例)How many cats does he
have(?) 問2 (例)It is difficult for my grandmother to carry
heavy things, so I want a robot that will help her.

【問題4】 問1 (1) イ (2) ① ア ② ウ 問2 エ 問3 (1) ウ
(2) イ

【問題5】 問1 ウ 問2 ア 問3 エ 問4 (例)stop 問5 (例)トムさんの話を
聞いて，挑戦し続けることが大切だと気付き，不安な気持ちが前向きになった(から。) 問6 (例)he made the pears an important local fruit in Tottori.

＜英語解説＞

【問題1】 （リスニング）

放送台本の和訳は，72ページに掲載。

【問題2】 （文法・語句の問題：名詞，前置詞，代名詞，不定詞，受け身など）

問1 No. 1 ジョージ：君は今日，<u>何時に</u>起きたの？／エミ：7時30分よ。今朝は学校に遅刻してしまったの。 **＜What time ～?＞**「何時に～？」

No. 2 サチエ：あなたはどのくらい鳥取に住んでいるの？／ダニエル：僕はここに5年<u>間</u>いるよ。 **for**「～の間」

No. 3 ヘンリー：見て！ あの山はきれいだよ。／キミコ：うん。それに登ることも楽しいわよ。いつか一緒に行きましょう。 **＜It is … to ～＞**「～することは…である」

問2　No. 1 「私は昨日このコンピュータを買ったのですが，それが<u>作動</u>しないんです。私はどう
するべきでしょうか？」　**work**「働く，（機械などが）作動する，機能する」

　　No. 2 「私は今度の夏に<u>どこに行くべきか</u>決めました。私は海で泳ぐために沖縄へ行くつもりで
す。」　**where to ～**「どこに[で]～するべきか」

問3　マット：君はとてもすてきなカップを持っているね。／はるき：ありがとう。僕は去年これ
らのカップを買ったんだ。　<u>それらは僕の町の有名な芸術家によって<u>作られた</u>んだよ。</u>
<u>**They were made** by a famous artist in my town.</u>　<**be** 動詞＋動詞の過去分詞形＋
by …>「…によって～されている[～された]」

【問題3】　(条件英作文)

[絵1]　中山先生　　　：こんにちは，マイケル先生。週末はいかがでしたか？
　　　　マイケル先生：よかったです！

[絵2]　中山先生　　　：(①(例)あなたは何をしたのですか？)
　　　　マイケル先生：私は土曜日にコンサートへ行きました。日曜日には，私は友達を訪ねまし
　　　　　　　　　　　た。彼はたくさんのネコを飼っています。

[絵3]　中山先生　　　：(②(例)<u>彼は何匹のネコを飼っているのですか？</u>)
　　　　マイケル先生：5匹です。あなたは何かペットを飼っていますか？

[絵4]　中山先生　　　：はい。私は1匹のイヌを飼っていますが，それはロボットのイヌです。
　　　　マイケル先生：わあ！

問1　上記英文の訳を参照。それぞれの場面の**質問と応答**が自然につながるか確認しよう。
　①　<**What did you** ＋動詞の原形～?>「あなたは何を～しましたか？」
　②　<**How many** ＋名詞の複数形～?>「いくつ～？」

問2　[マイケル先生からの問いかけの全訳]
　　ロボットは，私達の周りの多くの問題を解決できます。<u>あなたはどんな種類のロボットがほし
いですか？　あなたはどんな問題をあなたのロボットで解決したいですか？</u>
　(解答例和訳)
　　私の祖母にとって重い物を運ぶのは難しいので，私は彼女を助けてくれるロボットがほしいで
す。

【問題4】　(長文読解問題・資料読解：グラフ・地図を用いた問題，内容真偽，適語句補充)

問1　(1)　資料1を参照。　ア　「各学年の80パーセント以上の生徒は読書が好きである」(×)
　　3年生で読書が好きな人数は，100人中72人である。　イ　「1年生は3年生よりも読書が好きで
　　ある」(〇)　同じ内容が読み取れる。　ウ　「年長の学生は年少の学生よりも読書に興味がある」
　　(×)　反対の内容が読み取れる。　エ　「2年生は3年生ほど読書が好きではない」(×)　反対の
　　内容が読み取れる。
　　(2)　資料2と下記全訳を参照。
　[説明の全訳]本を読まない生徒のうち，30パーセント以上が，本を読みたいと思わないと回答
しました。<u>①部活動</u>が理由で本を読まないと回答する生徒が多いだろうと私は思っていました。
しかし，5パーセントの生徒だけが，彼らの理由として<u>①部活動</u>を述べました。20パーセント以
上の生徒が述べた別の理由は，<u>②友達と遊ぶこと</u>でした。
問2　下記全訳を参照。
　[生徒たちが書き込んだ付箋の全訳]

質問：サイクリングに行くのはこれが初めてです。どのルートが私にとって一番良いですか？

グループ1

ルートA, C, そしてDは人気があります。多くの人がこれらのルートでサイクリングを楽しみます。もしあなたに何か問題があれば，だれかがあなたを助けてくれるでしょう。

ルートBも良いのですが，それは最長です。

グループ2

坂道を登らなければならないので，ルートAはあなたにとって難しいだろうと私たちは思います。

ルートCとDは，ルートAよりも短いです。

グループ3

ルートBでは，あなたはきれいな海を見ることができます。そして電車も見ることができます。たくさんの人々が電車の写真を撮ります。

ルートDでも，あなたは海を見ることができます。

ルートAとルートC沿いには，多くの有名な古い建物があります。

[先生の結論の全訳]

ありがとうございます。私は，短くて簡単なルートが私にとって一番いいと思います。もし私に何か問題があったら，私は助けを必要とするだろうと思います。海や山のような，自然の写真を撮ることも私は好きです。だから，私はルートDを選びます。

問3　[防災マップの作り方(英語版)の全訳]

あなた自身の防災マップの作り方

1. あなたの家の近くの危険な区域

あなたの町が作った防災マップを見て，危険な区域がどこにあるか探してください。もし過去に土砂災害や洪水があったのならば，注意してください。

2. 避難所

あなたの家の近くの避難所を探してください。その避難所の名前と電話番号を確かめてください。あなたの家と避難所を示す地図を描いてください。

3. 避難ルート

あなたの家から地図上の各避難所までの避難ルートを2本か3本描いてください。大きな地震や土砂災害の後は，あなたが使えない避難ルートがあるかもしれません。

4. 避難ルートに沿った危険な区域

あなたの家族と一緒に避難ルートに沿って歩き，危険な区域がないか探してください。あなたの家から各避難所まで歩いてどのくらいの時間がかかるかを調べ，それを防災マップに書いてください。

5. あなた自身の防災マップ

緊急時にあなたが電話をかける必要があるかもしれない電話番号を地図上に書いてください。例えば，市役所，警察署，消防署です。あなたが作った地図をあなたの家族に見せてください。

(1)　ア　「あなたは自宅の近くのスーパーマーケットを描くべきです」(×)　防災マップの作り方（英語版）にこのような内容は書かれていない。　イ　「あなたは自分の防災マップを友達に見せるべきです」(×)　防災マップの作り方（英語版）の最終文を参照。作った防災マップを家族に見せるように書かれているが，友達に見せるようにとは書かれていない。　ウ　「あなたは，危険な区域を確かめるために自分の町の防災マップを見るべきです」(〇)　防災マップの作り方（英語版）の1の項目を参照。　エ　「あなたは自宅から一番近い病院までの地図を描くべきです」(×)　防災マップの作り方（英語版）にこのような内容は書かれていない。

(2)　イ　「グリーン先生の家から各避難所までの避難ルートを書いてください」(〇)　グリーン先生のための防災マップを参照。グリーン先生の家から各避難所までの避難ルートが書かれていないので，佐藤先生はこのことをアドバイスしたと考えられる。他の選択肢の内容は，すでに地図上に記載されている。　ア　「グリーン先生の家から学校まで，どのくらい時間がかかるかを書いてください」(×)　ウ　「過去の土砂災害の区域や，他の危険な区域を書いてください」(×)　エ　「グリーン先生が緊急時に必要になるかもしれない電話番号を書いてください」(×)

【問題5】　（長文読解問題・物語文：内容解釈，適文補充・選択，適語補充・記述，日本語で答える問題，条件英作文）

（全訳）　なおきは大阪の中学生だった。彼は農業に興味があり，いつかは果物を育てたいと思っていた。彼の両親は，「もしあなたが農家になりたいなら，農業を体験する必要があるよ」と言った。彼は，夏休み期間中の鳥取での農業体験実習を見つけて，それに参加することにした。実習が始まる前，彼は青空の下で，梨農園で働くだろうと想像していた。①彼は，「僕は待ちきれないよ！」と思った。

　夏休みがやって来た。彼の鳥取での初日は，暑い一日だった。その梨農園の実習生のトムは，なおきに梨を収穫して，それらを運ぶように頼んだ。なおきは一生懸命に働いたが，その仕事をうまくできなかった。すぐに彼はとても疲れて，腕に痛みが出た。なおきは梨の木の下に座った。②トムは仕事を中断して，なおきを見た。トムは，「君は疲れているように見えるよ。大丈夫かい？　君は本当に一生懸命に働いたね」と言った。なおきは，「僕がやった仕事は大変で難しかったです。僕はここに来る前は農家になりたかったのですが，今は……。あなたは，僕が本当に農家になれると思いますか？」と言った。

　トムは，「僕も最初は同じ気持ちだったよ。僕がここで働き始めたとき，全てが大変だと感じたよ」と言った。なおきは，「あなたは今までに逃げ出すことを考えたことはありますか？」と尋ねた。トムは，「あるよ。梨農家は大変な生活をしている。③僕達は，いつも自然と共に生きなければならない。十分な雨が降らなかったとき，梨はほとんど枯れてしまった。大きな台風が来たとき，ほとんどの梨は木から落ちてしまった。でも何か大変なことが起こったとき，僕はいつも北脇永治の話を思い出して，それが僕を助けてくれた」と言った。

　北脇氏は，1878年に鳥取で生まれた。彼は，10本の二十世紀梨の若木を鳥取に持ち込み，ここの農家の間で，二十世紀梨の栽培を広めようとした。農家の人たちは，その梨を栽培し始めた。しかし，それらは病気に対して弱く，枯れてしまった。彼は，「その梨の栽培④をやめるべきだろうか？」と考えた。しかし，彼はあきらめなかった。数年後，鳥取の農家の人たちは，梨を栽培することができるようになった。二十世紀梨は，鳥取の重要なご当地の果物になった。

　トムは，「僕は北脇さんのようになれるように努力してきたんだ。誰でも難しいことを経験する。でも君が努力し続ければ，物事は良くなるだろう。心配しないで」と言った。⑤なおきはうれしそうに見えた。

　実習の最終日，なおきはトムにさよならを言った。彼の帰り道，彼はとても疲れていたが，とても気分がよかった。彼は，農家になることがどれほど大変かを学んだ。同時に，彼は梨農園で働くことがどれほど好きかもわかった。

問1　下線部の直前の1文を参照。なおきは，青空の下で，梨農園で働く姿を想像し，下線部中でも「待ちきれない」と思っていたと書かれているので，ウがふさわしい。他の選択肢はこのときの様子として合わない。

問2　直後のトムの発言を参照。なおきを心配する様子が書かれているので，ア「なおきが暑い天気の中で一生懸命に働いたので，彼は心配になった」がふさわしい。　イ「なおきが長い間，梨の木の下に座っていたので，彼は怒りを感じた」　ウ「なおきが休むのに良い場所を選んだので，彼はうれしかった」　エ「なおきが働きたくないと言ったので，彼は悲しかった」は，このときのトムの気持ちとして合わない。

問3　エ「私たちは，いつも自然と共に生きていかなければならない」直後で，水不足や台風などの自然災害の大変さや，自然環境に立ち向かった北脇永治氏の話が続いていることから判断する。　ア「私たちは，問題を解決できないなら逃げなければならない」　イ「私たちは，少ない水量で梨を育てなければならない」　ウ「私たちは，天候によって私たちが育てる果物を変えなければならない」は文脈に合わない。

問4　上記全訳を参照。直後の動詞が～ ing 形になっていることに着目する。**<stop ～ing>「～することをやめる」**

問5　下線部の直前のトムの発言や，第2段落の最後のなおきの発言を参照。農家になれるかどうか不安を抱き始めたなおきだったが，トムの話を通じて，その不安が前向きな気持ちに変わったことで，なおきがうれしくなったと分かる。

問6　なおきが北脇さんのことを，鳥取にとって，とても重要な人物だと考えている理由を答える。第4段落の最終文を参照。

　[なおきさんが送ったメールの一部の全訳]　僕に北脇さんの話を教えてくれてありがとうございました。僕は，北脇さんは鳥取にとって，とても重要な人物だと思います。なぜなら(解答例訳)彼が，その梨を鳥取の重要なご当地の果物の1つにしたからです。

2023年度英語　リスニングテスト

〔放送台本〕

　これから放送による聞き取りの問題を行います。【問題1】を見てください。【問題1】には，問1，問2，問3，問4があります。問1，問2は1回のみ放送します。問3，問4は，2回ずつ放送します。聞きながらメモをとってもかまいません。では，問1を始めます。これから放送するNo. 1，No. 2，No. 3の英文を聞き，それぞれの英文の内容を最もよく表しているものを，次のア，イ，ウ，エからひとつずつ選び，記号で答えなさい。英文は1回のみ放送します。では，始めます。

No. 1　A bookstore is in front of the bank.

No. 2　The English club teacher will be busy on Wednesday this week. So, let's have English club before then.

No. 3　Tomorrow will be sunny and hotter than today. So, you don't need to bring an umbrella but you should bring something to drink.

〔英文の訳〕

No. 1　本屋は銀行の前にある。

No. 2　英語クラブの先生が，今週の水曜日は忙しくなりそうだ。だから，そのときよりも前に英語クラブを開こう。

No. 3　明日は晴れて，今日よりも暑くなりそうだ。だから，あなたは傘を持ってくる必要はないが，あなたは何か飲むものを持ってくるべきだ。

〔放送台本〕

　続いて，問2を始めます。これから放送するNo. 1，No. 2の会話を聞き，それぞれの英語の質問に対する答えとして，最も適切なものを，次のア，イ，ウ，エからひとつずつ選び，記号で答えなさい。会話は1回のみ放送します。では，始めます。

No. 1　〈メグ（Meg）先生と男子生徒（Takashi）との会話〉

Meg:　　　Can you help me, Takashi?

Takashi:　Sure. What do you want me to do?

Meg:　　　I found this notebook but I can't read the name written on it in Japanese.

Takashi:　Oh, this is Mayumi's notebook. She may be looking for it.

No. 2　〈留学中の女子生徒（Amelia）と男子中学生（Shunya）との会話〉

Shunya:　Amelia, I am going to go to the zoo with my friend Makoto on Saturday. Do you want to join us?

Amelia:　I'd love to, but I am going to see an anime movie. My favorite voice actor is in it.

Shunya:　How about on Sunday? We can go on Sunday too.

Amelia:　Sorry, I can't. I am going to go to Emi's house. She asked me to go to her birthday party.

〔英文の訳〕

No. 1　メグ先生：私を手伝ってくれませんか，タカシ？

　　　　タカシ　：もちろんです。あなたは僕に何をしてほしいのですか？

　　　　メグ先生：私はこのノートを見つけたのですが，日本語でそれに書かれている名前を読むことができません。

　　　　タカシ　：あっ，これはマユミのノートです。彼女はそれを探しているかもしれません。

　　　　質問：メグ先生はタカシに何をするように頼んだか？

　　　　答え：イ　日本語を読むこと。

No. 2　シュンヤ：アメリア，僕は土曜日に友達のマコトと動物園に行く予定なんだ。君は僕達に加わりたい？

　　　　アメリア：加わりたいけれど，私はアニメの映画を見る予定なの。私のお気に入りの声優がそれに出ているの。

　　　　シュンヤ：日曜日はどう？　僕達は日曜日にも行けるよ。

　　　　アメリア：ごめんなさい，行けないわ。私はエミの家に行く予定なの。彼女は私に彼女のお誕生日会に参加するように頼んだの。

　　　　質問：アメリアは日曜日に動物園へ行くつもりはない。なぜか？

　　　　答え：エ　アメリアは彼女の友達のお誕生日会に行くつもりだから。

〔放送台本〕

　続いて，問3を始めます。これから放送する，カナダからの留学生ソフィア（Sophia）さんと，中学生のなおと（Naoto）さんとの会話を聞き，次の(1)，(2)の各問いに答えなさい。会話は2回放送します。では，始めます。

Sophia: Naoto, I have some pictures from Canada. Do you want to see them?

Naoto:　Yes, I'd love to.

Sophia: This is a picture of a festival which was taken last year. In Canada, many people come from different countries and live together. So, we can enjoy many cultures.

Naoto:　It is wonderful that we can enjoy various cultures in one place.

Sophia: Here is the next picture. This is my aunt. She visited my house five years ago. We had a good time together in the garden. The days in summer in Canada are very long. So we can enjoy doing a lot of activities outside in summer.

Naoto:　That's interesting.

Sophia: Here is another picture.

Naoto:　What a beautiful picture! The leaves are really beautiful.

Sophia: I took this picture three years ago. This town was famous for its autumn leaves.

Naoto:　I like taking pictures of nature. If I go to Canada someday, autumn may be the best season.

Sophia: Here is the last picture.

Naoto:　Amazing! People are skating on the river.

Sophia: The river is a famous place for skating because it is very long.

Naoto:　Have you been there?

Sophia: Yes, but only once. It was more than ten years ago. My father took this picture.

Naoto:　I see. Thank you for showing me your interesting pictures. I am more interested in Canada now.

〔英文の訳〕

ソフィア：なおと，私はカナダからの数枚の写真を持っているの。あなたはそれらを見たい？

なおと　：うん，とっても。

ソフィア：これは去年撮影されたお祭りの写真よ。カナダでは，たくさんの人が異なる国からやって来て，一緒に暮らしているの。だから，私達はたくさんの文化を楽しむことができるの。

なおと　：僕達が1つの場所で様々な文化を楽しむことができるのは素晴らしいことだね。

ソフィア：これが次の写真ね。こちらは私の叔母よ。彼女は5年前に私の家を訪れたの。私達は庭で一緒に楽しい時間を過ごしたわ。カナダの夏の日々はとても長いの。だから，私達は夏に，外でたくさんの活動を楽しむことができるのよ。

なおと　：それは興味深いね。

ソフィア：これが別の写真よ。

なおと　：なんてきれいな写真なんだろう！　葉が本当にきれいだ。

ソフィア：私が3年前にこの写真を撮ったの。この町は紅葉で有名だったのよ。

なおと ：僕は自然の写真を撮るのが好きなんだ。僕がいつかカナダに行くなら，秋が一番いい季節かもしれないね。

ソフィア：これが最後の写真よ。

なおと ：すごい！ 人々が川の上でスケートをしているね。

ソフィア：その川はとても長いから，スケートのための場所として有名なのよ。

なおと ：君はそこに行ったことはあるの？

ソフィア：うん，でも一度だけね。それは10年以上前のことだったわ。私のお父さんがこの写真を撮ったの。

なおと ：そうなんだね。君のおもしろい写真を僕に見せてくれてありがとう。僕は今，カナダにもっと興味を持っているよ。

ソフィア：ウ 私はそれを聞いてうれしいわ。いつかカナダに来てね。

〔放送台本〕

　続いて，問4を始めます。 中学生のみどり(Midori)さんは，夏休みに，英語によるオンラインイベント (online event)に参加しました。 イベントの初日には，スライドを使って自己紹介(Self-Introduction)を行いました。 その自己紹介の一部を聞いて，スライドの(①)，(②)にあてはまる適切な英語を，それぞれ1語で答えなさい。また，イベント後に，イベントに参加していたマーク(Mark)さんからみどりさんにメールが届きました。 あとのマークさんからのメールの(③)にあてはまる英文を，4語以上の一文で書きなさい。 英文は2回放送します。 では，始めます。

　Hi, I'm Midori. I am 15 years old and a junior high school student. During this online event, I have three things I want to do.

　First, I want to improve my English. My future dream is to study in the U. S., so English is important for me. I will try to speak a lot of English and improve my English.

　Second, I want to introduce my town to people in other countries. In 2016 and 2018, I went to the U. S. and introduced beautiful spots to visit in my town. I want more people to know about them.

　Third, I want to make new friends who like sports because I like sports very much. I think there are two ways to enjoy sports. Which do you like better, watching sports or playing them?

〔英文の訳〕

　こんにちは，私はみどりです。私は15歳の中学生です。このオンラインイベント期間中に，私にはやりたい3つのことがあります。

　1番目に，私は英語を上達させたいです。私の将来の夢は，アメリカで勉強することなので，英語は私にとって大切です。私はたくさんの英語を話して，英語を上達させる努力をするつもりです。

　2番目に，私は他の国の人々に自分の町を紹介したいです。2016年と2018年に，私はアメリカへ行き，自分の町の訪れるべき美しい場所を紹介しました。私はもっと多くの人に，それらについて知ってほしいです。

　3番目に，私はスポーツがとても好きなので，スポーツが好きな新しい友達を作りたいです。スポーツを楽しむための2つの方法があると私は思います。スポーツを見るのとするのとでは，あなたはどちらが好きですか？

　〔スライドの訳〕

自己紹介
名前：山田　みどり
年齢：15
私は…をしたい
→英語①を上達させる
→鳥取を紹介する
↑
私は②2度[以前]，アメリカを訪問したことがある
→新しい友達を見つける

〔マークさんからのメールの訳〕
みどりさんへ，
僕はオンラインイベントを楽しみました。
あなたの質問に答えさせてください。③僕はスポーツを見る方が好きです。僕はよく色々な種類のスポーツをテレビで見ます。それはわくわくします。
僕は日本人の友達を作りたいです。
すぐに私に返信を送ってください。
マーク

<理科解答>

【問題1】 問1　ウ　問2　右図1　問3　ウ
問4　イ，オ　問5　(例)葉の表側より裏側のほうが気孔の数が多いから。

図1
ベン図
共通した特徴
動物細胞のみにあてはまる特徴
植物細胞のみにあてはまる特徴
イウオ
アエ

【問題2】 問1　中和　問2　NaCl　問3　イ
問4　右図2　問5　ウ

【問題3】 問1　60〔cm/秒〕　問2　ア
問3　等速直線運動　問4　下図3　問5　ウ

図2
沈殿した物質の質量(g)
1.0
0.8
0.6
0.4
0.2
0
4
8
12
16
20
加えたうすい硫酸の体積(cm³)

【問題4】 問1　イ　問2　ウ　問3　ア
問4　(例)れき岩，砂岩，泥岩と粒が細かくなる順に堆積しており，細かい粒ほど河口から遠く離れた深いところに堆積するから。
問5　ア

【問題5】 問1　ア　問2　イ　問3　(例)顕性性質
問4　〔約〕1800〔個〕　問5　①　イ　②　キ　③　オ　④　ケ

【問題6】 問1　7.5〔g〕　問2　ウ
問3　ウ，エ
問4　$HCl \rightarrow H^{+} + Cl^{-}$
問5　実験1　ア
実験2　エ

図3

図4
(例)
$\frac{1}{2000}$秒

【問題7】 問1　ア，ウ

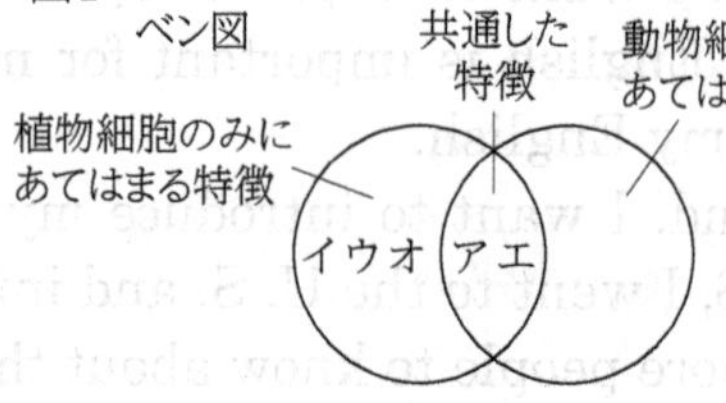

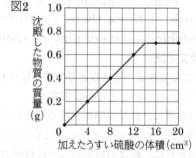

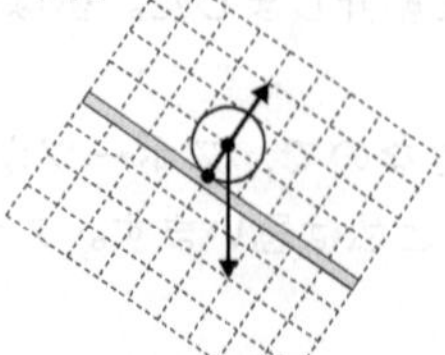

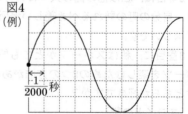

	問2　500〔Hz〕　　問3　前ページ図4　　問4　ア　　問5　イ

【問題8】 問1　(例)水蒸気を水滴にしやすくするため。　　問2　ア　　問3　エ

問4　(1)　エ　　(2)　ア

＜理科解説＞

【問題1】　(細胞の観察，植物のからだのつくりとはたらき)

問1　顕微鏡の視野に見えるものは，プレパラート上の物体と上下左右が逆に見える。

問2　イ，ウ，オは植物の細胞のみに見られる特徴，アとエは動物の細胞と植物の細胞のどちらにも見られる特徴である。

問3　根から吸収した水は**道管**を通る。道管は，葉脈では葉の表側，茎では維管束のうち茎の中心に近いほう，根では中心付近に見られる。

問4　a～dの水の減少量は，右の表の部位から蒸散した合計量を表している。よって，葉の裏側からの蒸散量を求めるには，a－cまたは，b－dとなる。

問5　Bは，葉の表側の気孔がふさがれているため，葉の裏側と葉以外の部分からの蒸散量の合計とな

	葉の表側	葉の裏側	葉以外の部分
a	○	○	○
b		○	○
c	○		○
d			○

る。Cは，葉の裏側の気孔がふさがれているため，葉の表側と葉以外の部分からの蒸散量の合計となる。葉以外の部分からの蒸散量はBとCでほぼ同じと考えられるため，蒸散量の差は，葉の表側あるいは裏側にある気孔の数が原因と考えられる。つまり，葉の裏側のほうが，表側よりも気孔が多いということである。

【問題2】　(中和)

問1　酸の水素イオンとアルカリの水酸化物イオンが結合して水をつくるため，たがいの性質を打ち消し合う中和が起こる。

問2　**塩化水素＋水酸化ナトリウム→塩化ナトリウム＋水**の化学変化が起こるため，BTB溶液が緑色になっていることから，水溶液は中性の塩化ナトリウム水溶液になっている。よって，水溶液を乾燥させると塩化ナトリウムの結晶が現れる。

問3　水溶液が緑色になっていることから，この水溶液は塩化ナトリウム水溶液である。塩化ナトリウムは電解質であるため，水に溶けるとナトリウムイオンと塩化物イオンに電離する。

問4　A～Cまでは，加えたうすい硫酸の体積と沈殿した物質の質量が比例の関係にあるが，DとEでは水酸化バリウムはすべて反応しているため，うすい硫酸を追加しても，沈殿した物質の質量は0.7gから変わらない。

問5　$H_2SO_4＋Ba(OH)_2→BaSO_4＋2H_2O$より，硫酸中にふくまれていた硫酸イオンは，中和によって硫酸バリウム(塩)となる。この硫酸バリウムは水に溶けにくいため，水溶液中で電離しない。よって硫酸イオンは，硫酸を加えても，水溶液が完全に中和するまでは，水溶液中にイオンとして存在しない。完全に中和した後も硫酸を加え続けると，未反応の硫酸が水溶液中に増えるため，硫酸イオンも増加する。

【問題3】　(運動とエネルギー)

問1　$\dfrac{10.8－4.8〔cm〕}{0.3－0.2〔秒〕}＝60〔cm/秒〕$

問2　角度が一定の斜面では，台車にはたらく重力の斜面に沿う分力が，常に同じ大きさではたら

き続けるため，速さの増加のしかたが一定となる。

問3 一定の速さで直線上を進む運動を，等速直線運動という。

問4 重力は，斜面に沿う方向と斜面に垂直な方向に分解する。このうち，重力の斜面に垂直な方向の分力に等しい大きさの力が，斜面から小球への垂直抗力となってはたらく。

問5 小球にはたらく重力の斜面に沿う分力を比べると，AよりもBのほうが大きいので，Bのほうが速さの増加のしかたが大きくなる。ただし，水平面からの**位置エネルギー**を比べると，AとBで等しいので，水平面に達したときの速さはどちらも同じになる。

【問題4】 (地層)

問1 凝灰岩は火山灰が固まってできた岩石であるため，凝灰岩の層があることから，過去に近くで火山の噴火があったことがわかる。

問2 凝灰岩の上面の標高をそれぞれ求めると，地点Aは150－14＝136〔m〕，地点Bは140－4＝136〔m〕，地点Cは140－12＝128〔m〕　地点AとBにおける凝灰岩の上面の標高は等しいことから，この2地点間に地層の傾きはないことがわかる。一方，地点Cの凝灰岩の上面の標高は地点AやBよりも低いので，この地域は，南に向かって低く傾いていることがわかる。

問3 サンゴは，**浅いあたたかな海**に生息する生物である。

問4 粒が大きいものほど河口に近い(浅い)地点に堆積し，粒が小さいものほど河口から離れた(深い)ところに堆積する。

問5 問2より，東西における各層の標高は等しいことがわかっているので，地点Dの凝灰岩の上面の標高は，地点Cにおける凝灰岩の上面の標高(128m)に等しい。よって，地点Dでは130－128＝2〔m〕より，地表から2mの位置に，凝灰岩の上面が位置していることがわかる。

【問題5】 (遺伝)

問1 エンドウのおしべとめしべは花弁に包まれているため，虫などによる受粉が行われにくい。そのためエンドウは，自家受粉によって種子をつくることが多い。

問2 子は，黄色の親から染色体を1本，緑色の親からも染色体を1本受け継ぐ。

問3 純系の対立形質の個体をかけ合わせたとき，子に現れる形質を顕性形質という。

問4 対立形質の純系(AAとaa)をかけ合わせてできた子の遺伝子の組み合わせは，すべてAaとなる。これらを自家受粉すると，孫がもつ遺伝子の組み合わせは，**AA(黄色)：Aa(黄色)：aa(緑色)**＝1：2：1となる。また，**黄色：緑色**＝(1＋2)：1＝3：1より，緑色が600個得られたとき，黄色をx個とすると，3：1＝x：600　x＝1800〔個〕

問5 黄色の個体がもつ遺伝子の組み合わせは，AAまたはAa。AAの個体に緑色aaをかけ合わせると，子はすべてAaとなり，黄色となる。Aaの個体に緑色aaをかけ合わせると，子はAa：aa＝1：1の割合で現れ，黄色：緑色＝1：1の割合で現れる。

【問題6】 (電気分解)

問1 300〔g〕×0.025＝7.5〔g〕

問2 **水の電気分解**では，電極A(陰極)には水素，電極B(陽極)には酸素が発生する。アは酸素，イは塩素，エはアンモニアなどアルカリの気体の確認方法である。

問3 水の電気分解では，電極A(陰極)には水素，電極B(陽極)には酸素が発生する。アとイとオでは二酸化炭素が発生する。

問4 塩化水素→水素イオン＋塩化物イオンのように電離する。

問5　実験1の水の電気分解では, 電極A(陰極, 水素)：電極B(陽極, 酸素)＝2：1の割合で気体が発生する。実験2の塩酸の電気分解では, 本来, 電極C(陰極, 水素)：電極D(陽極, 塩素)＝1：1の割合で気体が発生するが, 塩素は**水に溶けやすい**ため, 実際にたまる気体は水素が多く, 塩素は非常に少ない。

【問題7】　(音の性質)

問1　音は, 気体や固体によって周囲へ伝わっていく。また, 音を出している音源はすべて振動している。

問2　振動数は1秒間に**振動する回数**を表した値である。図2から, 1回振動するのに$\frac{4}{2000}$秒(4目盛り)かかっているので, 振動数(1秒間に振動する回数)は, $1 \div \frac{4}{2000} = 500[\text{Hz}]$

問3　音の大きさは変化していないので, 振幅(波の高さ)は変化しない。また, 振動数が2分の1となったことから, 1秒間に振動する回数が半分に減ったことがわかる。つまり, 1回の振動にかかる時間が図2の2倍の$\frac{4}{2000}$[秒]$\times 2 = \frac{8}{2000}$[秒](8目盛り)になっている。

問4・問5　試験管に息を吹きかけると音が出るのは, 試験管の中の空気が振動するためであると考えられる。また, 空気の縦の長さが長いほど音は低く, 空気の縦の長さが短いほど音は高くなっていることから, 空気の柱の長さが音の高低に関係していることがわかる。

【問題8】　(空気中の水蒸気)

問1　空気中にある小さなちりを核として, 水蒸気が水滴に変化する。

問2　フラスコ内のくもりは, フラスコ内にあった水蒸気が水滴に変化したものである。

問3　空気は気圧が下がって膨張すると, 温度が下がる。温度が下がることによって露点に達すると, 水蒸気が水滴に変化する。

問4　(1)　積乱雲は, 激しい上昇気流によって縦にのびる雲である。よって積乱雲が降らせる雨は粒が大きくなりやすく, 激しい雨を降らせることが多い。　(2)　20℃の空気に飽和水蒸気量の80％の水蒸気を含んでいることから, この空気1m³に含まれる水蒸気の質量は, 17.3[g/m³]×0.48＝8.304[g/m³]　飽和水蒸気量が8.304g/m³に最も近くなるのは8℃である。よって, この空気は上昇し, 8℃になると露点に達するようになる。20℃の空気が8℃になるためには, 20－8＝12[℃]温度が低下しなければならない。よって, 100[m]×12[℃]＝1200[m]上昇すると, この空気は露点に達し, 水蒸気が水滴に変化し始める。

＜社会解答＞

【問題1】　問1　(1)　3月6日午後10時　　(2)　ア　　(3)　イ　　問2　(1)　ア
(2)　エコツーリズム　　(3)　エ　　問3　(1)　ウ　　(2)　A　U　　B　I
(3)　エ　　(4)　フォッサマグナ　　(5)　①　1,000m　　②　(例)当時の被災状況を伝えることにより, 地域住民の防災意識の向上
【問題2】　問1　(1)　①　ウ　　②　平安京　　③　A, D　　(2)　(例)豊臣秀吉が拠点をおいた桃山(伏見)に家臣を集めて城下町をつくった　　(3)　改革　イ　　内容　カ
(4)　ア→ウ→イ→エ　　問2　(1)　A　(例)原子爆弾が投下された　　B　(例)軍事施設や工場　　(2)　①　ア　　②　エ　　③　ウ　　(3)　①　エ　　②　イ

【問題3】 問1 (1) ウ (2) 2議席 (3) ア (4) (例)働きながらでも子どもを
預けられる放課後児童クラブと病児・病後児保育施設の数が増加しているから。
(5) A ア B カ C ウ (6) ウ 問2 (1) イ (2) イ
問3 (1) 法 (2) エ (3) 番号 ② 語句 刑事

＜社会解説＞

【問題1】 （地理的分野—世界地理－地形・気候・宗教・人々のくらし・産業・貿易, —日本地理－
地形・人口・農林水産業・地形図の見方）

問1 (1) 日本の**標準時子午線**は東経135度である。ニューヨークの標準時が西経75度であれば,
東経と西経なので, 135度と75度を足して, 経度差210度になる。**時差**は経度差15度ごとに1
時間となるので14時間となり, 東経の地点の方が早く一日を迎えるから, 東京での時間が3月7
日正午であれば, ニューヨークは3月6日午後10時となる。 (2) まず, 各都市の位置を確定す
る。シドニーはC, シンガポールはB, バルセロナはA, ラスベガスはDである。シドニーは, **南
半球**にあるため, 12月・1月・2月が夏であり, 冬である6月・7月・8月よりも温度が高い。雨
温図の①である。地点は上記のようにCである。したがって正しい組み合わせは, アである。な
お, シンガポールは, ほぼ**赤道**直下にあるため, 一年を通して**高温多湿**であり, 雨が多い。雨
温図の④である。バルセロナは, **地中海性気候**であり, 冬は気温10度前後で, 一定の雨が降り,
夏は気温が30度近く, 雨がほとんど降らないのが特徴である。雨温図の③である。残るラスベ
ガスは, **砂漠気候**であり, 一年を通じてほとんど雨が降らない。雨温図の②である。 (3) 初
めに, E・F・G・Hの国名を確定しておく。Eがオーストラリア, Fがイギリス, Gが中国, Hが
アメリカである。オーストラリアは, 19世紀半ば以来, 白人以外の移住を制限する**白豪主義**政
策をとっており, 貿易相手もかつての**宗主国**であるイギリスやアメリカが中心だったが, 白豪主
義政策を1970年代に廃止して以来, 貿易相手もアジアの国々が中心となった。現在のオースト
ラリアの貿易相手国の第一位は中国であり, 第二位が日本である。正しい組み合わせは, イであ
る。

問2 (1) 初めに, 各国の中心的な宗教を確定する。アメリカは**キリスト教**, イランは**イスラム
教**, インドは**ヒンドゥー教**, タイは**仏教**である。ドイツの主たる宗教はキリスト教であり, アメ
リカと同じである。記号はアである。 (2) 自然などの地域資源を活かしながら, 持続的にそ
れらを利用することを目指した観光のあり方を, **エコツーリズム**という。出題されている**コスタ
リカ**は世界的に有名であるが, 日本でも, 知床・富士山・屋久島・尾瀬など多くの地域で, 積極
的な取り組みがなされている。 (3) 地中海沿岸部では, 冬でも温暖で雨が多く, 夏は高温で
乾燥する。これが**地中海性気候**であり, スペイン・イタリア・ギリシャ等では, 夏は乾燥に強い
オレンジやオリーブやぶどうなどの**果実**を栽培し, 温暖湿潤な冬は小麦を栽培する**地中海式農業**
を行っている。これらの国では, 果実の**自給率**が極めて高い。

問3 (1) 写真1は典型的な**リアス海岸**である。リアス海岸とは, 起伏の多い山地が, 海面上昇や
地盤沈下によって海に沈んで形成されたものである。海岸線が複雑に入り組んで, 多数の島が見
られる地形が特徴である。三重県の**志摩半島**はその代表的な例である。波の衝撃を避けること
ができるため, **真珠**や**カキ**の**養殖**などに適した地形である。 (2) A 進学・就職などの理由
で都市部などに移った後, 生まれ育った出身地に戻って就職もしくは転職することを**Uターン**とい
う。 B 出身地以外の場所に就職もしくは転職することを**Iターン**という。 (3) 日本なしの
収穫量第一位は千葉県であり, 鳥取県は第五位である。日本なしにあてはまるのはDである。ぶ

どうの収穫量第一位は山梨県であるが，多くの県で一定量の収穫がある。ぶどうにあてはまるのはBである。正しい組み合わせは，エである。なお，りんごの収穫量第一位は青森県であり，ももの収穫量第一位は山梨県である。　（4）　本州中央部を南北に横断する**大地溝帯**を，大きな溝という意味の，**フォッサマグナ**という言葉で呼ぶ。新潟県の糸魚川市から静岡県静岡市に及び，この地溝帯が，**東北日本と西南日本の境界線**となる。　（5）　①　地形図上の長さは，4cmである。この地形図は縮尺25,000分の1の地形図なので，計算すれば，4(cm)×25,000＝100,000(cm)＝1,000(m)である。　②　当時の**被災状況**を詳しく伝えることにより，地域住民の**防災意識**を向上し，防災の効果を上げることに役立つからである。上記のような趣旨の文を，（　B　）にあてはまるように解答すればよい。

【問題2】（歴史的分野―日本史時代別－古墳時代から平安時代・鎌倉時代から室町時代・安土桃山時代から江戸時代・明治時代から現代，―日本史テーマ別－政治史・文化史・経済史・社会史・外交史，―世界史－政治史）

問1　（1）　①　この当時の社会は疫病が流行り，大きな戦乱が起こるなど混乱していた。**聖武天皇**は，国家を守るという仏教の**鎮護国家**の働きに頼ろうとし，都に**東大寺**と**大仏**を建立し，752年には大仏の**開眼供養**を行った。また，741年の詔で諸国に**国分寺・国分尼寺**を建立させた。　②　**文章博士**(もんじょうはかせ)だった**菅原道真**は，宇多天皇に重用され，894年に，2世紀半続いてきた**遣唐使の派遣を中止**することを建言し認められた。続く醍醐天皇の治世で，**右大臣**の位についた。道真の活躍した時代は平安時代前期であり，この時代の都は，**平安京**である。　③　Bは奈良時代のできごとである。Cは平安時代のできごとである。いずれも古代のできごとである。AとDが中世に関係の深いできごとである。源平の争乱で勝利を収めた**源頼朝**は，**鎌倉**に幕府を開き，中世の幕を開けた。室町後期に生まれ，禅僧としての道を歩み始め，後に絵師となったのが雪舟である。明に渡って**水墨画**の研鑽を積み，帰国後は，大胆な山水画や写実的な花鳥画で日本の中世の水墨画を革新した。　（2）　京都伏見に，「桃山」「毛利」「井伊」などの地名が見られるのは，**豊臣秀吉**が拠点をおいた桃山(伏見)に家臣を集めて，**城下町**をつくったためであることを簡潔に記せばよい。　（3）　改革　元白河藩主の**松平定信**が老中となり，1787年から1793年にかけて行ったのは，**寛政の改革**である。　内容　エ　1722年に**上米令**を発し上米の制を始めたのは，**享保の改革**を行った8代将軍徳川吉宗である。　オ　1843年に**株仲間解散令**を出したのは，**天保の改革**を行った，老中水野忠邦である。両方とも寛政の改革の内容ではない。寛政の改革の一環として行われたのは，カの1790年の**寛政異学の禁**である。　（4）　ア　1457年に，首長**コシャマイン**に率いられた**アイヌ諸部族**が，和人の圧迫に対して起こした戦いがコシャマインの乱である。　イ　1808年に，幕府の命で樺太を探検し，シベリアと樺太との間には海峡があり，島であることを発見したのは**間宮林蔵**である。　ウ　1669年に，アイヌの首長**シャクシャイン**が蝦夷地のアイヌを糾合して起こした蜂起がシャクシャインの戦いである。　エ　アメリカ人のウィリアム・スミス・クラークは1876年に来日し，**札幌農学校**で教鞭をとった。したがって，古いものから順に並べると，ア→ウ→イ→エとなる。

問2　（1）　A　広島・長崎で空襲による死者が多いのは，1945年8月に米軍機によって，**原子爆弾**が投下されたためであることを明確に指摘する。　B　東海や瀬戸内地方に多数の死者が集中しているのは，**軍事施設や工場**が集まっており，勤労動員されていた学生に被害がでたためであることを指摘する。　（2）　①　1861年から1865年に行われた，アメリカ合衆国と，その連邦組織から脱退した南部11州が結成した南部連合との戦争が，**南北戦争**である。南北戦争最中の1863年に北部の指導者として「人民の，人民による，人民のための政治」で有名な「**ゲティスバーグ**

演説」を行ったのは，アメリカの16代大統領リンカンである。　②　ア・イ・ウは大正デモクラシー期におけるできごとである。エが大正デモクラシーとは関係がない。高度経済成長期は1950年代後半から1960年代である。　③　軍縮条約や不戦条約に象徴されるように，世界が協調し，軍縮や平和の方向に向かったのは1920年代初頭から1930年までである。ウが正解である。(3)　①　1951年にサンフランシスコ平和条約を結んだが，ソ連との講和は成立しなかったため，国連安全保障理事会の常任理事国であるソ連の反対で，国際連合への加盟はできなかった。1956年に日ソ共同宣言が成立し，ソ連との国交が回復して，日本は国際連合への加盟が実現した。正解は，エである。　②　ウ・エは，1889年に発布された大日本帝国憲法が含まれているため，誤りである。残るアとイのうち，テレビ放送が始まったのが1953年であり，イが正しい。なお，ラジオ放送が始まったのは，1924年である。

【問題3】 (公民的分野—基本的人権・国の政治の仕組み・民主主義・経済一般・裁判・国際社会との関わり・社会保障・憲法)

問1　(1)　Aの「学問の自由」は，日本国憲法第23条に規定されている。第19条に規定されている，「思想及び良心の自由」と同じく「精神の自由」である。Bの「職業選択の自由」は，日本国憲法第22条に規定されている。同じ第22条の「居住，移転の自由」と同じく「経済活動の自由」である。Cの令状のない逮捕の禁止は，日本国憲法第33条に規定されている。第18条の「奴隷的拘束及び苦役の禁止」と同じく「生命・身体の自由」である。正しい組み合わせは，ウである。　(2)　比例代表制のドント式では，以下のようにしてそれぞれの政党の当選者を決定する。まず各政党の得票数を1，2，3，4…の整数で割る。具体的にはD党の場合，1で割ると3800票，2で割ると1900票，3で割ると1267票となる。E党の場合，1で割ると2500票，2で割ると1250票，3で割ると833票となる。他の2党についても同様に計算する。その商の大きい順に定数まで議席を配分する。問題の場合は，定数は8議席であるので，D党が3議席，E党が2議席，F党が1議席，G党が2議席となる。　(3)　需要曲線は，価格が高くなるほど需要が少なくなる右下がりの曲線であり，このグラフでは，Xである。供給曲線は，価格が高くなるほど供給が多くなる右上がりの曲線であり，このグラフでは，Yである。この2本の曲線が交わるところが，均衡価格である。この商品は購入する人が増えたのであるから，曲線は①のように変化する。正しい組み合わせは，アである。　(4)　女性の労働力率が高くなったのは，働きながらでも子どもを預けられる放課後児童クラブや病児・病後児保育施設の数が増加しているからであることを簡潔かつ明確に記せばよい。　(5)　全体がSDGsに関わる問題である。　A　経済的な理由で，十分な食事がとれないという問題点があるのだから，アの，貧困をなくそうという目標がふさわしい。B　プラスチック資源の循環をすべきであるという問題点があるのだから，カの，つくる責任・つかう責任という目標がふさわしい。　C　性別などによる差別や偏見をなくすという大きな目標があるのだから，ウの，ジェンダー平等を実現しようという目標がふさわしい。　(6)　為替相場が1ドル100円から，相場の変動により1ドル150円になることを，円安・ドル高になったという。その際アメリカは，以前は所持金10ドルで，日本から商品Xを10本しか輸入できなかったところ，15本輸入できるようになる。一方日本は，以前は所持金1500円でアメリカから商品Yを15足輸入できたところ，10足しか輸入できなくなる。

問2　(1)　企業は利益の追求だけでなく，従業員・消費者・地域社会・環境などに配慮した企業活動を行うべきとする考え方を，企業の社会的責任(CSR)という。ア・ウ・エは企業の社会的責任として，正しい内容である。イが企業の社会的責任とは無関係である。会社の経営に関する情報は，むしろ公開しなければならない。　(2)　税金などを引き上げて，国民負担を大きくする

かわりに，社会保障を手厚くする，**高負担・高福祉**の考え方である。ノルウェーなど北欧の国々が高負担・高福祉の代表的な例である。イの領域がこれにあてはまる。

問3　(1)　国民から選ばれた**議会**が法を制定し，法の制限下で政府が国民に対して政治権力を行使するというのが，**法の支配**である。法の支配が行われれば，国民の代表が制定した法によって，国王や政府の権力が制限されるため，国民の人権は保障されることになる。　(2)　日本国憲法第96条に以下のとおり明記されている。「この**憲法の改正**は，各議院の**総議員**の三分の二以上の賛成で，国会が，これを発議し，国民に提案してその承認を経なければならない。この承認には，特別の**国民投票**又は国会の定める選挙の際行はれる投票において，その**過半数**の賛成を必要とする。」この国民投票の**投票権**を持つのは，**満18歳以上**の国民である。また，第96条の2項は「憲法改正について前項の承認を経たときは，**天皇**は，国民の名で，この憲法と一体を成すものとして，直ちにこれを**公布**する。」と定めている。　(3)　(番号)　②の**民事裁判**という部分が誤りである。民事裁判には，**裁判員制度**は取り入れられていない。　(語句)　殺人など，重大な**刑事裁判**の一審の裁判に，くじで選ばれた市民の裁判員が参加することが，2009年5月から実施されている裁判員制度である。

＜国語解答＞

【問題一】　問一　(1)　は(える)　　(2)　ちくじ　　(3)　煩わしい　　(4)　拡散
　　　　　問二　エ　　問三　イ　　問四　ウ　　問五　ア

【問題二】　問一　イ　　問二　田舎の高校生のご褒美旅行　　問三　エ　　問四　ウ
　　　　　問五　ア　　問六　(例)三年の先輩たちが正也の思いを理解していないことにがっかりする気持ち。　　問七　イ

【問題三】　問一　ウ　　問二　Ⅰ　いずれまた巡ってくる　　Ⅱ　精神的なゆとり，豊かさをなくしてしまった　　問三　ア　　問四　粉　　問五　(例)自分で自由になる時間を多く持っている人。　　問六　(例)わき目もふらずに突き進む直線的時間を過ごす中で，自分を振り返り，自分を取り戻す循環的時間を確保できなかったから。
　　　　　問七　エ

【問題四】　問一　こぞ　　問二　イ　　問三　ア　　問四　ウ

【問題五】　問一　イ　　問二　エ　　問三　ウ　　問四　(例1)私は，将来，農業に従事し，たくさんの方々に食べてもらえる野菜を作りたいです。
　　　　学校の給食で食べている地元の方々が作ってくれる野菜がとてもおいしく，これらについて，県外の多くの方々に知ってもらうことが，地域の活性化につながると思うからです。鳥取県の自然や恵まれた環境をいかし，安心して食べられる野菜を愛情込めて作ることにより，人々の健康な身体づくりに貢献するとともに，地域の活性化を図りたいです。
　　　　(例2)地域の活性化につながることとして，将来，してみたいと思うことは，過疎化が進んでいる地域の魅力について発信することだ。
　　　　なぜなら，最近は，SNSなどを利用した情報発信が宣伝効果や集客力などを上げるということを知ったからだ。中学校の授業で学んだ知識を活用して，その地域の魅力をまとめ，SNSなどで発信することで，興味を持った多くの方々が訪れてくださると思う。

＜国語解説＞

【問題一】 （漢文・知識ー漢字の読み書き，筆順・画数・部首，熟語，品詞・用法，その他）

問一 (1) 「映」には「エイ・うつ(る)・うつ(す)・は(える)」という読みがある。 (2) 「逐次」は，順を追ってという意味。 (3) 「煩わしい」は，送り仮名に注意する。 (4) 「拡散」は，広く散らばること。

問二 A「紺」は11画，B「敢」は12画，C「港」は12画，D「蒸」は13画なので，エが正解。

問三 ア 「雨具」(あまぐ)は上の漢字を訓，下の漢字を音で読む。 イ 「番組」(ばんぐみ)は上の漢字を音，下の漢字を訓で読む。 ウ 「果物」(くだもの)は特別な読み方をする熟語。 エ 「手本」(てほん)は上の漢字を訓，下の漢字を音で読む。したがって，イが正解。

問四 品詞分解すると，「おそらく(副詞)／来(動詞)／られ(助動詞)／ない(助動詞)」となるので，ウが正解。

問五 漢文は「好之者，不如楽之者」。「不」は「ず」と読んで平仮名で書くので，漢字を読む順序は「之好者，之楽者如不」である。読点の前の部分は，「好」より先に「之」を読むので，「好」の左下にレ点をつける。後の部分は，「不」より先に「如」を読むので，「不」の左下にレ点をつける。また，「楽」より先に「之」を読むので，「楽」の左下にレ点をつける。さらに，「如」より先に「楽之者」を読むので，「如」の左下に二点，「者」の左下に一点をつける。したがって，アが正解。

【問題二】 （小説ー情景・心情，内容吟味，文脈把握，脱文・脱語補充，語句の意味）

問一 選択肢の語句の意味は，ア 「口答えする」＝言い返す，イ 「口ごもる」＝はっきり言えない状態である，ウ 「口ずさむ」＝詩や歌を何となく声に出す，エ 「口を割る」＝白状する，である。ここは先輩が正也に何と言っていいかわからなくなっている場面なので，イが正解。

問二 「ケンガイ」と無関係に東京へ行くこと，つまり，東京へ行くことが目的化した状態を表した表現を探す。傍線部4の少し後に「Jコンは，田舎の高校生のご褒美旅行のために開催されるのではない。」とあるので，ここから抜き出す。

問三 正也が笑ったのは，「僕」が「『ケンガイ』のほうがおもしろかった。」と，率直な感想を述べたことによる。正也が期待していたのは，代表者として東京に行くことではなく，「『ケンガイ』や他の作品の話」をすることであり，ようやくその希望がかなったことを喜んでいるのである。正解はエ。みんなは正也の作品には言及せず，話題の中心はまだ東京行きにあるので，他の選択肢は誤りである。

問四 「神妙」は，神仏などに対するようにおとなしくまじめな様子を表すので，ウが適切である。

問五 傍線部4の直後に「何をしに全国大会に行くのか」とある。これについて，月村部長は，「私たちはJコンを，少なくとも，Jコンでオンエアされた『ケンガイ』を，ここに持ち帰らなきゃならない。」と言っている。それは「来年のため」，つまり，より良い「次の作品」を作りあげるためである。したがって，アが正解。イとエは部員たちの関係性を重視しているが，将来につながることではないので不適切。ウの「秀でた才能の持ち主を探し出す」ことは，部活動の目的として不適切である。

問六 「ガクッとうなだれる」は，「僕」のがっかりする気持ちを表す。ヒカル先輩の言葉は，全国大会への出場を「田舎の高校生のご褒美旅行」としか考えていないことを示し，正也の思いが伝わっていないことが明らかだったためである。この内容を35字以内で書く。

問七 引用されている言葉は，「自分の思いを率直に」伝え合おうとするものではないので，アは不適切。本文は「僕」の視点から情景を描き，「僕」の考えが深まる様子を描いているので，イ

は適切である。ウは、「真剣味に欠ける先輩たち」が月村部長にあてはまらないし、「うわべだけ
の人間関係を築こうとする高校生たち」という説明も不適切。エは、「それぞれの登場人物の視
点」「多面的な解釈」が本文の構成と合わない。

【問題三】　（論説文－内容吟味，文脈把握，脱文・脱語補充，ことわざ・慣用句）

問一　サンソム夫人が日本に滞在した時期を指しているので，昭和の初期である。

問二　Ⅰ　“循環的”時間感覚における時間観は，「時間も月日も『いずれまた巡ってくる』という
諦観の気持ち」と述べられている。　Ⅱ　“直線的”時間感覚の結果は，「経済的にははるかに豊
かになったものの，精神的なゆとり，豊かさをなくしてしまった」と述べられている。

問三　「デジタル時計のブーム」は，高度経済成長期以降の日本人が「精神的なゆとり，豊かさを
なくしてしまったこと」を想起させる具体的な出来事なので，ア　「象徴的」があてはまる。
イ　「抽象的」は「具体的」の対義語。デジタル時計のブームを　ウ　「理想的」とする根拠は本
文にない。また，ブームは客観的事実として生じたものであり，エ　「主観的」なものではない。

問四　「身を粉にする」は，労苦をいとわず一心に務めるという意味の慣用句である。

問五　傍線部3の前の「本当の豊かさは自分の生活，人生の中で『自分で自由になる時間がどれだ
けあるか』だとする」をもとに，「自分で自由になる時間を多く持っている人。」「自分で自由にな
る時間がたくさんある人。」のように説明する。

問六　傍線部4の「おおらかさ」は，「循環的時間感覚」，「自分を振り返り，自分を取り戻す時間」
と言い換えられている。近年の日本人が「わき目もふらずに突き進む直線的時間」を過ごす生活
の中で，自分を振り返り，自分を取り戻す循環的時間を失ったことを，指定語句の「直線的時
間」「循環的時間」を入れて説明する。「なぜですか。」という問いなので，「～から。」という形で
答えること。

問七　本文は，「直線的時間」「循環的時間」という二つの時間感覚を対比して説明し，「この二つの
時間感覚の両立こそが健全でタフな日本人の精神を養い，精神的満足感を高めていくことにつな
がる」と述べているので，エが正解。筆者は，直線的時間と循環的時間の両立を推奨しており，
直線的時間を否定していないので，アとイは誤り。「日本文化を発展させていくこと」について
は本文に書かれていないので，ウは不適切である。

【問題四】　（古文－内容吟味，漢字の読み書き，古文の口語訳）

〈口語訳〉　（許六とは，）去年の秋，たまたま偶然に顔を合わせ，今年5月の初め，心をこめて別れ
を惜しんだ。その別れに際して，ある日草庵を訪れて，一日中静かな語らいをした。
　その人物（＝許六）は，画を好む。俳諧を愛する。私は質問してみたことがある。「画は何のために
好むのか」（すると許六は）「俳諧のために好む」と言った。（私が）「俳諧は何のために愛するのか」（と
問うと）「画のために愛する」と言った。学ぶことは二つであるが，働きは一つである。そういえば，
君子は多能を恥じる，と言うから，二種類で働きが一つというのは，感服に値するものである。
　画においては私が（許六を）師とし，俳諧は（私が）教えて私の弟子とした。しかし，師の画は精神
が深奥に達し，筆の運びが優れている。その奥深いところは，私が理解できる範囲にない。私の俳
諧は，夏の炉や冬の扇のように役に立たないものである。人の好みに反して，役に立たない。

問一　古文では，漢字も意味も現代語と同じ語句であっても，読みが異なる場合があるので注意す
る。

問二　「学ぶことが二つで，働きは一つ」というのは，画を学ぶことと俳諧を学ぶことは表裏一体
であり，結果的に一つにつながるということなので，イが適切。二つを比較したりどちらかを選

　んだりするという文脈ではないので，他の選択肢は不適切である。

　問三　この場合の「見る」は「見て理解する」という意味なので，アが正解。

　問四　「深切に別れを惜しむ」「終日，閑談をなす」とあり，それなりに「深い関係」だったので，アは不適切。筆者は許六の画の「幽遠なるところ」は理解できないと言っているが，「良さ」は理解しているので，イは誤り。筆者は，許六の画について「精神徹に入り，筆端妙をふるふ」と高く評価する一方で，自分の俳諧のことは「夏炉冬扇のごとし」と謙遜しているので，ウは適切である。筆者は画を許六に教わっていたが，俳諧は筆者が許六に教えていたので，エは誤りである。

【問題五】　（会話・議論・発表－内容吟味，作文）

　問一　Aさんは，司会者として話し合いが効率よく進行するように発言を促しているので，イが正解。他者と自分の意見を比べていないので，アは誤り。「確認」は最後の発言では見られるが，何度も確認しているとは言えないので，ウは誤り。「資料」については言及がないので，エは不適切である。

　問二　Dさんは，BさんとCさんの「地域の祭りを紹介したい」という意見に加えて「伝統的な文化についても紹介したい」と述べ，情報収集の方法として「インタビュー」を提案しているので，エが正解。アの「再確認」，イの「問題点を指摘」，ウの「共通点と相違点を明確に提示」は，いずれも不適切な説明である。

　問三　分かりやすく伝えるためには，相手のことを考えることが大切である。相手にとって分かりやすい言葉を選び，必要な場合は声を大きくしたりゆっくり話したりすることが望ましい。これと合致するのはウである。アは，「本で調べたことだけ」が不適切。また，大きな声で何度も強調することがいつも効果的とは限らない。イは「原稿から目を離すことなく，淡々と」，エは「自分のペースで抑揚をつけず，一気に」が不適切。相手の様子を見ながら，めりはりのある話し方をするほうが効果的である。

　問四　【条件】に従って書くこと。第一段落には，「地域の活性化」につながることとして，してみたいと思うことを一つ取り上げて具体的に述べる。第二段落には，第一段落で取り上げた内容について，その理由を，自分の体験を踏まえて書く。（例1）は野菜作り，（例2）はSNSなどを利用した情報発信について書いている。制限字数は141～200字。原稿用紙の使い方に従い，書き始めは1マス空けること。書き終わったら必ず読み返して，誤字・脱字や表現の不自然なところは書き改める。

鳥取県公立高等学校

2022年度
★★★★★★★★★★★★★★★★★★★★

入 試 問 題

2022
年度

● く わ し い 解 説 …… 61 ペ ー ジ

＜数学＞　　　時間　50分　　満点　50点

【注意】　1　答えが分数になるときは，それ以上約分できない分数で答えなさい。
　　　　　2　答えに$\sqrt{}$が含まれるときは，$\sqrt{}$をつけたままで答えなさい。なお，$\sqrt{}$の中の数は，できるだけ小さい自然数にしなさい。また，分数の分母に$\sqrt{}$が含まれるときは，分母を有理化しなさい。
　　　　　3　円周率は，πを用いなさい。

【問題1】　次の各問いに答えなさい。

問1　次の計算をしなさい。

(1)　$8 - 6 \div (-2)$

(2)　$\sqrt{27} - \dfrac{6}{\sqrt{3}}$

(3)　$\dfrac{3x+y}{2} - \dfrac{2x-5y}{3}$

(4)　$3ab^2 \times (-4a^2) \div 6b$

問2　$ax^2 - 9a$ を因数分解しなさい。

問3　連立方程式 $\begin{cases} x+y = 13 \\ 3x - 2y = 9 \end{cases}$ を解きなさい。

問4　二次方程式 $2x^2 - 5x + 1 = 0$ を解きなさい。

問5　一次方程式 $7x = x+3$ を，次の**解き方**のように解いた。このとき，**解き方**の①の式から②の式へ変形してよい理由として，最も適切なものを，あとの**ア～エ**からひとつ選び，記号で答えなさい。
　　　ただし，$\boxed{a}$ には方程式の解が入るが，解を求める必要はない。

解き方

$$7x = x+3$$
$$7x - x = 3$$
$$6x = 3 \qquad \cdots ①$$
$$x = \boxed{a} \qquad \cdots ②$$

ア　①の式の両辺から3をひいても等式は成り立つから，②の式へ変形してよい。

イ　①の式の両辺から6をひいても等式は成り立つから，②の式へ変形してよい。

ウ　①の式の両辺を3でわっても等式は成り立つから，②の式へ変形してよい。

エ　①の式の両辺を6でわっても等式は成り立つから，②の式へ変形してよい。

問6　ある動物園の入園料は，おとな1人が a 円，子ども1人が b 円である。

　　このとき，入園料についての不等式「$4a+5b≦7000$」はどんなことを表しているか，入園料という語句を用いて説明しなさい。

問7　右の図Ⅰにおいて，$∠x$ の大きさを求めなさい。

　　ただし，点Oは円の中心であり，3点A，B，Cは円Oの周上の点である。

図Ⅰ

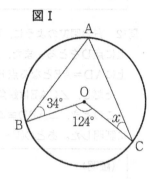

問8　右の図Ⅱのように，$BC=\sqrt{3}$ cm，$∠A=30°$，$∠C=90°$ である直角三角形から，点Cを中心とする半径1cm，中心角90°のおうぎ形を取り除いた図形（■■■の部分）を，直線ACを回転の軸として1回転させてできる回転体の体積を求めなさい。

図Ⅱ

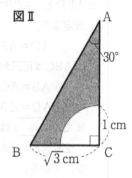

問9　一次関数 $y=-3x+5$ について述べた文として正しいものを，次のア～エからひとつ選び，記号で答えなさい。

　ア　グラフは点（-3，5）を通る直線である。

　イ　x の値が2倍になるとき，y の値も2倍になる。

　ウ　x の変域が $1≦x≦2$ のとき，y の変域は $-1≦y≦2$ である。

　エ　x の値が1から3まで変わるとき，y の増加量は -3 である。

問10　大小2つのさいころを同時に1回投げ，大きいさいころの出た目の数を a，小さいさいころの出た目の数を b とする。

　　このとき，$\sqrt{a+b}$ の値が整数となる確率を求めなさい。

　　ただし，さいころは1から6までのどの目が出ることも同様に確からしいものとする。

問11　右の図Ⅲにおいて，次のページの条件①，②を満たす円を作図しなさい。

　　ただし，作図に用いた線は明確にして，消さずに残しておくこと。

図Ⅲ

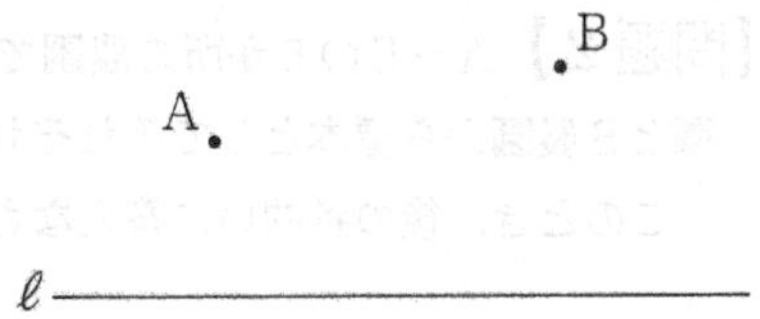

　　　　　　　　　　　　　　　　　　　・B

A・

ℓ

条件

> ①　2点A，Bを通る。
> ②　直線ℓ上に円の中心がある。

問12　右の図Ⅳのように，正三角形ABCにおいて，辺AC
上に点Dをとる。また，点Aを通り辺BCに平行な直線
上にAD＝AEとなる点Eをとる。

　　ただし，∠CAEは鋭角とする。

　　このとき，△ABD≡△ACEであることを，次のよう
に証明した。あとの(1)～(3)に答えなさい。

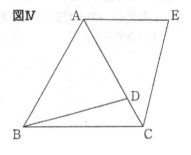

図Ⅳ

> （証明）
> △ABDと△ACEで，
> 　仮定より，
> 　　　　AD＝AE　　　　　…①
> 　△ABCは正三角形だから，
> 　　　　AB＝AC　　　　　…②
> 　　∠BAD＝∠ACB＝60°　…③
> また，　a　は等しいから，
> 　　∠CAE＝∠ACB＝60°　…④
> ③，④から，
> 　　∠BAD＝∠CAE　　　…⑤
> ①，②，⑤から，　b　が，それぞれ等しいので，
> 　　△ABD≡△ACE　　　（証明終）

(1)　証明の　a　にあてはまるものとして最も適切なものを，次のア～オからひとつ選び，記
　号で答えなさい。

　ア　対頂角　　　　　イ　垂線の同位角　　　ウ　垂線の錯角
　エ　平行線の同位角　　オ　平行線の錯角

(2)　証明の　b　にあてはまる最も適切な語句を入れて，証明を完成させなさい。

(3)　△ABD≡△ACEを証明したことにより，新たにわかることとして最も適切なものを，
　次のア～エからひとつ選び，記号で答えなさい。

　ア　AB＝AC　　イ　BD＝CE　　ウ　∠BAD＝∠ACB　　エ　∠BDC＝∠CAE

【問題2】A～Eの5か所の農園で，それぞれ1日に400個のいちごを収穫した。その中で，A農
　園とB農園から標本としてそれぞれ35個のいちごを無作為に抽出した。
　　このとき，後の各問いに答えなさい。

問1　右の表Ⅰは，A農園で抽出した35個のいちごの重さを調べて，度数分布表にまとめたものである。

　　ただし，a　には整数が入るものとする。

　　このとき，次の(1)，(2)に答えなさい。

(1)　この表Ⅰをもとに作成したヒストグラムとして，正しいものを次のア～エからひとつ選び，記号で答えなさい。

表Ⅰ

重さ（g）	個数（個）
24以上 ～ 26未満	4
26 ～ 28	6
28 ～ 30	7
30 ～ 32	a
32 ～ 34	6
34 ～ 36	4
計	35

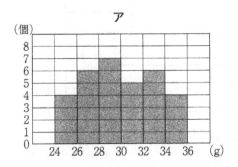

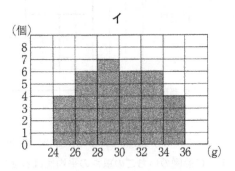

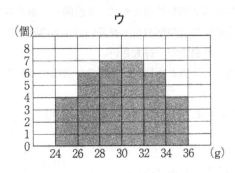

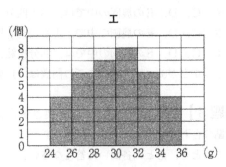

(2)　A農園で収穫したいちご400個のうち，重さが28g以上30g未満のいちごが，およそ80個あると推定した。このとき，**相対度数**という語句と**その値**を用いて，どのように推定したか，説明しなさい。

問2　右の表Ⅱは，B農園で抽出した35個のいちごの重さを調べて，度数分布表にまとめたものである。この度数分布表から最頻値を求めると29gであり，中央値は30g以上32g未満の階級に含まれていた。

　　このとき，表Ⅱの　b　，　c　にあてはまる数をそれぞれ求めなさい。

表Ⅱ

重さ（g）	個数（個）
24以上 ～ 26未満	2
26 ～ 28	6
28 ～ 30	b
30 ～ 32	c
32 ～ 34	6
34 ～ 36	4
計	35

問3　次の図はC，D，Eの3か所の農園で，それぞれ収穫した400個のいちごの重さを調べて，箱ひげ図にまとめたものである。この箱ひげ図から読みとることができることがらとして正しいものを，あとのア～オから2つ選び，記号で答えなさい。

図

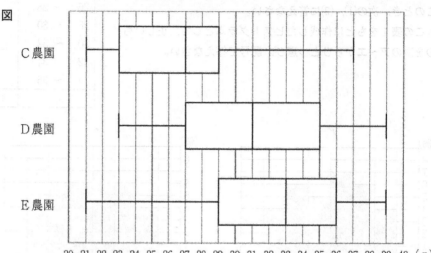

ア　C農園のいちごの重さの平均値は27gである。

イ　C，D，Eの農園の中では，第1四分位数と第3四分位数ともに，E農園が一番大きい。

ウ　C，D，Eの農園の中で，重さが34g以上のいちごの個数が一番多いのはE農園である。

エ　C，D，Eの農園の中では，四分位範囲は，E農園が一番大きい。

オ　重さが30g以上のいちごの個数は，D農園とE農園ともに，C農園の2倍以上である。

【問題3】　右の図Ⅰのような1辺の長さが5cmである正方形の紙を，1cm重ねて貼り合わせていく。

このとき，あとの各問いに答えなさい。

ただし，あとの図Ⅱ～図Ⅳの色のついた部分（ ▨▨▨ の部分）は，1cm重ねて貼り合わせた部分である。

問1　図Ⅰの正方形の紙6枚を，次の図Ⅱのように横に6枚貼り合わせてできる長方形Pと，図Ⅲのように縦に2枚，横に3枚貼り合わせてできる長方形Qがある。

図Ⅱ

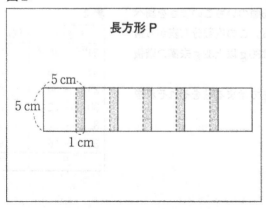

図Ⅲ

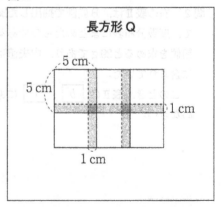

このとき，次の(1)，(2)に答えなさい。

(1)　前のページの図Ⅲにおいて，**長方形Q**の面積を求めなさい。

(2)　**長方形P**と**長方形Q**について述べた文として正しいものを，次の**ア～オ**からひとつ選び，記号で答えなさい。

　ア　周の長さは**長方形P**の方が長く，面積も**長方形P**の方が大きい。

　イ　周の長さは**長方形P**の方が長く，面積は**長方形Q**の方が大きい。

　ウ　周の長さは**長方形Q**の方が長く，面積は**長方形P**の方が大きい。

　エ　周の長さは**長方形Q**の方が長く，面積も**長方形Q**の方が大きい。

　オ　**長方形P**と**長方形Q**では，周の長さも面積も等しい。

問2　前のページの**図Ⅰ**の正方形の紙を，右の**図Ⅳ**のように縦に3枚，横に a 枚貼り合わせてできる長方形の面積が377㎝² になった。

　このとき，a の値を求めなさい。

　ただし，a は自然数とする。

図Ⅳ

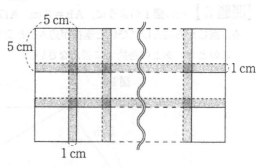

問3　**図Ⅰ**の正方形の紙を，縦に b 枚，横にも b 枚貼り合わせてできる正方形の面積が，3600㎝² 以下となるように，なるべく大きな正方形をつくる。

　このとき，b の値を求めなさい。

　ただし，b は自然数とする。

【**問題4**】右の**図Ⅰ**のように，関数 $y = \frac{1}{2}x^2$ のグラフ上に2点A，Bがある。点A，Bの x 座標は，それぞれ−2，4である。

　このとき，次の各問いに答えなさい。

問1　点Aの y 座標を求めなさい。

問2　2点A，Bを通る直線の式を求めなさい。

問3　△OABの面積を求めなさい。

図Ⅰ

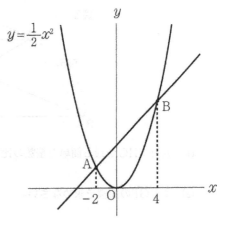

問4　右の図Ⅱのように，直線 $x = t$ と関数
$y = \frac{1}{2}x^2$ のグラフの交点をP，直線 $x = t$ と直線
ABの交点をQ，直線 $x = t$ と x 軸の交点をRとす
る。

　このとき，次の(1)，(2)に答えなさい。

　ただし，$t > 4$ とする。

(1)　PQの長さを t を用いて表しなさい。

(2)　PQ：QR＝7：2となるとき，t の値を求めな
さい。

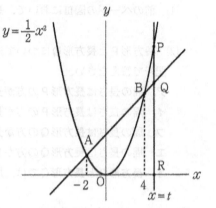

【問題5】次の図Ⅰのように，AB＝5cm，AD＝10cm，∠BADが鈍角の平行四辺形ABCDがあ
る。点Cから辺ADにひいた垂線が辺ADと交わる点をEとし，DE＝3cmである。
　このとき，あとの各問いに答えなさい。

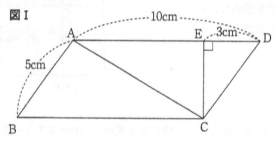

問1　△ACEの面積を求めなさい。

問2　次の図Ⅱのように，∠ADCの二等分線が辺BC，線分ACと交わる点をそれぞれF，Gと
する。また，線分ACと線分BEの交点をHとする。
　このとき，あとの(1)〜(3)に答えなさい。

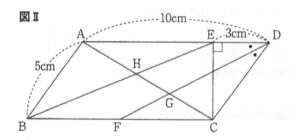

(1)　AH：HCを最も簡単な整数の比で答えなさい。

(2)　△CGFの面積を求めなさい。

(3)　AH：HG：GCを最も簡単な整数の比で答えなさい。

＜英語＞　時間　60分　満点　50点

【問題１】　放送を聞いて，次の各問いに答えなさい。

問１　No. 1～No. 3の英文を聞き，それぞれの英文の内容を最もよく表しているものを，次の
　　ア～エからひとつずつ選び，記号で答えなさい。英文は１回のみ放送します。

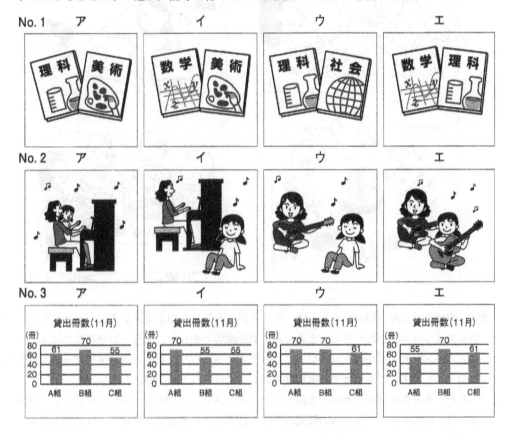

問２　No. 1，No. 2の会話を聞き，それぞれの英語の質問に対する答えとして，最も適切なもの
　　を，次のア～エからひとつずつ選び，記号で答えなさい。会話は１回のみ放送します。

　No. 1　〈留学中の女子生徒（Maya）と現地の男子生徒（Alex）との会話〉

　【質問】　What are they talking about?

　　　ア　Their school events.　　　　　　イ　Their plans for this weekend.

　　　ウ　Their favorite baseball teams.　　エ　The movies they like.

　No. 2　〈文化祭でダンスを披露する女子生徒（Emi）とブラウン先生（Mr. Brown との会話〉

　【質問】　When will Emi's dance finish?

　　　ア　About 11:00.　　イ　About 11:10.　　ウ　About 11:15.　　エ　About 11:25.

問３　ニュージーランドを訪問する予定である中学生のはるか（Haruka）さんと，友人のジョ
　　ン（John）さんとの会話を聞き，はるかさんの滞在中の予定を表す順番になるように，次の

ア～エのイラストを並べかえ，記号で答えなさい。会話は2回放送します。

問4　中学生のまみ（Mami）さんは，テニス部に所属しています。ある日，アメリカからの留学生エミリー（Emily）さんがまみさんの家を訪問しました。翌日，留守番電話にエミリーさんからのメッセージが残されていました。そのメッセージを聞き，次の**メッセージの内容の一部**の（①），（②）にあてはまる適切な英語を，それぞれ**1語**で書きなさい。

　また，まみさんはメッセージを聞いた後，スミス先生（Mr. Smith）に電話をし，質問をしました。あとの**スミス先生への質問**の（③）にあてはまる適切な表現を，**4語以上**の英語で書きなさい。英文は2回放送します。

メッセージの内容の一部

・Mami's （ ① ） is to be a famous tennis player.
・The English club will have a party for Emily on （ ② ）.

スミス先生への質問

・ Hello, Mr. Smith.　This is Mami.　I have a question.　（ ③ ） in the English club?　My friend, Emily, wants to know.

【問題２】　次の各問いに答えなさい。

問１　次のNo.1～No.3の会話を読み，（　）にあてはまる最も適切な英語を，それぞれ１語で
答えなさい。

No. 1

Mother　　　　　: I saw an English book on the table.　Is it yours?

Son　　　　　　: Yes, it's (　　　).　I bought it yesterday.

Mother　　　　　: Really?　It looks interesting.　Can I borrow it?

No. 2

Meg　　　　　　: Hello.　This is Meg.　May I (　　　) to Yuto, please?

Yuto's father : Sorry, he's not here.　Do you want to leave a message?

Meg　　　　　　: Yes.　Could you tell him to come to my house at four
o'clock?

No. 3

Miki　　　　　　: This is a new kind of rice made in Tottori.

Bob　　　　　　: Wow!　It's so good.　Does this rice have a name?

Miki　　　　　　: We (　　　) it Hoshizora-mai.　The name comes from Tottori's
beautiful sky which has many stars.

問２　次のNo.1，No.2の英文を読み，（　）にあてはまる最も適切な英語を，次のア～エから
ひとつずつ選び，記号で答えなさい。

No. 1

I usually walk in the park in the evening.　Then I start cooking dinner.

Walking (　　　) dinner always makes me hungry.

ア　after　　　イ　before

ウ　with　　　エ　over

No. 2

Don't take any food to the school library.　You (　　　) eat there.

ア　should　　　　　　イ　can

ウ　don't have to　　　エ　must not

問３　次の会話を読み，（　）内の語を適切な形に変えたり，不足している語を補ったりして，
会話が成り立つように英語を完成させなさい。

〈週明けに教室で〉

A : What did you do last weekend?

B : I went to the park with my friend.
(enjoy) playing soccer together for two hours.

【問題３】　カナダからの留学生のナンシー（Nancy）さんが学校から帰ると，ホストファーザー（ホームステイ先のお父さん）が料理をしていました。絵１〜４は，そのときの２人の会話の様子を上から順に示したものです。これらの会話を読み，あとの各問いに答えなさい。

絵１

I'm home!
I'm so hungry...

Hi, Nancy.
Dinner will be ready soon.
(　①　)?

絵２

Sure.
What can I do?

OK.

Please cut three onions*
and two carrots*.

(注) onion(s) たまねぎ
carrot(s) にんじん

絵３

Is it OK to throw away*
these vegetable scraps*
here?

(注) throw away 〜　〜を捨てる
vegetable scraps　野菜の皮
や葉および切れはし

No. They are not garbage*.
I'm going to use them to
make one more dish.

(注) garbage ごみ

Really?
(　②　)?

絵4

I'm going to make vegetable soup. It's good for our health and we can reduce* garbage too.

（注）reduce　～を減らす

That's a good idea.

問1　絵1の（①），絵3の（②）にあてはまる英文を，**それぞれ4語以上の一文で書きなさい**。ただし，I'mのような短縮形は1語として数え，符号（ ,や . など）は語数に含めないこととする。

問2　次の**スピーチ**は，ナンシーさんがホストファーザーとの会話で印象に残った日本語について述べたものです。これを読み，**スピーチ**の下線部の問いかけに対するあなたの考えを，あとの**条件**に従って書きなさい。

スピーチ

Today, I want to talk about my favorite Japanese word. It is "mottainai." I learned this word when I was cooking with my host father*. We don't have an English word like that, but I think this word is important. For example, a lot of food is thrown away* at convenience stores*, supermarkets and restaurants every day. And we often buy too much food. Wasting* food is really "mottainai" and it is a big problem around the world now. But there are other "mottainai" problems in our daily life. <u>When do you feel "mottainai" and what can you do about the problem?</u>

（注）　host father　ホストファーザー（ホームステイ先のお父さん）
　　　thrown away　throw away「～を捨てる」の過去分詞
　　　convenience store(s)　コンビニエンスストア　　wasting　無駄にすること

条件

・20語程度の英語で書くこと。
・主語・動詞を含む文で書くこと。
・会話や**スピーチ**で述べられている例以外の内容とすること。
・I'mのような短縮形は1語として数え，符号（ ,や . など）は（**例**）のように書き，語

数に含めないこととする。

（例） 符号をつける場合の書き方： ～ <u>a</u> <u>boy</u> , <u>Tom</u> .

【問題４】 次の会話は，中学３年生のかな（Kana）さんとヒル先生（Mr. Hill）との間で交わされたものです。あとの**グラフ**は，話の途中でヒル先生がかなさんに見せた，青少年のスマートフォンを使ったインターネットの利用時間に関する調査資料です。また，あとの**スピーチ**は，かなさんがスマートフォンの利用について実際に行った発表の原稿です。これらを読み，あとの各問いに答えなさい。

Kana : Good news! My friend, Takahiro, won the first place* at the piano contest yesterday!

Mr. Hill : That's great!

Kana : His parents were so happy. They bought a smartphone for him!

Mr. Hill : Oh, really? Kana, do you have a smartphone?

Kana : No, I don't. But my father says he will buy one for me when I'm a high school student. I can't wait!

Mr. Hill : Today, it is very important to learn how to use information technology*. A smartphone is a small computer. So it may be a good idea to have one when you are young. But when young people use smartphones, there are some problems, too.

Kana : I know. My older brother is using his smartphone too much and my mother is angry.

Mr. Hill : Look at this graph*, Kana. It shows how long Japanese students use smartphones to access* the internet in a day on weekdays*. Junior high school students use them for about 144 minutes a day.

Kana : That's a long time. Elementary school students spend less than* half of that time.

Mr. Hill : Yes. And boys are using them a little longer than girls at every age*. I especially worry about high school students because they use smartphones so much.

Kana : Wow, 208 minutes ... more than three hours a day!

Mr. Hill : What would happen if you used a smartphone for such a long time?

Kana : I get home at six o'clock after school, and go to bed at ten. If I used it for three hours each day, I would have no time to study or talk with my family.

Mr. Hill : Yes. I worry about ①<u>that</u>.

Kana : Before we graduate*, maybe we need to learn more about this problem. I will choose this topic* for my speech next week.

（注） the first place　1位　　information technology　情報技術

graph　グラフ　　access　～にアクセスする，つなぐ　　on weekdays　平日に
less than ～　～より少ない　　age　年代　　graduate　卒業する　　topic　話題

グラフ

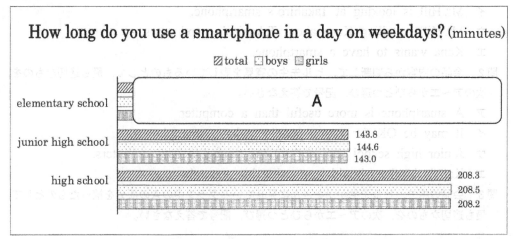

How long do you use a smartphone in a day on weekdays? (minutes)

▨total ☐boys ▦girls

elementary school	**A**
junior high school	143.8 / 144.6 / 143.0
high school	208.3 / 208.5 / 208.2

※「令和2年度青少年のインターネット利用環境実態調査」（内閣府 2021）より作成

スピーチ

Do you have a smartphone?　With smartphones, we can get information easily.　We can talk with friends anytime*.　Playing games and watching movies on smartphones are fun!

　However, what happens if we use smartphones too much?　There are some problems.　For example, we cannot concentrate on* studying if we send and receive messages all the time.　Also, by looking at the screens* for a long time, our eyesight* will get very weak.　And they keep our brains too excited at night, so we cannot sleep well.　It may be bad for our health.

　So, I talked with my parents and we set* three rules*.　First, I will turn off* my smartphone when I study.　Second, after I use it for an hour, I will stop using it （　②　）.　Third, to sleep well, I will not use it in bed.　I'll follow* these rules when I get one.

　A smartphone is a wonderful tool*.　But if we are not careful, smartphones may make our school lives difficult.　We should find a good way to live with smartphones.　If we can, our lives will become more convenient and fun.

(注)　anytime　いつでも　　concentrate on ～　～に集中する　　screen(s)　画面　　eyesight　視力
　　　set　set「～を定める」の過去形　　rule(s)　ルール　　turn off ～　～の電源を切る
　　　follow　～を守る　　tool　道具

問1　2人の会話から分かることとして，最も適切なものを，次のア〜エからひとつ選び，記号で答えなさい。

ア　Kana is very good at music.

イ　Mr. Hill is looking at Takahiro's smartphone.

ウ　Mr. Hill is telling Kana about Takahiro's good news.

エ　Kana wants to have a smartphone.

問2　会話の内容から判断して，**ヒル先生の意見**を表しているものとして，最も適切なものを，次のア〜エからひとつ選び，記号で答えなさい。

ア　A smartphone is more useful than a computer.

イ　It may be OK for young people to have smartphones.

ウ　Junior high school students are too young to use computers.

エ　Kana's brother should stop using his smartphone.

問3　会話の中で，ビル先生がかなさんに見せている**グラフ中のAの部分**を補ったものとして，最も適切なものを，次のア〜エからひとつ選び，記号で答えなさい。

ア

▨total ▢boys ▢girls	
elementary school	65.0
	68.1
	62.1

イ

▨total ▢boys ▢girls	
elementary school	82.7
	85.1
	80.2

ウ

▨total ▢boys ▢girls	
elementary school	65.0
	62.4
	67.3

エ

▨total ▢boys ▢girls	
elementary school	72.3
	72.3
	72.3

問4　会話の下線部①はどのようなことを表していますか。次の（　）にあてはまるように**30字以内の日本語**で答えなさい。ただし，句読点も1字に数えることとする。

　　「スマートフォンを（　　　　　　　）こと。」

問5　スピーチの内容から判断して，**スピーチの（②）**にあてはまる英語として，最も適切なものを，次のア〜エからひとつ選び，記号で答えなさい。

ア　to ask questions about my homework

イ　to give my eyes some rest

ウ　to make my brain excited

エ　to send messages to my friends

問6　スピーチにおいて，かなさんが伝えたい内容と一致する英文として，最も適切なものを，次のア〜エからひとつ選び，記号で答えなさい。

ア　Using smartphones for a long time is good for students' health.

イ　Parents should not buy smartphones for their children until they are older.

ウ　Strong rules are needed when we use smartphones at school.

エ　We should be good users of smartphones and enjoy our lives with them.

【問題５】　次の英文は，アメリカに住む中学生のニック（Nick）さんの物語です。これを読み，あとの各問いに答えなさい。

　Nick was a member of the basketball team in his junior high school.　He was the best player on the team, but there were only eight members and the team never won a game.　So, Nick wanted to make his team stronger.

　It was just a month before the final* tournament of the year.　The other seven players wanted to win, but were not confident*.　Nick sometimes got angry when the other players did not play well.　He even said some bad words to them.　①The members of the team began to be quiet.　The coach* worried about the team.

　The team had a practice* game just three weeks before the tournament.　In the game, Nick often played without passing* the ball to the other players.　At the end of the game, one player on Nick's team was standing near the basket*, and everyone wanted Nick to pass the ball to him.　But Nick didn't do so, and took a shot*.　The ball did not go through the net* and they lost* the game.　Nick thought it was the biggest mistake* he made in the game.　After the game, ②Nick couldn't look at his teammates*.　And they did not say anything to him.　There was a long silence*.

　The next week, Nick was always thinking about the game.　He went to school, but did not practice with the team.　He practiced alone at a park near his house.　But it was not fun.

　One night, Nick's coach visited him and said, "Your teammates are practicing hard every day.　They are waiting for you."　The coach gave Nick a piece of paper.　Many messages were written on it.　"It is not your fault*."　"We need you."　When Nick was reading the messages from his teammates, ③he cried, and then began to feel something warm in his heart*.

　The next day, Nick came back to the team.　He told his new feelings* to the other members.　"Thank you for your messages.　Now I know what is important for me.　I want to play with you all."

　They started playing as one team again.　During practice, Nick passed* the balls many times, jumped* higher than before, and said to his teammates, "You can do it!" and "Nice!"　Those words made them feel confident and play harder.　Nick thought the team was getting (　④　).　It was the first time for Nick to enjoy playing with his team.　Nick was not alone anymore.

　The final tournament began.　Surprisingly*, Nick's team went to the final game.　In the game, all the players did their best, but they lost.　(　⑤　).

　Nick thought the sky was beautiful when he went home after the game.

　(注)　final　最後の　　confident　自信のある　　coach　コーチ　　practice　練習
　　　　passing　pass「（ボールを）パスする」の～ing形　　basket　（バスケットボールの）ゴール

took a shot　take a shot 「シュートをする」の過去形（shot「シュート」）
net （バスケットボールの）リング　　lost　lose 「～に負ける」の過去形　mistake 失敗
teammate チームメイト　　silence 沈黙　　fault 責任　　heart 心　　feeling(s) 気持ち
passed　pass の過去形　jumped　jump 「とぶ」の過去形　surprisingly 驚いたことには

問1　本文の内容から判断して，下線部①の様子を表しているものとして，最も適切なものを，次のア～エからひとつ選び，記号で答えなさい。

ア　ニックがコーチの言うことを聞かないので困っている様子。
イ　試合前にニックの上手なプレーを見て緊張している様子。
ウ　緊張感のないニックのプレーに対してうんざりしている様子。
エ　ニックの乱暴な言葉のせいでチームの雰囲気が悪くなっている様子。

問2　本文の内容から判断して，下線部②のニックのチームメイトへの気持ちとして，最も適切なものを，次のア～エからひとつ選び，記号で答えなさい。

ア　You have to practice more.　Let's practice hard tomorrow.
イ　I am sorry.　We lost the game because I made a mistake.
ウ　My last shot did not go through the net, but it was a small mistake.
エ　We could not win, but the game was exciting.

問3　下線部③について，ニックがこのような様子になったのはなぜですか。その理由を，それまでのニックのチームメイトに対する態度をふまえて，**45字以内の日本語**で答えなさい。ただし句読点も１字に数えることとする。

問4　本文の内容から判断して，（④）にあてはまる英語を，１語で答えなさい。

問5　本文の内容から判断して，（⑤）にあてはまる英文として，最も適切なものを，次のア～エからひとつ選び，記号で答えなさい。

ア　Nick was angry because they did not win the final game.
イ　Nick was sad because all the players did not play well.
ウ　Nick did not feel sad because he had a good time with his teammates.
エ　Nick was happy because he played better than the other players.

問6　本文の内容をふまえて，次の**質問**に対するあなたの考えを，**10語程度の英語**で書きなさい。ただし，I'm のような短縮形は１語として数え，符号（ ,や .など）は，**（例）**のように書き，語数に含めないこととする。

質問　In this story, Nick learned something important from basketball.　What was it?

（例）　符号をつける場合の書き方：～　a　boy　,　Tom　.

＜理科＞　　　時間　50分　　満点　50点

【問題1】　次の会話は，れいこさんとはるとさんが，国の天然記念物に指定されている鳥取市のハマナスの花を見に行ったときのものである。次の図は，ハマナスの写真である。あとの各問いに答えなさい。

図

「鳥取県地域づくり推進部文化財課」ホームページより

会話

れいこさん	きれいな①花だね。以前見た，アブラナの花もきれいだったね。ハマナスやアブラナは何のために花を咲かせているのかな。
はるとさん	②ハマナスやアブラナのような被子植物は　生殖のために花を咲かせているんだ。花が咲いて，しばらくすると種子ができるんだ。ハマナスもアブラナも③双子葉類のなかまだよ。
れいこさん	被子植物以外の植物でも種子ができるのかな。
はるとさん	裸子植物は種子をつくるけれど，④シダ植物やコケ植物は，種子をつくらないよ。シダ植物やコケ植物は（　　　　）をつくって子孫をふやすんだよ。

問1　会話の下線部①について，はるとさんは，ハマナスの花のつくりを観察したところ，ハマナスとアブラナの花では，おしべ，めしべ，がく，花弁の花の各部分が外側から内側へ同じ順番で並んでいることがわかった。これらの花において，花の各部分が並んでいる順番として，最も適切なものを，次のア～エからひとつ選び，記号で答えなさい。

	花の各部分が並んでいる順番			
	外側 ————————————————→ 内側			
ア	がく	花弁	おしべ	めしべ
イ	花弁	がく	おしべ	めしべ
ウ	がく	花弁	めしべ	おしべ
エ	花弁	がく	めしべ	おしべ

問2　会話の下線部②について，被子植物の有性生殖に関する文として，最も適切なものを，次のア～エからひとつ選び，記号で答えなさい。
　ア　花粉がめしべの柱頭につくことを受精という。
　イ　花粉管の中を卵細胞が移動する。
　ウ　受精卵が胚に成長し，胚珠全体が果実になる。
　エ　精細胞の核は胚珠の中の卵細胞の核と合体する。

問3　会話の下線部③について，双子葉類の特徴として，最も適切なものを，次のア〜エからひとつ選び，記号で答えなさい。

　ア　子葉が1枚である。　　　　　　イ　葉脈が平行脈である。

　ウ　茎の維管束が輪のように並ぶ。　エ　根がひげ根である。

問4　会話の下線部④について，次のア〜オの植物のうち，シダ植物であるものを**すべて**選び，記号で答えなさい。

　ア　イヌワラビ　　イ　スギ　　ウ　ゼンマイ　　エ　スギナ　　オ　ソテツ

問5　会話の（　）にあてはまる，最も適切な語を答えなさい。

【問題2】　物質A〜Dは，白い粉末状の，砂糖，かたくり粉，硝酸カリウム，塩化ナトリウムのいずれかである。これらの物質A〜Dが何であるかを明らかにするために，次の実験1，実験2を行った。あとの会話は，実験1を行ったあとに，ゆきこさんとたいちさんが話し合ったものである。あとの各問いに答えなさい。

実験1

　操作1　図1のように，物質A〜Dをそれぞれ炎の中に入れて強く加熱する。

　操作2　操作1で物質が燃えた場合は，図2のように，物質が燃えている状態の燃焼さじを石灰水の入った集気びんに入れる。火が消えたら燃焼さじをとり出し，集気びんにふたをして，よく振り，石灰水のようすを調べる。

　操作3　4本の試験管に20℃の水を5cm³（5g）ずつとり，0.5gずつはかりとった物質A〜Dを，図3のように，それぞれ別々の試験管に入れてよく振り，水へのとけやすさを調べる。

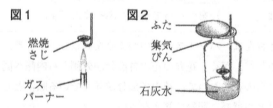
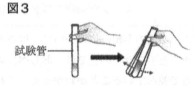

図1　　　　　　図2　　　　　　図3

表1は，実験1の結果をまとめたものである。

表1

	物質A	物質B	物質C	物質D
操作1の結果	炎を出して燃えた	炎を出して燃えた	燃えずに，白い粉が残った	燃えずに，白い粉が残った
操作2の結果	石灰水が白くにごった	石灰水が白くにごった	—	—
操作3の結果	ほとんどとけなかった	すべてとけた	すべてとけた	すべてとけた

問1　操作2の結果で，石灰水が白くにごったことで，物質Aと物質Bに共通して含まれていたことがわかる元素は何か，元素名で答えなさい。

問2　問1の元素を含む物質を，次のア〜オからすべて選び，記号で答えなさい。

　ア　マグネシウム　　イ　ポリエチレン　　ウ　エタノール

　エ　アンモニア　　オ　炭酸ナトリウム

問3　操作3で，**物質B**がすべてとけたとき，この水溶液の質量パーセント濃度は何％か，小数第1位を四捨五入して，整数で答えなさい。

会話

> **ゆきこさん**　実験1の結果から，**物質A**はかたくり粉で，**物質B**は砂糖とわかったけど，**物質C**と**物質D**は，どうしたら特定できるかな。
>
> **たいちさん**　一定量の水にとける物質の質量は，物質の種類と温度によって決まっているから，水の温度を変えながら，とけやすさをくらべてみよう。

実験2

操作1　2本の試験管に10℃の水を5cm³（5g）ずつとり，一方の試験管に**物質C**を，もう一方の試験管に**物質D**をそれぞれ4g入れて，よく振り混ぜる。

操作2　図4のように，2本の試験管を加熱し，ビーカー内の水の温度が20℃になったら，試験管をとり出して振り混ぜ，試験管内のようすを観察する。

操作3　操作2と同様に加熱していき，ビーカー内の水の温度が30℃，40℃，50℃，60℃になったら，それぞれ試験管をとり出して振り混ぜ，試験管内のようすを観察する。

図5は，硝酸カリウムと塩化ナトリウムについて，温度と溶解度の関係を表したものである。なお，加熱による水の蒸発は考えないものとしビーカー内の水の温度と試験管内の水溶液の温度は同じものとする。

図4
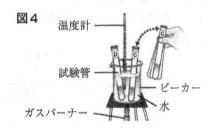
温度計
試験管
ガスバーナー
ビーカー
水

図5
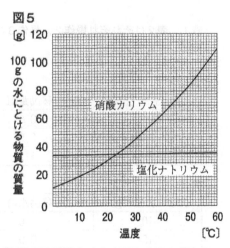
硝酸カリウム
塩化ナトリウム

問4　実験2の結果から，**物質C**は塩化ナトリウム，**物質D**は硝酸カリウムであることがわかった。実験2の結果として，最も適切なものを，次の**ア**〜**エ**からひとつ選び，記号で答えなさい。

	実験2の結果
ア	**物質C**は，すべての温度でとけ残り，**物質D**は，20℃のときはとけ残ったが，30℃，40℃，50℃，60℃のときはすべてとけた。
イ	**物質C**は，すべての温度でとけ残り，**物質D**は，20℃，30℃のときはとけ残ったが，40℃，50℃，60℃のときはすべてとけた。
ウ	**物質C**は，すべての温度でとけ残り，**物質D**は，20℃，30℃，40℃のときはとけ残ったが，50℃，60℃のときはすべてとけた。
エ	**物質C**は，すべての温度でとけ残り，**物質D**は，20℃，30℃，40℃，50℃のときはとけ残ったが，60℃のときはすべてとけた。

問5　図5から考えると，**実験2の操作2**で20℃のときにとけ残った塩化ナトリウムは何gか，小数第2位を四捨五入して，小数第1位まで答えなさい。

【**問題3**】物体がもつエネルギーについて調べるために，次の**実験1～実験3**を行った。あとの各問いに答えなさい。ただし，摩擦や空気の抵抗は考えないものとする。

実験1

操作1　図1のような実験装置を組み立て，力学的エネルギー実験器の調節ねじを適度にしめる。

操作2　小球の速さを変えて打ち出すことができる発射装置を使って，15gの小球をくいに当て，くいの移動距離を調べる。

操作3　質量が異なる小球に変えて，**操作2**と同様にくいの移動距離を調べる。このとき，速さ測定器が1.6m/sの速さを示すように，発射装置を調節して小球を転がす。

図1

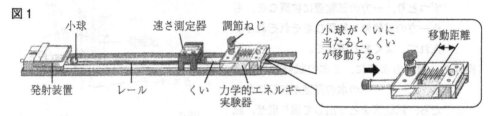

表1，表2はそれぞれ**操作2**，**操作3**の結果をまとめたものである。また，図2は表1をグラフに表したものである。

表1

小球の速さ〔m/s〕	くいの移動距離〔cm〕
1.2	0.5
1.6	0.9
1.8	1.1

表2

小球の質量〔g〕	くいの移動距離〔cm〕
10	0.6
15	0.9
25	1.5

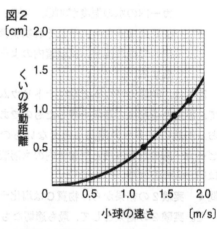

図2

問1　**表2**をもとに，小球の質量とくいの移動距離との関係を表すグラフをかきなさい。

問2　**実験1**の結果から，小球のもつ運動エネルギーの大きさと，小球の速さや質量との関係について述べたものとして，最も適切なものを，次の**ア～エ**からひとつ選び，記号で答えなさい。

ア　小球のもつ運動エネルギーの大きさは，小球の速さや質量が大きいほど大きい。

イ　小球のもつ運動エネルギーの大きさは，小球の速さや質量には関係しない。

ウ　小球のもつ運動エネルギーの大きさは，小球の速さが大きいほど大きいが，質量には関係しない。

エ　小球のもつ運動エネルギーの大きさは，小球の質量が大きいほど大きいが，速さには関係しない。

実験2

　図3のように，おもりに伸び縮みしない糸をつけて，天井の点O
からつるし，おもりの**最下点B**から糸がたるまないように**点A**まで
持ち上げ，静止させたあと，静かに手を離し，振り子の運動を観察
する。

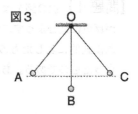

図3

問3　おもりは図3の点Bを通り，点Aと同じ高さの点Cに移動した。このときの運動エネル
　　ギーと位置エネルギーの変化のようすを表している図として，最も適切なものを，次の**ア**～**エ**
　　からひとつ選び，記号で答えなさい。ただし，横軸はおもりの位置を表し，縦軸はおもりが**点**
　　Aの位置にあるときの位置エネルギーを1としたときのエネルギーの大きさを表している。ま
　　た，図中の実線は運動エネルギーを，点線は位置エネルギーを表している。

ア 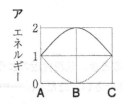　　イ 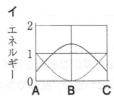　　ウ 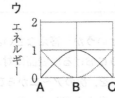　　エ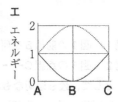

実験3

　図4のように，**実験2**で使用した振り子の点Oから点Bまでの距離
のちょうど半分の位置である**点P**にくぎを打ち，糸がたるまないよう
にしておもりを点Aまで持ち上げ，静止させたあと，静かに手を離し，
振り子の運動を観察する。

問4　おもりは**図5**の点D～Hのどの位置まで上がるか，最も適切な
　　ものをひとつ選び，記号で答えなさい。

問5　次の文は，**実験2**，**実験3**の結果について，まとめたものであ
　　る。文の（①），（②）にあてはまるものの組み合わせとして，最も
　　適切なものを，あとの**ア**～**エ**からひとつ選び，記号で答えなさい。

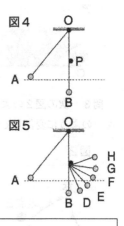

文

　実験3でおもりが点Bを通過したときの速さは，実験2でおもりが点Bを通過したときの
　速さ（　①　）。また，実験3でおもりが点Bから上がって静止する位置まで移動した時間
　は，実験2でおもりが点Bから点Cまで移動した時間（　②　）。

	（　①　）	（　②　）
ア	と等しい	と等しい
イ	と等しい	より短くなる
ウ	より速くなる	と等しい
エ	より速くなる	より短くなる

【問題4】　次の図1は，日本付近の低気圧と前線について，あとの図2は，図1の低気圧と前線が真東に進むようすについて，次のページの図3は，地球規模での大気の動きについて，それぞれ模式的に表したものである。あとの会話は，かおるさんとりょうさんが，図3をみて，話し合ったものである。あとの各問いに答えなさい。

図1

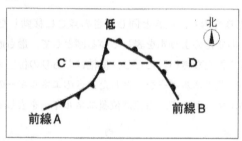

問1　図1の前線Bを何というか，答えなさい。

問2　図1の点線C---Dにおける地表面に対して垂直な断面を考えるとき，前線付近のようすとして，最も適切なものを，次のア～エからひとつ選び，記号で答えなさい。ただし，⟶は暖気（暖かい空気）の動きを表している。

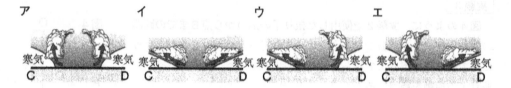

問3　次の図2のように，図1の低気圧と前線が真東に進んだとき，地点E（●印）の天気はどのように変化していくと考えられるか，あとのア～エを変化する順に並べ，記号で答えなさい。

図2

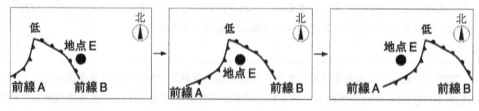

ア　南よりの風に変わり，気温が上がる。

イ　積乱雲が発達して，強いにわか雨が降る。

ウ　広い範囲にわたって雲ができ，長い時間雨が降る。

エ　北よりの風に変わり，気温が急に下がる。

会話

> **かおるさん**　日本付近の低気圧や移動性高気圧はなぜ，西から東に移動することが多いのかな。天気も西から東に移り変わることが多いね。

りょうさん　そうだね。調べてみると，地球規模の大気の動きが関係しているようなんだ。地表が太陽から受ける光の量は，同じ面積では低緯度地方のほうが大きくなるから，緯度によって気温のちがいが生じて，地球規模での大気の動きが起こる原因になるんだ。

かおるさん　図3を見ると，赤道付近の地表は気圧が（　①　）い部分，極付近の地表は気圧が（　②　）い部分になっていることがわかるね。

りょうさん　中緯度の上空では，図3のaやbのような西よりの風が1年中ふいていて，この風に押し流されて，低気圧や移動性高気圧は西から東に移動するんだ。

図3

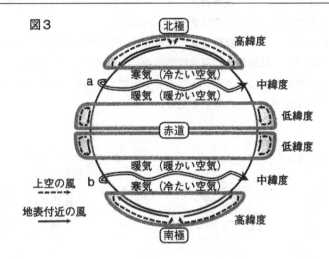

問4　会話の（①），（②）にあてはまる，最も適切な語を，それぞれ答えなさい。

問5　会話の下線部について，中緯度上空を1年中ふいている西よりの風を何というか，答えなさい。

【問題5】次の会話1は，けんたさんとさつきさんが，ヒトの生命を維持するはたらきについて，話し合ったものである。また，会話2は，けんたさんとさつきさんが，唾液のはたらきを調べるために行った実験の結果について話し合ったものである。あとの各問いに答えなさい。

会話1

けんたさん　ヒトは，細胞内で，酸素を使って栄養分を分解することで，エネルギーをとり出すことができるよね。

さつきさん　ヒトのからだには，酸素をとり入れて二酸化炭素を排出する，ガス交換に関わる器官があるよね。

けんたさん　それと，ヒトは食物を消化液で消化することができるから，エネルギーをとり出すための栄養分を吸収することができるよね。

さつきさん　この消化液には，唾液があるよね。実際に，唾液のはたらきについて調べてみよう。

問1　会話1の下線部について，図1は，この器官の構造の一部を模式的に表したものである。次の(1)，(2)に答えなさい。

図1

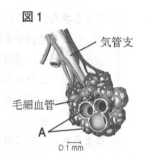
気管支
毛細血管
A
0.1 mm

(1)　図1のAのような，多数の小さな袋の名称を答えなさい。

(2)　この器官には，図1のAのような多数の小さな袋があることで，酸素と二酸化炭素のガス交換の効率がよくなる。その理由を答えなさい。

実験

操作1　図2のように，2本の試験管A，Bに1％デンプンのりをそれぞれ5cm³ずつ入れる。さらにうすめた唾液をそれぞれ2cm³ずつ加える。

操作2　図3のように，2本の試験管A，Bを40℃の湯の中に10分間入れる。

操作3　図4のように，試験管Aにヨウ素溶液を2，3滴加え，色の変化を見る。また，図5のように，試験管Bにベネジクト溶液を少量加え，沸とう石を入れ，軽く振りながらガスバーナーで加熱し，色の変化を見る。

図2　　　　　　図3　　　　　　図4　　　図5

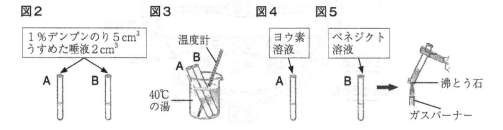

1％デンプンのり5cm³
うすめた唾液2cm³
A　　B

温度計
B
A
40℃の湯

ヨウ素溶液
A

ベネジクト溶液
B
→
沸とう石
ガスバーナー

次の表は，実験の結果についてまとめたものである。

表

試験管A，Bに入れるもの	試験管Aで観察された ヨウ素溶液の色の変化	試験管Bで観察された ベネジクト溶液の色の変化
1％デンプンのり5cm³ うすめた唾液2cm³	（　①　）	（　②　）

問2　表の（①），（②）にあてはまるものの組み合わせとして，最も適切なものを，次のア～エからひとつ選び，記号で答えなさい。

	（　①　）	（　②　）
ア	青紫色に変化した	赤褐色に変化した
イ	変化しなかった	赤褐色に変化した
ウ	青紫色に変化した	変化しなかった
エ	変化しなかった	変化しなかった

会話2

けんたさん　この実験の結果からわかることは，40℃で，唾液のはたらきによってデンプンが分解されたということだね。

さつきさん　　でも，この**実験**の結果だけでは，唾液のはたらきによるとはいい切れないよ。それを確かめるために，追加の実験をしてみようよ。

問3　「デンプンが分解されたのは，唾液のはたらきによるものである」ことを確かめるために，追加の実験を行った。なお，追加の実験では，新たに2本の試験管を用意し，**実験**の**操作1**で試験管に入れたものと異なるものを2本の試験管に入れ，**操作2**，**操作3**と同様の操作を行った。追加の実験で使用したものと，実験結果について，最も適切なものを，次の**ア～エ**からひとつ選び，記号で答えなさい。

	追加の実験で使用したもの	ヨウ素溶液の色の変化	ベネジクト溶液の色の変化
ア	水7 cm^3	変化しなかった	赤褐色に変化した
イ	水7 cm^3	青紫色に変化した	変化しなかった
ウ	1％デンプンのり5 cm^3 水2 cm^3	変化しなかった	赤褐色に変化した
エ	1％デンプンのり5 cm^3 水2 cm^3	青紫色に変化した	変化しなかった

問4　唾液のはたらきによってデンプンが分解されるのは，唾液に含まれる消化酵素のはたらきによるものである。この消化酵素は何か，答えなさい。

【**問題6**】金属のイオンへのなりやすさのちがいと電池のしくみについて調べるために，次の**実験1**，**実験2**を行った。あとの各問いに答えなさい。

実験1
　操作1　図1のように，試験管に無色の硝酸銀（$AgNO_3$）水溶液を入れる。
　操作2　硝酸銀水溶液に銅線（Cu）を入れて，静かに置いておく。

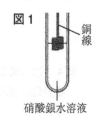

図1
銅線
硝酸銀水溶液

問1　硝酸銀は水にとけると，陽イオンと陰イオンに分かれる。このように，水にとけて物質が陽イオンと陰イオンに分かれることを何というか，答えなさい。

問2　**実験1**では，硝酸銀水溶液に銅線を入れると，銅線のまわりに銀色の結晶が現れ，樹木の枝のように成長していくようすと，水溶液の色の変化が観察できた。次の**文1**は，水溶液の色の変化について説明したものである。**文1**の（①）にあてはまるイオンの名称と，（②）にあてはまる色の組み合わせとして，最も適切なものを，次のページの**ア～エ**からひとつ選び，記号で答えなさい。

文1

　硝酸銀水溶液に銅線を入れると，水溶液中に（　①　）が生じたため，水溶液が（　②　）色に変化した。

	（　①　）	（　②　）
ア	銀イオン	赤褐
イ	銀イオン	青
ウ	銅イオン	赤褐
エ	銅イオン	青

問3　**実験1**で，硝酸銀水溶液に銅線を入れ，銅線のまわりに銀色の結晶が現れたときの反応について，次の**化学反応式**を完成させなさい。

化学反応式

$2Ag^+$　　＋　　Cu　　　　　　　→

実験2

操作1　図2のようなダニエル電池の装置をつくる。

操作2　図3のように，ダニエル電池に，光電池用のプロペラつきモーターをつなぎ，モーターが回転したことを確認し，しばらくつないだままにした後，金属板の表面を観察する。

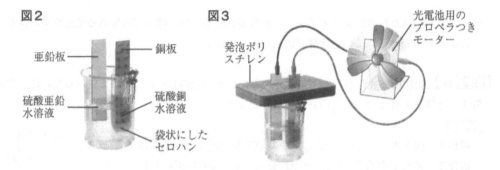

図2

図3

問4　次の**文2**は，**実験2**の結果について説明したものである。**文2**の（③），（④）にあてはまる語句の組み合わせとして，最も適切なものを，あとの**ア～エ**からひとつ選び，記号で答えなさい。

文2

　　銅板の表面には新たな銅が付着し，亜鉛板は表面がぼろぼろになっていた。このことから，ダニエル電池では，亜鉛原子が電子を（　③　），電子は導線を通って（　④　）へ移動していることがわかり，亜鉛板が－極となる。

	（　③　）	（　④　）
ア	受け取り	亜鉛板から銅板
イ	受け取り	銅板から亜鉛板
ウ	失い	亜鉛板から銅板
エ	失い	銅板から亜鉛板

問5　実験1，実験2の結果から，銀（Ag），銅（Cu），亜鉛（Zn）の3種類の金属を，イオンになりやすい金属の順に並べたものとして，最も適切なものを，次のア〜カからひとつ選び，記号で答えなさい。

ア　銀 ＞ 銅 ＞ 亜鉛　　　　イ　銀 ＞ 亜鉛 ＞ 銅

ウ　銅 ＞ 銀 ＞ 亜鉛　　　　エ　銅 ＞ 亜鉛 ＞ 銀

オ　亜鉛 ＞ 銀 ＞ 銅　　　　カ　亜鉛 ＞ 銅 ＞ 銀

【問題7】　磁界の中で導線に電流を流したとき，導線が磁界から受ける力の規則性を調べるために，次の実験1〜実験3を行った。あとの各問いに答えなさい。

実験1

図1のような装置をつくり，電圧を3.0V，6.0Vに変えて，電流計の値とコイルの振れ方を調べる。

図1

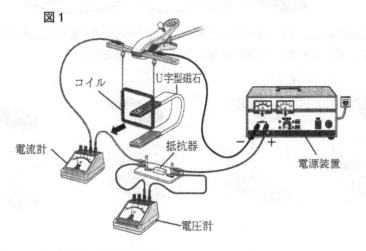

コイル　　U字型磁石

電流計　　抵抗器　　電源装置

電圧計

表は，実験1の結果をまとめたものである。

表

電圧計の値〔V〕	0	3.0	6.0
電流計の値〔mA〕	0	200	400
コイルの振れ方	振れなかった	小さく図1の矢印の方向に振れた	大きく図1の矢印の方向に振れた

問1　図1の回路に，抵抗器が入っている理由として，最も適切なものを，次のア〜エからひとつ選び，記号で答えなさい。

ア　回路の抵抗が小さいと大きな電流が流れて，電流計がこわれてしまうため。

イ　回路の抵抗が大きいと大きな電流が流れて，電流計がこわれてしまうため。

ウ　回路の抵抗が小さいと電流が流れにくくなり，電流の測定ができなくなるため。

エ　回路の抵抗が大きいと電流が流れにくくなり，電流の測定ができなくなるため。

問2　表をもとに，抵抗器に加わる電圧と抵抗器を流れる電流との関係を表すグラフをかきなさい。

問3 実験1と同じ装置で，電流計の値が100mAを示したとき，抵抗器で消費される電力は何W
か，答えなさい。

実験2

図2のような装置をつくり，電流を流して，コイルが回転する向きを調べる。

図2

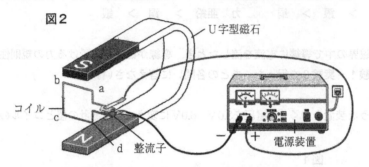

問4 実験2において，コイルが回転したときコイルはどのように動いたと考えられるか，次の
アに続けて，**イ〜エ**をコイルが動いた順に並べ，記号で答えなさい。

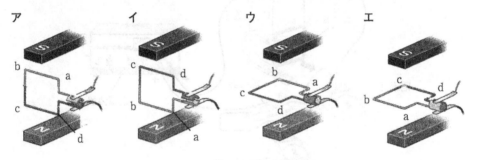

実験3

図3のような装置をつくり，指でコイルを押して回転させる。

図3

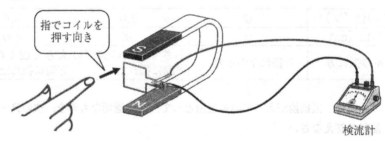

問5 実験3では，指でコイルを回転させたときに，検流計の針が振れ，電流が流れたことが確
認できた。このとき，電流が流れた理由を，「**コイルの中の**」という語句に続けて，答えなさ
い。

【問題8】 太陽系にはさまざまな天体が存在することがわかっている。次の図は，太陽系の惑星について，赤道半径や平均密度を表したものである。そのうち，**グループ1，グループ2**は，太陽系の8つの惑星を，特徴をもとに，2つのグループに分けたものである。あとの各問いに答えなさい。

図

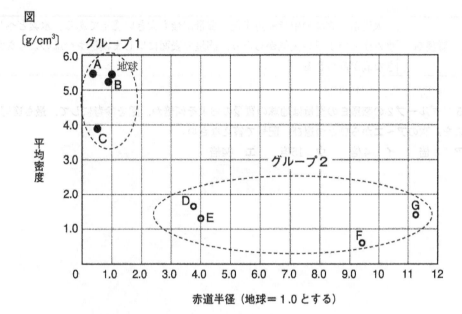

問1　図の**グループ2**のような特徴をもった惑星を何というか，答えなさい。

問2　**グループ1**と**グループ2**の惑星の自転周期，衛星の数を比較したとき，**グループ1**の特徴の組み合わせとして，最も適切なものを，次の**ア～エ**からひとつ選び，記号で答えなさい。

	自転周期	衛星の数
ア	長 い	多 い
イ	長 い	少ない
ウ	短 い	多 い
エ	短 い	少ない

問3　太陽系の天体のうち，おもに，海王星より外側にある，冥王星やエリスなどの天体を何というか，答えなさい。

問4　次のページの表は，図の惑星Bと惑星Gの特徴についてまとめたものである。惑星Bと惑星Gとして最も適切なものを，次の**ア～オ**からそれぞれひとつずつ選び，記号で答えなさい。

ア　水星

イ　金星

ウ　火星

エ　木星

オ　土星

表

惑　星	特　　徴
惑星B	太陽系の惑星の中で表面温度が最も高く，厚い雲におおわれており地表は見えない。大気圧は地球の90倍以上あり，大気の主成分は二酸化炭素である。
惑星G	太陽系の惑星の中で赤道半径，質量が最も大きい惑星である。水素とヘリウムからなる厚い大気からなり，惑星の表面にはしま模様や台風のような大きな渦がみられる。

問5　グループ2の惑星Eの質量は地球の質量のおよそ何倍か，図を参考にして，最も適切なものを，次のア～エからひとつ選び，記号で答えなさい。

　ア　1倍　　イ　4倍　　ウ　15倍　　エ　64倍

＜社会＞　　時間　50分　　満点　50点

【問題1】

問1　次の**略地図**は，緯線と経線が直角に交わる世界地図の中から6つの地域を切り取って，無作為に並べたものである。経線は，本初子午線から20度ごとに引き，緯線は緯度0度の赤道のみ引いている。これをみて，あとの各問いに答えなさい。なお，6つの略地図の縮尺は同じではない。

略地図

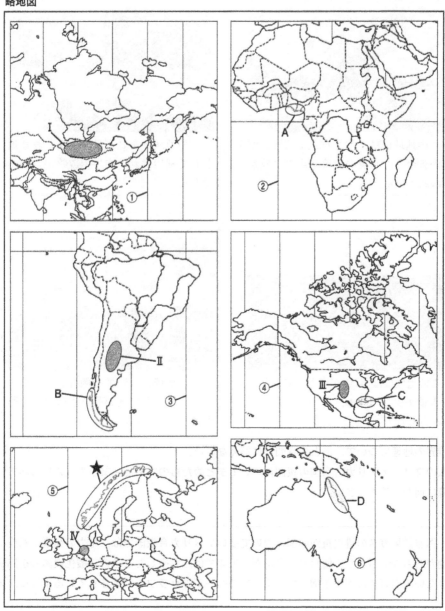

(1)　前のページの**略地図**中の①〜⑥の経線のうち，本初子午線を示しているものを２つ選び，記号で答えなさい。

(2)　**略地図**中の★の場所では，氷河によってけずられた谷に海水が深く入りこんだ氷河地形がみられる。この氷河地形を何というか，答えなさい。また，★の場所のほかに氷河地形がみられる場所として，最も適切なものを，**略地図**中のA〜Dからひとつ選び，記号で答えなさい。

(3)　次の**ア〜エ**は，**略地図**中のⅠ〜Ⅳのいずれかの地域における農業のようすをあらわした写真とその説明である。Ⅱの地域にあてはまるものとして，最も適切なものを，次の**ア〜エ**からひとつ選び，記号で答えなさい。

ア

　この地域には，パンパとよばれる草原が広がり，小麦の栽培や牛の放牧が行われている。

イ

　この地域は，降水量が少なく牧草地として利用され，肉牛の放牧がさかんである。

ウ

　この地域には，草原が広がっており，降水量が少ないため，羊などを飼う遊牧が行われている。

エ

　この地域は，乳牛を飼育し，バターやチーズなどの乳製品を生産する酪農がさかんである。

問2　世界の地理について，あとの各問いに答えなさい。

(1)　次の**文**は，アメリカ合衆国の資源についてまとめたものである。文中の（A）にあてはまる資源は何か，答えなさい。

文

　温室効果ガスの排出量が中国についで多いアメリカ合衆国では，電力の発電に石炭や原油がおもな燃料として使われてきたが，近年では，もやしたときの二酸化炭素の排出量が少ない天然ガスの利用が増えている。次のページの**グラフ１**に示されているように，天然

ガスの生産は，アメリカ合衆国が最も多い。なかでも，天然ガスの一種である（　A　）は，図に示されているように，アメリカ合衆国に豊富に埋蔵されており，新しい資源として注目され，これからの世界のエネルギー供給に大きな影響を与えると考えられている。

グラフ1　天然ガスの生産の割合（2018年）

アメリカ
合衆国
21.9%

その他
35.1%

ロシア
18.2%

サウジ
アラビア
2.5%

3.2%　4.1%　4.3%　4.8%　5.9%

ノルウェー

中国　カタール　カナダ　イラン

「世界国勢図会2020／21年版」より作成

図　アメリカ合衆国における（A）の分布（■■で示しているところ）

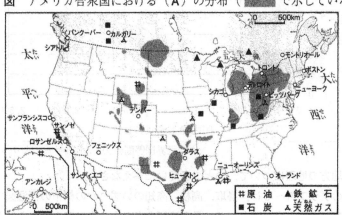

(2)　次のページの**グラフ2**は，カンボジア，フィリピン，マレーシアのいずれかの国における宗教別人口割合を示したものである。**グラフ2**中の**A〜C**にあてはまる国名の組み合わせとして，最も適切なものを，次の**ア〜カ**からひとつ選び，記号で答えなさい。

ア　A　カンボジア　　B　フィリピン　　C　マレーシア
イ　A　カンボジア　　B　マレーシア　　C　フィリピン
ウ　A　フィリピン　　B　カンボジア　　C　マレーシア
エ　A　フィリピン　　B　マレーシア　　C　カンボジア
オ　A　マレーシア　　B　カンボジア　　C　フィリピン
カ　A　マレーシア　　B　フィリピン　　C　カンボジア

グラフ2　3か国の宗教別人口割合

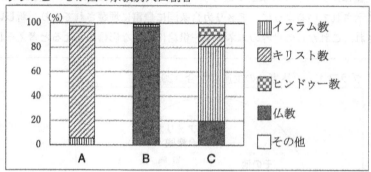

統計年次は，カンボジアは2008年，フィリピン・マレーシアは2000年
「データブック　オブ・ザ・ワールド2021年版」より作成

(3)　次のグラフ3中のア～エは，アメリカ合衆国，中国，ASEAN（10か国），EU（28か国・2018年当時）のいずれかの国や地域機構の国内総生産（GDP）と輸出額を示したものである。中国のものとして，最も適切なものを，グラフ3中のア～エからひとつ選び，記号で答えなさい。

グラフ3　国内総生産（GDP）と輸出額（ともに2018年）

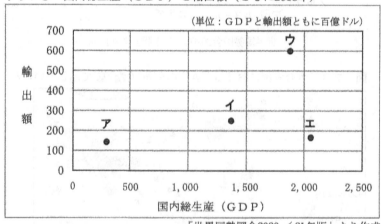

「世界国勢図会2020／21年版」より作成

問3　中国・四国地方の地理について，あとの各問いに答えなさい。

(1)　次のページのグラフA～Cは，鳥取，高松，高知のいずれかの都市の雨温図である。A～Cにあてはまる都市の組み合わせとして，最も適切なものを，次のア～カからひとつ選び，記号で答えなさい。

ア　A　鳥取　　B　高松　　C　高知

イ　A　鳥取　　B　高知　　C　高松

ウ　A　高松　　B　鳥取　　C　高知

エ　A　高松　　B　高知　　C　鳥取

オ　A　高知　　B　鳥取　　C　高松

カ　A　高知　　B　高松　　C　鳥取

グラフ

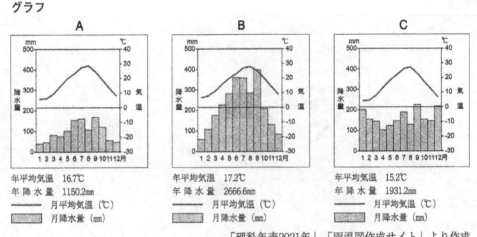

「理科年表2021年」，「雨温図作成サイト」より作成

(2)　次の表は，業種別製造品の出荷額を示したものであり，表中のア〜エには，岡山県，広島県，山口県，香川県のいずれかの県があてはまる。山口県にあてはまるものとして，最も適切なものを，表中のア〜エからひとつ選び，記号で答えなさい。

表　業種別製造品の出荷額（2018年）　　　　　　　　　　　　　　（単位：億円）

	ア	イ	ウ	エ
化学工業	19,289	12,404	4,435	1,563
輸送用機械器具	11,225	9,786	35,141	2,906
食料品	2,335	5,427	6,638	3,537
印刷・印刷関連業	291	1,058	828	576
繊維工業	569	2,323	1,259	443
製造品出荷額（総額）	67,213	83,907	101,053	28,003

「データでみる県勢2021年版」より作成

(3)　次のページの地形図は，愛媛県八幡浜市の一部を示したものである。この地域で津波や洪水が発生した場合の避難所として，最も適していると考えられる場所を，地形図中のア〜エからひとつ選び，記号で答えなさい。

　（地形図は編集の都合で90％に縮小してあります。）

地形図

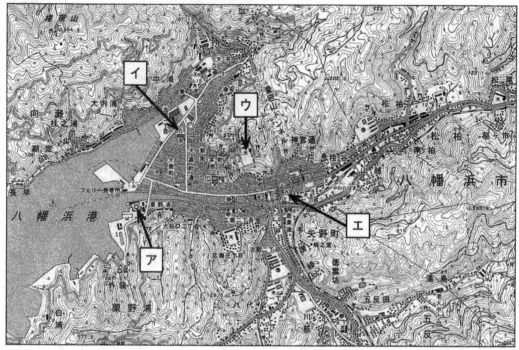

「国土地理院 1：25000地形図」平成18年発行「八幡浜」より作成

(4) 2021年に行われた株式会社ブランド総合研究所の「第3回地域版SDGs調査2021」において，鳥取県は，住民によるSDGsへの取り組み評価で，2年連続第1位となった。特に，「ゴール11『住み続けられるまちづくりを』」の取り組みの評価は，他県を大きく上回った。次の**資料**は，ゴール11に関する内容を示したものであり，あとの**会話**は，授業中に**ひなこさん**たちが，**資料**と鳥取県内における無電柱化前後の町のようすを示した**写真1～3**をみながら話をしたものである。**会話**中の（**X**）にあてはまる適切な内容を答えなさい。

資料

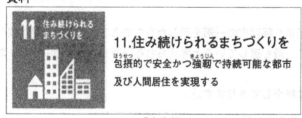

「鳥取県ホームページ」より作成

会話

> 先　　　生：住み続けられるまちづくりのひとつとして，「無電柱化」が進められています。なぜ無電柱化が進められているのか，次のページの**写真1～3**をみて考えてみましょう。
>
> **ひなこさん：写真1**をみると，すっきりとした景観になっていて，後ろの建物の古風なよ

うすに合っているよね。既存のものをいかすことは，ふるさとに誇りをもつことにもつながるね。

はるとさん：**写真2**は，道幅が広がり，歩行者や車椅子を利用する人が通行するのに十分なスペースがとられているよね。また，点字ブロックも設置されていて，視覚に障がいのある人も，安心して通行できるね。

ひなこさん：景観に配慮したり，通行しやすくしたりするほかに，無電柱化の目的はあるのかな。

先　　　生：もう一度，**資料**をみてはどうですか。

はるとさん：**資料**の中にある「安全」という視点に着目して次のページの**写真3**をみると，たくさんの電柱や電線類がなくなっているよね。これは，（　Ｘ　）ため，ということが考えられるんじゃないかな。

写真1

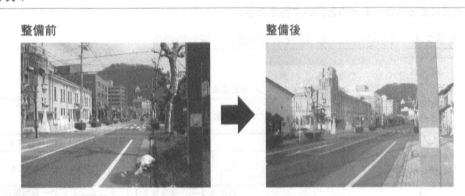

写真2

写真3

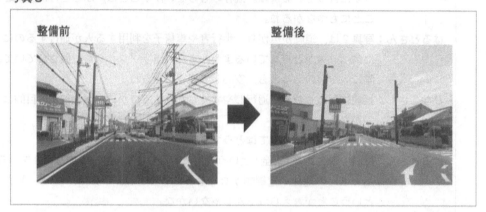

写真はすべて「国土交通省中国地方整備局ホームページ」より作成

問4 ようたさんは，日本と世界との結び付きについて，工業や貿易に着目して調べ，**グラフ1，2**や**表**にまとめた。あとの各問いに答えなさい。

グラフ1 日本の輸出入総額とその貿易品目の割合の変化

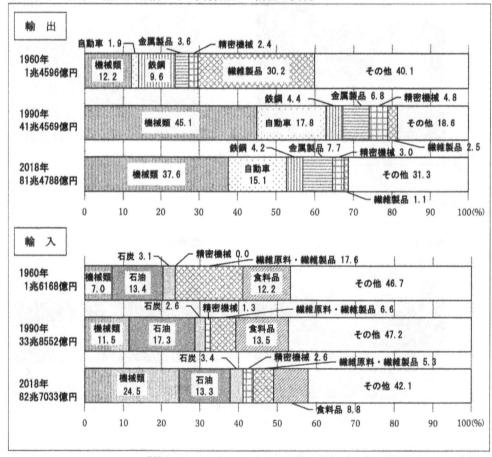

「数字でみる日本の100年　改訂第6版」，「日本国勢図会2020／21年版」，
「データブック　オブ・ザ・ワールド2020年版」より作成

(1) 前のページの**グラフ1**は，日本の輸出入総額とその貿易品目の割合の変化を示したものである。**グラフ1**から読み取ることができることとして，最も適切なものを，次の**ア～エ**からひとつ選び，記号で答えなさい。

ア 1960年と1990年は，それぞれ輸入総額に比べて，輸出総額の方が多い。

イ 1960年と2018年の輸入品の内訳をみると，2018年の方が食料品の占める割合が多い。

ウ 1960年，1990年，2018年の輸出品の内訳をみると，いずれの年も機械類の占める割合が最も多い。

エ 1990年と2018年の機械類と金属製品の輸出額を比べると，ともに増加している。

(2) 次の**グラフ2**は，日本の輸入貿易総額とその大陸(州)別割合の変化を示したものである。グラフ2中の**A～D**には，アジア州，オセアニア州，北アメリカ州，ヨーロッパ州(東欧諸国・旧ソ連・ロシアを含む)のいずれかの州があてはまる。**北アメリカ州**にあてはまるものとして，最も適切なものを，**グラフ2**中の**A～D**からひとつ選び，記号で答えなさい。ただし，北アメリカ州は，カナダとアメリカ合衆国のみ，**グラフ2**中の中南アメリカ州は，メキシコ以南と南アメリカ州を指すものとする。

グラフ2　日本の輸入貿易総額とその大陸(州)別割合の変化

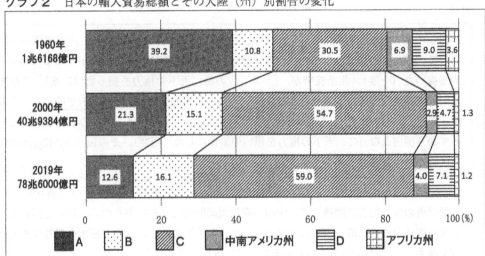

「数字でみる日本の100年　改訂第6版」,「データブック　オブ・ザ・ワールド2020年版」より作成

(3) 次のページの**表**は，インドネシア，タイ，ベトナム，マレーシアのいずれかの国の人口，一人あたりの国内総生産(GDP)，進出日本企業数，輸出相手国上位3か国を示したものである。**ベトナム**にあてはまるものとして，最も適切なものを，**表**中の**ア～エ**からひとつ選び，記号で答えなさい。

表

| | 人口
（千人） | 一人あたりの
国内総生産
（GDP）
（ドル） | 進出日本企業数 | | 輸出相手国 | | |
			2000年	2018年	1 位	2 位	3 位
ア	31,528	11,373	1,107	1,009	シンガポール	中　国	アメリカ合衆国
イ	69,428	7,274	1,558	2,574	中　国	アメリカ合衆国	日　本
ウ	267,671	3,893	817	1,333	中　国	日　本	アメリカ合衆国
エ	95,546	2,563	195	1,156	アメリカ合衆国	中　国	日　本

進出日本企業数以外の統計年次は2018年
「統計要覧2002」，「世界国勢図会2019／20年版」，「世界国勢図会2020／21年版」，
「データブック　オブ・ザ・ワールド2020年版」より作成

【問題2】

問1　次の**資料**は，江戸時代の儒学者（朱子学者）の新井白石が著した「読史世論」の一部を現代
語訳したものである。これを読み，あとの各問いに答えなさい。

資料

　　　日本の政権は(a)古代から公家政権が九回変わって(b)武家政権となり，武家政権は五回変
わって，徳川氏の政権となった。武家は源頼朝が鎌倉幕府を開いて，天下の軍事に関する権
力を握った（一変）。北条義時が，（　X　）の後，天下の権力を握った（二変）。後醍醐天
皇の建武の新政の後，(c)足利尊氏は，光明天皇を北朝の天皇に立てて幕府を開いた（三変）。
織田信長が興こり，信長は天下を治めようとした。（　Y　）は，古人の知恵を利用して，
みずから関白となって，天下の権力を思いのままにした（四変）。その後，ついに(d)徳川家の
世となった（五変）。

「詳説　日本史史料集　再訂版」より作成

(1)　儒学者の新井白石に関連して，中国の春秋戦国時代に「思いやりの心（仁）で行いを正し
日常の生活や政治に取り組むことにより，国はよく治まる」と説き，日本や朝鮮にも大きな影
響を与えた，「儒教の祖」といわれる思想家は誰か，答えなさい。

(2)　**資料**中の（X）にあてはまるできごとと，（Y）にあてはまる人物が行った政策との組み合
わせとして，最も適切なものを，次の**ア～エ**からひとつ選び，記号で答えなさい。

	（X）にあてはまる できごと	（Y）にあてはまる人物が行った政策
ア	承久の乱	兵農分離を進め，その後の身分制社会の土台をつくった。
イ	承久の乱	地租改正を実施し，地券の所有者を納税者と定めた。
ウ	応仁の乱	兵農分離を進め，その後の身分制社会の土台をつくった。
エ	応仁の乱	地租改正を実施し，地券の所有者を納税者と定めた。

(3)　**資料**中の下線部(a)の古代に起こった次のページの**ア～エ**のできごとを，古いものから順に並
べ，記号で答えなさい。

ア　朝廷は，坂上田村麻呂を派遣して，東北地方への支配を広げた。

イ　朝廷は，人民の把握のために，最初の全国的な戸籍をつくった。

ウ　朝廷は，唐にならった最初の律令を完成させ，中央集権を整備した。

エ　朝廷は，開墾を奨励するために，墾田永年私財法を定めた。

(4)　**資料**中の下線部(b)に関連して，次の**文**は，中世に成立した軍記物語の一節と，その物語中の時代の特徴を説明したものである。文中の（A），（B）にあてはまる語句の組み合わせとして，最も適切なものを，あとの**ア～エ**からひとつ選び，記号で答えなさい。

文

> 「祇園精舎（ぎおんしょうじゃ）の鐘の声，諸行無常（しょぎょうむじょう）の響あり。沙羅双樹（しゃらそうじゅ）の花の色，盛者必衰（じょうしゃひっすい）のことわりをあらわす。おごれる人も久しからず，ただ春の夜の夢のごとし。」
>
> 　この物語は，（　A　）によって語られました。物語中で滅んだ武家政権は，天皇家と血縁関係を結ぶなど，藤原氏と同様の権力基盤を備えていました。一方，この武家政権は，藤原氏とは異なり，（　B　）の利益を政権の重要な経済基盤のひとつとしていました。

ア　（A）空也　　　　（B）南蛮貿易

イ　（A）空也　　　　（B）日宋貿易

ウ　（A）琵琶法師　　（B）南蛮貿易

エ　（A）琵琶法師　　（B）日宋貿易

(5)　**資料**中の下線部(c)に関連して，次の**表**は，足利尊氏が開いた室町幕府が行った日明貿易における幕府，守護大名の大内氏・細川氏，その他の各勢力が派遣した貿易船が明国に渡航した年（入明年）を示したものである。**表**を参考にして，室町時代の海外との交流や諸外国のようすを説明したものとして，適切なものを，あとの**ア～エ**から**すべて**選び，記号で答えなさい。

表　表中の○印は，入明したことをあらわす。

入明年	1401	1403	1404	1405	1407	1408	1410	1433	1435	1453	1468	1477	1484	1495	1511	1523	1540	1549
幕　府	○	○	○	○	○	○	○	○	○		○	○	○	○				
大内氏										○	○				○	○	○	○
細川氏											○				○	○		
その他								○	○				○	○				

「日本大百科全書6」より作成

ア　日明貿易は幕府が朝貢（ちょうこう）形式で始めたため，最初の10回は幕府が貿易を独占した。

イ　幕府の衰退にともない，明との貿易の実権は，大内氏や細川氏の手に移っていった。

ウ　明に貿易船を派遣した大内氏は，山口に雪舟（せっしゅう）や宗祇（そうぎ）などの文化人を招いた。

エ　コロンブスは，喜望峰（きぼうほう）をまわってインドに到達する航路を開いた。

(6)　**資料**中の下線部(d)に関連して，5代将軍徳川綱吉のころにみられるようになった産業のようすとして，最も適切なものを，次の**ア～エ**からひとつ選び，記号で答えなさい。

ア　農村では，小作人が地主に小作料の引き下げを求める小作争議を起こした。

イ　米と麦などの二毛作が西日本を中心に広がっていき，稲の品種も増加した。

ウ　班田収授法が定められ，戸籍にもとづいて口分田が与えられ，税がかけられた。

エ　千歯こきなど新しい農具の開発が進み，耕地面積や米の生産量が飛躍的に増加した。

問2　次の**略年表**をみて，あとの各問いに答えなさい。

略年表

時代	江戸	明　　治	大正	昭　　和	平成
年	1853	1904〜05	1914	1951	1989
できごと	ペリー来航　←　　　I　　　→　日露戦争		第一次世界大戦開戦	サンフランシスコ平和条約　←　　　II　　　→	冷戦終結

(1) **略年表**中のＩの時期に起こったできごととして，最も適切なものを，次の**ア〜エ**からひとつ選び，記号で答えなさい。

　ア　殖産興業政策の一環で，綿糸の製造と輸出拡大をはかる民営の富岡製糸場が開業した。

　イ　経済を民主化するために，日本の産業や経済を独占していた財閥を解体した。

　ウ　八幡製鉄所は，おもに中国から輸入した石油や国産の鉄鉱石を使って操業を開始した。

　エ　田中正造は，日本の近代化を支えた足尾銅山の鉱毒被害者の救済を訴えた。

(2) **略年表**中の日露戦争において日本は勝利し，それは，アジアの人々に近代化や独立への希望と自信を与えた。次の**資料1**は，ネルー（インドの初代首相），**資料2**は，ジャ・ギュカルプ（トルコの思想家）の日露戦争での日本の勝利に関連する考えである。**資料1，2**から読み取ることができることや，当時の日本の外交に関する説明として，適切なものを，あとの**ア〜エ**から**すべて**選び，記号で答えなさい。

資料1

　日本のロシアにたいする勝利がどれほどアジアの諸国民をよろこばせ，こおどりさせたのかを，われわれはみた。ところが，その直後の成果は，少数の侵略的帝国主義諸国のグループに，もう一国をつけくわえたというにすぎなかった。

「父が子に語る世界歴史4」より

資料2

　日本はヨーロッパ文明を採用しながら，一方では自国の宗教と国民性を堅持している。そうすることによってのみ，すべての点でヨーロッパに追い付くことができる。（略）なぜわが国は徹底してトルコの，またイスラム教徒の資質を失うことなくヨーロッパ文明を採用しないのか。

「トルコと日本　特別なパートナーシップの100年」より

　ア　ネルーは，日露戦争後の日本がインドを併合したことを嘆いた。

　イ　ジャ・ギュカルプは，トルコがヨーロッパ文明を採用しないことを嘆いた。

　ウ　日露戦争後，満州への進出を目指すイギリスと日本との良好な関係は崩れ始めた。

　エ　日本の勝利は，不平等条約廃止の好機となり，日本は関税自主権の回復を達成した。

(3) **略年表**中の第一次世界大戦開戦を含む大正時代に関連して，あとの各問いに答えなさい。

　① 次のページの**図1**は，第一次世界大戦直前の国際関係を示したものである。また，あとの**表**は，アメリカ，イギリス，ドイツ，ソ連（ロシア）のいずれかの国の産業革命の時期，女

性の選挙権が認められた年，国際連盟に加盟した年を示したものである。**図1**中のＡ，Ｂに
あてはまる国のものとして，最も適切なものを，**表**中の**ア～エ**からそれぞれひとつずつ選び，
記号で答えなさい。

図1

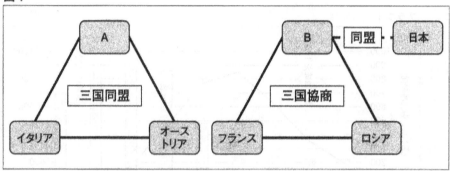

表

	ア	イ	ウ	エ
産業革命の時期	18世紀半ば	19世紀前半	19世紀半ば	19世紀後半
女性の選挙権が認められた年	1918年	1919年	1920年	1917年
国際連盟に加盟した年	1920年	1926年	加盟せず	1934年

② 　次の**資料3**は，「原敬日記」の一部である。**資料3**をふまえて，原敬の行ったことに関す
る説明として，最も適切なものを，あとの**ア～エ**からひとつ選び，記号で答えなさい。

資料3

> 　しだいに選挙権を拡張していくことには，何の異議もない。また，いずれ国内情勢が
> ふさわしい状況に至れば，いわゆる普通選挙の実施もそこまで心配することではない。
> しかし，階級制度打破というような，現在の社会組織に対して打撃を試みようとする考
> えから，納税資格を撤廃するというようなことは，非常に危険なことだ。この民衆の要
> 求通りに現代の組織を破壊するような勢いを与えれば，実に国家の基礎を危険にするも
> のである。

「原敬日記　大正9年2月20日」より作成

ア　原敬は，選挙権を直接国税15円以上を納める25歳以上の男性に拡張した。
イ　原敬は，社会主義の動きに対して，重い刑罰を科する治安維持法を成立させた。
ウ　原敬は，米騒動で示された民衆の力を背景に，男子普通選挙法を成立させた。
エ　原敬は，階級制度打破という考えを不安に思い，納税資格を撤廃しなかった。

③　次の**グラフ１**は，1914年から1922年までの，日本における軍事費総額と国際収支（経常）＊を示したものである。1921年から翌22年にかけて，日本はワシントン会議に参加して国際協調の外交をすすめた。その理由として，**グラフ１**から考えられることを説明しなさい。

　　＊外国との，ものやサービスの取引など，経済取引で生まれた収支（収入と支出）を示す経済指標。

グラフ１

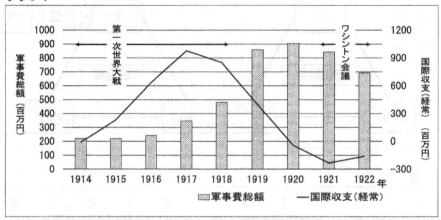

「近現代日本経済史要覧　補訂版」，「数字で見る日本の100年　改訂第７版」より作成

(4)　**略年表**中の**Ⅱ**の時期に関連して，次の**グラフ２**は，「世界終末時計」＊をグラフ化したものである。これをみて，あとの各問いに答えなさい。

　　＊核開発や核戦争などへの警告を目的に，アメリカの原子力科学者会報が定期的に発表している時計。
　　　人類の終末を午前０時とし，それまでの残り時間を示している。

グラフ２

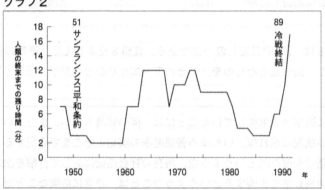

「原子力科学者会報ホームページ」より作成

①　次の**図２**は，**グラフ２**中の**サンフランシスコ平和条約**に関する経過をあらわしている。**図２**中の（Ａ），（Ｂ）にあてはまる語句の組み合わせとして，最も適切なものを，次のページの**ア～エ**からひとつ選び，記号で答えなさい。

図２

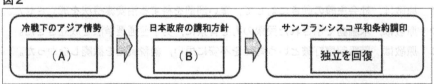

　ア　（A）朝鮮戦争　　　　（B）アメリカ側の国々との講和の実現
　イ　（A）ベトナム戦争　　　（B）アメリカ側の国々との講和の実現
　ウ　（A）朝鮮戦争　　　　（B）すべての交戦国との講和の実現
　エ　（A）ベトナム戦争　　　（B）すべての交戦国との講和の実現
②　グラフ2が示す時期に起こったできごとと世界終末時計との関連として，最も適切なもの
　を，次のア～エからひとつ選び，記号で答えなさい。
　ア　第1回アジア・アフリカ会議が開かれた時，残り時間は12分を上回っていた。
　イ　日米安全保障条約が締結された時，残り時間は6分を下回っていた。
　ウ　東海道新幹線が開通した時，残り時間は4分を指していた。
　エ　ベルリンの壁が崩壊した時，残り時間は2分を下回っていた。

【問題3】

問1　次の**表**は，鳥取県出身選手がオリンピックにおいてメダルを獲得した年を示したものである。これをみて，日本の政治や経済について，あとの各問いに答えなさい。

表　鳥取（a）県出身選手がオリンピックでメダルを獲得した年

開催年	開催地	競技・種目	メダル
（b）1992年	バルセロナ	男子マラソン	銀メダル
（c）2012年	ロンドン	アーチェリー女子団体	銅メダル
（d）2021年	東京	ボクシング女子フェザー級	金メダル

(1)　表中の下線部（a）に関連して，地方公共団体のしくみを説明したものとして，最も適切なものを，次のア～エからひとつ選び，記号で答えなさい。
　ア　県議会は，県知事を指名できない。
　イ　県議会は，県知事の不信任決議を行うことはできない。
　ウ　県知事は，県議会を解散することはできない。
　エ　県知事は，県議会の決定に対して審議のやり直しを求めることができない。
(2)　次の**文1**は，表中の下線部（b）の年に成立した法律に関するものであり，次のページの**写真**は，この法律に基づいて行われた活動のようすである。**文1**中の（A）にあてはまる適切な語句を，**アルファベット3文字**で答えなさい。ただし，（A）には，同じ語句が入るものとする。
文1

　　1991年の湾岸戦争をきっかけに，1992年，（　A　）協力法が成立しました。それ以来，日本は国連の（　A　）への参加を通じて，世界の平和に貢献しています。

写真

カンボジアで，道路の整備作業を
行う日本の施設部隊

ボスニア・ヘルツェゴビナで，投
票の監視を行う日本の選挙監視要員

「内閣府ホームページ」より

(3) 前のページの**表**中の下線部（ c ）の年に，消費税に関する法律が成立した。消費税について
説明した次の**文2**中の（ B ），（ C ）にあてはまる語句として，最も適切なものを，あとの**ア～
エ**からひとつ選び，記号で答えなさい。

文2

> 消費税は，（　B　）である。また，収入などに関係なく，消費額に応じて同じ割合で
> 税を負担するので，所得が低い人ほど所得に占める税金の割合が（　C　）なるという課
> 題が指摘されている。

ア　（B）直接税　　（C）低く　　　**イ**　（B）直接税　　（C）高く
ウ　（B）間接税　　（C）低く　　　**エ**　（B）間接税　　（C）高く

(4) **表**中の下線部（ d ）の年に関連して，あとの各問いに答えなさい。

① 次の**グラフ**は，2021年の衆議院の政党（会派*）別議席数を示したものであり，あとの
文3は，グラフから読み取ることができることや，1990年代以降の政権のようすを説明した
ものである。**文3**中の（D）にあてはまる適切な語句を答えなさい。

　＊国会内で活動をともにする議員の団体で，多くの場合は政党を中心に作られる。

グラフ　衆議院の政党（会派）別議席数（2021年11月10日現在）

文3

> 2021年11月10日現在，2つの政党が与党である。1990年代以降，基本政策に合意した
> 政党が集まった（　D　）政権が多くなってきた。

② 2021年10月31日に衆議院議員選挙が行われた。その選挙での当選者として，適切なもの
を，次の**ア～エ**から**すべて**選び，記号で答えなさい。

ア　私は，小選挙区制で行われた選挙で当選しました。

イ　私は，一つまたは二つの都道府県を単位とする選挙区制で当選しました。

ウ　私は，全国を一つの単位とした比例代表制で当選しました。

エ　私は，全国を11のブロックに分けて行う比例代表制で当選しました。

問2　次の会話は，さくらさんとれんたさんが，東京2020オリンピックについて話し合ったものである。これを読み，あとの各問いに答えなさい。

会話

> さくらさん：オリンピックの開会式で，(a)ピクトグラム*のパフォーマンスがあったね。このピクトグラムは，1964年の東京大会で日本が生み出したらしいよ。
>
> れんたさん：1964年の東京大会以降も，大会ごとにデザインされているみたいだよ。次の(b)パリ大会でのデザインが楽しみだね。
>
> さくらさん：そういえば，ピクトグラムを使ったグッズも販売されていたね。欲しいグッズがあったけど，(c)人気が高くて売り切れていたものもあったよ。

＊シンプルな絵を使って，どの国の人にもわかりやすく情報が伝わるようデザインされた記号。

(1)　会話中の下線部(a)に関連して，世界共通の国際シンボルマークとして定められた，「障がいのある人が利用できる建物・施設」であることを明確に表すためのピクトグラムとして，最も適切なものを，次のア～エからひとつ選び，記号で答えなさい。

ア　　　　　　　　イ　　　　　　　　ウ　　　　　　　　エ

(2)　会話中の下線部(b)に関連して，2015年に開催された，国連気候変動枠組条約締約国会議で採択されたパリ協定について説明したものとして，最も適切なものを，次のア～エからひとつ選び，記号で答えなさい。

ア　先進国に対して，温室効果ガスの削減目標を義務づけた。

イ　先進国に対して，フロンガスの削減目標を義務づけた。

ウ　すべての国に対して，温室効果ガスの削減目標を義務づけた。

エ　すべての国に対して，フロンガスの削減目標を義務づけた。

(3)　会話中の下線部(c)に関連して，次の各問いに答えなさい。

①　私たちの生活と経済に関する説明として，最も適切なものを，次のア～エからひとつ選び，記号で答えなさい。

ア　消費者の買う量（需要量）が生産者の売る量（供給量）を下回っている状態は，希少性が高いと考えられる。希少性が高い商品は，一般的に価格が上がる。

イ　電気やガス，水道の料金などの価格の変動は，国民の生活に大きな影響を与えるため，公共料金として公正取引委員会が価格の決定や認可を行っている。

ウ　消費生活は，契約によって成り立っており，自分の意思で自由に契約を結ぶことができる。ただ，一度契約を結ぶと，互いにそれを守る義務が生じる。

エ　通貨の交換比率を為替レートといい，外国通貨に対する円の価値が高まることを円高という。円高になると，おもに商品を海外に輸出する企業には有利になる。

② 次の**表1**は，商品Ｘの需要量，供給量と価格を示したものである。**表2**は，技術革新により商品Ｘがより安く生産できるようになったため，同じ価格でより多く生産できるようになった場合の商品Ｘの新しい供給量と価格を示したものである。また，あとの**文**は，**表1，2**から読み取ることができることをまとめたものである。文中の（Ａ），（Ｂ）にあてはまる適切な数字を，それぞれ答えなさい。ただし，需要量は変化しないものとする。

表1　商品Ｘの需要量，供給量と価格

価格（円）	50	100	150	200	250
需要量（個）	3,000	2,500	2,000	1,500	1,000
供給量（個）	1,000	1,500	2,000	2,500	3,000

表2　商品Ｘの新しい供給量と価格

価格（円）	50	100	150	200	250
新しい供給量（個）	2,000	2,500	3,000	3,500	4,000

文

商品Ｘの供給量が増えたことによる新しい均衡価格は（　Ａ　）円で，その時の需要量と供給量は，ともに（　Ｂ　）個となる。

問3　えいじさんのクラスでは，東京2020オリンピックの開会式と閉会式の中から印象に残った場面を各班のテーマとし，調べ学習を行った。次の**表1**は，それぞれの班のテーマである。あとの各問いに答えなさい。

表1

	テーマ
1班	天皇陛下による開会宣言
2班	日本国旗を先導する子どもと，国旗を運ぶアスリートや医療従事者の方，障がいがある方たち
3班	オリンピック難民選手団の入場
4班	日本各地の伝統的なお祭りを通して（**a**）世界の平和を願う

(1)　**表1**中の1班のテーマに関連して，次の**資料1**は，日本国憲法における天皇に関する条文である。**資料1**中の（Ａ），（Ｂ）にあてはまる適切な語句を，それぞれ答えなさい。ただし，（Ｂ）には，同じ語句が入るものとする。

資料1

第3条　天皇の（　Ａ　）に関するすべての行為には，（　Ｂ　）の助言と承認を必要とし，（　Ｂ　）が，その責任を負ふ。

(2)　前のページの**表1**中の**2班**のテーマに関連して，次の**資料2**は，1989年に国際連合で採択された条約のおもな内容を示したものである。この条約名として，最も適切なものを，あとの**ア～エ**からひとつ選び，記号で答えなさい。

資料2

・防げる病気などで命を失わないこと。

・教育を受け，休んだり遊んだりできること。

・あらゆる種類の虐待や搾取などから守られること。

・自由に意見を表したり，集まってグループをつくったり，自由な活動を行ったりできること。

ア　人種差別撤廃条約　　イ　子ども（児童）の権利（に関する）条約

ウ　女子差別撤廃条約　　エ　障害者（の）権利（に関する）条約

(3)　**表1**中の**3班**のテーマに関連して，次の**グラフ1**は，2020年に国外へ逃れた難民のおもな出身国，**グラフ2**は，国外へ逃れた難民のおもな受入国を示したものである。あとの**会話**は，えいじさんとあおいさんが，**グラフ1，2**から読み取ったことや，難民問題について話し合ったものである。**会話**中の（**C**）にあてはまる国名と，（**D**）にあてはまる語句の組み合わせとして，最も適切なものを，あとの**ア～エ**からひとつ選び，記号で答えなさい。ただし，**グラフ1**と**会話**中の（**C**）には同じ国名，**グラフ**の出典と**会話**中の（**D**）には，同じ語句が入るものとする。

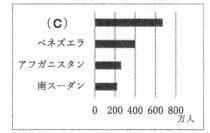

グラフ1　難民のおもな出身国

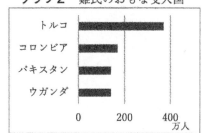

グラフ2　難民のおもな受入国

グラフ1，2とも「（**D**）日本ホームページ」より作成

会話

えいじさん：**グラフ1**と**グラフ2**をみると，（　**C**　）の隣国のトルコが最大の難民受入国であることが読み取れるね。

あおいさん：そうだね。（　**C**　）では，民主化を求める民衆と政府との間の対立から激しい紛争に発展しているね。

えいじさん：（　**D**　）も逃れてきた人々を保護しているけど，難民を生み出す地域紛争などの問題を解決することも必要だよね。

ア　（C）シリア　　　　（D）UNHCR　　　イ　（C）シリア　　　　（D）UNCTAD

ウ　（C）ミャンマー　　（D）UNHCR　　　エ　（C）ミャンマー　　（D）UNCTAD

(4)　**表1**中の**4班**のテーマの下線部(a)に関連して，世界の平和と安全の維持に責任を負うのが，

国際連合の安全保障理事会である。次の**表2**は，ある決議案に対して，賛成または反対した国をまとめたものである。安全保障理事会に提出されたこの決議案は，可決されたか，否決されたか，その理由とともに説明しなさい。

表2

賛　成	反　対
アメリカ，フランス，イギリス，ベルギー，ドミニカ共和国，ドイツ，エストニア，インドネシア，ニジェール，南アフリカ，チュニジア，ベトナム，セントビンセントおよびグレナディーン諸島	ロシア，中国

問一　【話し合いの一部】にある　Ⅰ　の意見は【動画の構成案】に取り入れられています。　Ⅰ　にはどのような意見が入りますか。Eさんの発言となるような表現で、二十字以内で答えなさい。

問二　【話し合いの一部】に見られる、合意形成に向けた話し合いの特徴として最も適切なものを、次のア〜エから一つ選び、記号で答えなさい。

ア　意見の長所・短所をそれぞれ明確にして、合意形成に向けた話し合いを行っている。

イ　共通点を見つけ、意見を分類・整理して、合意形成に向けた話し合いを行っている。

ウ　互いの意見を比較し、優先順位をつけて、合意形成に向けた話し合いを行っている。

エ　多数意見を優先し、少数意見を除外して、合意形成に向けた話し合いを行っている。

問三　【話し合いの一部】のBさん・Fさんの発言にはどのような特徴がありますか。最も適切なものを、次のア〜オからそれぞれ一つずつ選び、記号で答えなさい。

ア　動画の視聴者の立場や考えを想定することで、説得力を高めている。

イ　話し合いの流れに注意しながら、随時、疑問点を投げかけている。

ウ　他の意見を否定せず、話し合いの方向性に関する提案を行っている。

エ　話し合いの活性化のために、独創的な視点で情報を分析している。

オ　発言回数や時間配分を意識して、適切に司会進行を務めている。

問四　【話し合いの一部】に【活動】とありますが、あなたがこれまで経験したり取り組んできたりした【活動】について、次の【条件】に従って書きなさい。【活動】については、【話し合いの一部】にある「活動」以外のことでも、学校以外のことでもかまいません。

【条件】

1　二段落構成とし、各段落の内容は次のとおりとする。
・第一段落には、【活動】を一つ取り上げ、具体的に述べること。
・第二段落には、その【活動】を通してあなた自身にどのような学びや成長があったかについて述べること。

2　解答欄の八行以上、十行以内でまとめること。

3　原稿用紙の正しい使い方に従うこと。

⑧ 部活動…どの部活動も上級生と下級生の仲が良く、気軽にアドバイスをし合っている。

Aさん　たくさん意見が出てきましたが、どの意見を動画の内容に取り入れたらよいか迷っていますね。

Bさん　せっかく出てきた意見なので、同じような意見はまとめて、ポイントを二つくらいに絞ってはどうでしょうか。

Cさん　いいですね。そうすると、①、②、③の意見にある活動はどれも学校行事で、生徒同士のつながりに関係があるので、「絆を深める」とまとめることができそうですね。

Dさん　⑤、⑥、⑦の意見はどれも「地域」という言葉があるので、「地域で学び成長できる」とまとめることができますね。

Eさん　たしかに、私も⑤、⑥、⑦の意見にあるような活動を通して、自分のものの見方や考え方が広がったように思います。

Aさん　④と⑧の意見はどちらの意見にもまとめることができませんでしたが、どうしますか。

Eさん　④の意見については、「最高の景色」を感じてもらうためにドローンを使って校舎周辺を撮影し、その映像を入れてみましょう。ドローンが使えるかどうか、先生に相談してみましょう。

Aさん　いいですね。

　　　　　　　　Ⅰ　　　　。

Cさん　今回は⑧の意見は部活動に関することなので、学校行事ではないので、取り上げなくていいですね。

Fさん　いいえ。地域の人の中には、部活動に興味のある小学生

もいるので、必要な情報だと思います。学校行事や部活動を通して、友人同士や先輩と後輩など、人との絆を深めていくことができるというところは、ぜひ強調したいと思います。

【動画の構成案】

動画の内容	説明内容（ナレーション）	時間
（シーン1） ・校舎周辺の映像	○学校の概要 ・あいさつ ・所在地 ・生徒数	1分
（シーン2） ・体育祭の様子 ・文化祭の様子 ・修学旅行の様子 ・部活動の様子	○ポイント1 ・「絆を深めることのできる学校」 ・学校行事や部活動を通して、生徒同士が絆を深めていることの説明	4分
（シーン3） ・探究活動の様子 ・職場体験の様子 ・環境活動の様子	○ポイント2 ・「地域で学び成長できる学校」 ・地域での学びを通して、生徒一人一人のものの見方や考え方が広がっていくことの説明	4分
（シーン4） ・校舎周辺の映像	○まとめ ・「絆を深めることのできる学校」、「地域で学び成長できる学校」の再提示 ・あいさつ	1分

ア　二本まとめて抜くことで、一本分を安く抑えて得しようと考えたから。

イ　話が長くなったので、少しでも早く歯を抜いてもらおうと考えたから。

ウ　三文払えば定価よりも高くなり、相手も得になるはずだと考えたから。

エ　別れ際のお礼として三文は少ないが、受け取ってもらおうと考えたから。

問四　――4「大きに愚かなる事」とありますが、これはどのようなことに対する言葉ですか。最も適切なものを、次のア～エから一つ選び、記号で答えなさい。

ア　主張して相手をねじ伏せることに懸命になり、仏に従う謙虚さを忘れていること。

イ　少しでも多くの利益を上げたいと望む結果、相手への思いやりを忘れていること。

ウ　目の前のわずかな利益に気を取られて、本当に大切なことに気づいていないこと。

エ　治療を優先しようとして、必要以上に代金を支払い、財産を失ってしまうこと。

【問題五】　ある中学校の広報委員会で、地域の人たちに学校を紹介するための動画を制作することになりました。次の【話し合いの一部】と、話し合いのあとにまとめた【動画の構成案】を読んで、あとの問いに答えなさい。

【話し合いの一部】

Aさん　皆さん、どのような内容にしたら良いと思いますか。十分程度の短い動画なので、学校の様子や活動を中心に紹介したらどうでしょうか。

Bさん　いいですね。それでは、なるべく多くのアイデアを集めるために、自由に意見を出し合いましょう。

〈中略〉

Aさん　こちらが出てきた意見です。

板書

① 体育祭…リレーや大縄跳びといった競技に、クラスが一致団結して挑んでいる。全校生徒による創作ダンスは大迫力。

② 文化祭…クラス対抗による合唱コンクールに向け、練習を通してクラスがまとまっていく。

③ 修学旅行…班別行動の時間は、班ごとに立てた計画に従って、協力して行動する。

④ 校舎周辺…自然が豊か。校舎の三階から眺める景色は最高。

⑤ 探究活動…地域の歴史や文化について、フィールドワークを通して学習していて、誰もが地域の自慢ができる。

⑥ 職場体験…地域の人たちの協力により、多くの商店や施設で仕事を体験することができる。

⑦ 環境活動…長年取り組んできた地域の清掃活動が評価され、公民館長さんから感謝状をいただいた。

イ　繰り返し説明させられたことを面倒だと感じている。

ウ　依然として自信がなさそうな篤にがっかりしている。

エ　面と向かって言葉で褒めるのを照れくさく感じている。

問六　「5名古屋場所前日の土俵祭でも、最後に触れ太鼓の番があった」とありますが、これよりあとの本文中の表現について説明したものとして、**適切でないもの**を、次のア〜エから一つ選び、記号で答えなさい。

ア　擬音語を効果的に用いて触れ太鼓の様子を描写することで、篤の気持ちの高まりを表している。

イ　一年前と同じ情景を重ねて表現することで、篤が自分自身の成長を自覚する場面となっている。

ウ　色とりどりの力士幟がはためく様子の描写によって、篤の迷いやためらいが印象付けられている。

エ　相撲特有の事柄を視覚的・聴覚的に表現することで、読者が情景をイメージしやすくしている。

(出典：平田オリザ『対話のレッスン』による)

【問題三】　※問題に使用された作品の著作権者が二次使用の許可を出していないため、問題を掲載しておりません。

【問題四】　次の文章を読んで、あとの問いに答えなさい。(出題の都合上、本文を一部改めた箇所がある)

南都に、歯取る*唐人有りき。ある*在家人の、*慳貪にして、*利養を先とし、事に触れて、*商ひ心のみありて、*徳もありけるが、*虫の食ひたる歯を取らせむとて、唐人がもとに行きぬ。歯一つ取るには、銭二文に定めたるを「一文にて取りてたべ（一文で抜いてください）」と云ふ。*少分の事なれば、ただも取るべけれども（ただでとってもよいのだが）、*心様の憎さに、「1ふつと（全く）、一文にては取らじ（絶対に「一文では抜かない」）」と云ふ。やや久しく論ずる程に、2おほかた取らざりければ、「3さらば三文にて、歯二つ取り給へ」とて、虫も食はぬに良き歯を取り添へて、二つ取らせて、三文取らせつ。心には*利分とこそ思ひけめども、疵なき歯を失ひぬる、大きなる損なり。此は申すに及ばず、4大きに愚かなる事、鳴呼がましきわざなり。

(*沙石集*による)

(*注)

唐人…唐から渡来した人。　在家人…出家していない庶民。

慳貪…けちで貪欲。　利養…利益。

商ひ心…損得を考える商売根性。　徳…財産。

虫の食ひたる歯…虫歯。　少分の事…ほんのわずかな金額。

心様…心の持ち方、考え方。　利分…もうけ。

問一　「1ふつと、一文にては取らじ」は、誰の言葉ですか。本文中から抜き出して答えなさい。

問二　「2おほかた」を現代仮名遣いに直し、すべてひらがなで書きなさい。

問三　「3さらば三文にて、歯二つ取り給へ」とありますが、このように言ったのはなぜですか。最も適切なものを、次のア〜エから一つ選び、記号で答えなさい。

も一緒に歩きながら聞いていた。先月練習したのと同じ節回しのはずなのに、篤が叩いていた音とは違った。軽やかで、何の引っかかりもなく聞こえる。

耳元でその音を聞きながら、明日からいよいよ土俵上の戦いが幕を開けるのだと実感した。最後に力強くトトン、と音が鳴り、土俵祭が終わった。

土俵祭の帰り、名古屋城の石垣をバックに赤や緑、橙と色とりどりの力士＊幟がはためいているのが見えた。その幟に囲まれるようにして、呼出が太鼓を叩くための＊櫓が組まれている。

去年、篤が初めて呼出として土俵に上がったのも、この名古屋場所だった。研修の期間があったとはいえ、当時は相撲のことは何もわかっていなかった。わかっていなかったけれど、青空に鮮やかな彩りを添える幟や、空に向かってそびえる櫓は粋で気高く、美しかった。

そして今、一年が経って同じ景色を見ている。

来年この景色を見るとき、俺はどうなっているのだろう。新しく入ってきた呼出に対して、ちゃんと「兄弟子」らしくいられるだろうか。できる仕事は増えているだろうか。朝霧部屋からは、関取が誕生しているだろうか。

一年後はまだわからないことだらけだ。

それでも、もう不安に思わなかった。

名古屋場所の初日、序ノ口で宮川さんの取組があった。この一年間、朝霧部屋には序ノ口力士がいなかったので、部屋の兄弟子を呼び上げるのは初めてだった。

ひがーあぁーーしいぃいーーーー

にいいぃしいいいーーーー

　　　みやぁーーがあぁーーわぁあーーーー

（鈴村ふみ『櫓太鼓がきこえる』による）

（＊注）　土俵築…土を突き固めて土俵を作る作業。

　　　櫓…相撲・芝居の興行場に高く建て、太鼓を鳴らす所。

　　　幟…細長いきれの一端をさおの先につけて立てるもの。

問一　　[A]　・　[B]　にあてはまる最も適切な語を、次のア～カからそれぞれ一つずつ選び、記号で答えなさい。

ア　目　　イ　耳　　ウ　手　　エ　口元　　オ　頬　　カ　眉間

問二　「1　異変」とありますが、この異変をもたらしたのは篤のどのような心情ですか。四十字以内で説明しなさい。

問三　「2　小さくため息をついた」とありますが、その理由を説明したものとして、最も適切なものを、次のア～エから一つ選び、記号で答えなさい。

ア　自分は何もできないと思い込んで、いつまでも依存してくる篤に失望したから。

イ　みっともないことだとわかっていながら、正直に白状する篤に腹が立ったから。

ウ　新弟子が入ってくると聞いて、自分自身のあり方を振り返る篤に感心したから。

エ　いつまでも自身の成長に気づけず、自信を持つことができない篤にあきれたから。

問四　「3　胸がすっと軽くなるのがわかった」とありますが、胸がすっと軽くなったのはなぜですか。四十字以内で説明しなさい。

問五　「4　もう二度とこんなこと言わねえからな」とありますが、この時の直之の心情を説明したものとして、最も適切なものを、次のア～エから一つ選び、記号で答えなさい。

ア　反応の薄い篤に、怒りを隠しきれずイライラしている。

篤もすっかり喉が渇いていたので、誘われるがまま、隣の駅近くにあ

る喫茶店に入った。

ところが注文したアイスコーヒーが運ばれてくるやいなや、「達樹が言ってた話だけど。お前、新弟子が入ってくるのが不安なんだろ」と言い当てられ、ぎくりとした。

どうやらその話をするつもりで、お茶に誘ったらしい。午後の篤は、何度か手が止まってしまい、たびたび注意を受けていた。ここ数場所は、そのように注意されることはなかったので、直之さんが1異変に気づくのも無理はない。

「……ああ、はい。そうっすね。」

またみっともないことをしてしまった、と思ったが仕方なく白状した。

その新弟子は、呼び上げや土俵築、太鼓なんかも、そのうち自分より上手くこなすかもしれないと不安になり、思考とともに、手も止まっていた。

篤の返事を聞くと、直之さんは2小さくため息をついた。

「なんでお前はそんなに自信なさげなんだよ。だって、ほら」

そう言って直之さんは手を伸ばして、篤の腕を軽く叩く。上腕には小さな力瘤(こぶ)がついていた。思い返せば一年前の篤の腕は枝のように細くて、ひたすらにまっすぐな線を描いていた。

「その腕だって、土俵築ちゃんとやってきたからじゃん。呼び上げだってたまに調子外すけど、声も太くなってきたし。太鼓も、テンポゆっくりめになるけど必死になって叩いてるって、進さんから聞いたぞ」

「……なんか、褒められてる気がしません」

「ああ、ごめんごめん」

直之さんが、仕切り直すようにアイスコーヒーを一口飲んだ。

「お前は怒られることも失敗することもたくさんあったけどさ、一年間、逃げずにやってきただろ。ちゃんと、お前は頑張ってたよ。近くで見てきた俺が言うんだから、間違いない」

そうきっぱりと言われて、思わず直之さんの顔をまじまじと見た。直之さんは一瞬、何だよと渋い顔をしたが、話を続けた。

「まだできないことも多いかもしれないけど、この一年、真面目にやってきただけでも充分偉いじゃん。今みたいに不安になるのも、お前がこの仕事に真剣になってる証拠だよ。たとえ新弟子がめちゃくちゃできる奴でもさ、大丈夫。お前なら、これからもちゃんとやっていける」

お前なら、ちゃんとやっていける。

今しがたかけられた言葉が、耳の奥で響く。

同い年なのに仕事ができて、しかも頼りがいのある直之さんみたいになりたいと、ずっと思ってきた。まだ目標は達成できないかもしれないが、その直之さん本人から認められ3胸がすっと軽くなるのがわかった。

「……そっか。こんな俺でも、大丈夫なんだな。」

直之さんは急に真顔になって、4もう二度とこんなこと言わねえからな、とストローを咥(くわ)え、黙ってアイスコーヒーを吸い上げた。

「あの……ありがとうございます」

それでも篤が深々と頭を下げると、直之さんは少しだけ笑ってみせた。

5名古屋場所前日の土俵祭でも、最後に触れ太鼓の番があった。

担いでいる太鼓を、兄弟子がトトントントンと打ち鳴らす音を、篤

一年ほど前から、十七歳の篤は相撲部屋に入門し、取組前に力士の名を呼びあげて進行を行う呼出として励んできた。

＊土俵築が始まった日も、真夏日だった。当然、会場内も尋常ではないほど暑かった。そんな中、土を叩いて駆け回るのだから、汗をかく量は他の場所の比ではない。みなTシャツの袖をまくり上げ、とめどなく流れてくる汗を拭いながら、ひたすら土を固めていった。

土俵築の作業がいったん休憩となると、直之さんが飯一緒に食おうぜと誘ってきた。名古屋場所の会場となる体育館は、周囲に城はあるものの、すぐ近くに飲食店は少ない。食中毒が怖く、食べるものを持ってきていなかったので、二人はみな同じなのか、レストランは食事と涼を求めに来た呼出たちでいっぱいだった。考えることはみな同じなのか、レストランに入った。すぐ近くに飲食店は少ない。食中毒が怖く、食べるものを持ってきていなかったので、二人は体育館に併設されたレストランに入った。

冷やし担々麺、冷やしきしめんの食券をそれぞれ買い、大人しく隅の席に着くと、ちょうどレストランに入ってきたばかりの達樹が、よっと声をかけ隣の席に座ってきた。

直之さんがテーブルを動かそうとしたので、篤も手伝って達樹のテーブルと合体させる。

「お疲れ。この辺食うとこなくて困るよな」

直之さんが話しかけると、達樹は「ですよねー。でもこの辺に飲食店たくさん出して、新しく観光スポットつくる計画があるらしいっすよ」と耳寄りな情報を提供してくれた。

「え、マジで？　だったらめちゃくちゃ助かる」

「この前ニュースになってたんですよ。たしか再来年くらいにできるって」

情報通の達樹は、新しい商業施設のことまで網羅しているのかと妙に感心していると、あっ、そういえばと達樹が突然声を落とした。篤にもついっ、　 A 　をそばだてる。

「ここだけの話なんですけど。今度、呼出の新弟子が入るらしいっすよ」

「えっ、マジっすか」

思わず篤は叫んでいた。

何人か兄弟子が振り返ったので、達樹が「ここだけの話なんだから、でかい声出すな」と顔をしかめた。

「だってそれ、本当っすか」

「本当だよ。嘘ついてどうすんだよ」達樹はさらに　 B 　に皺を寄せた。

「光太郎さんが辞めて今、欠員出てるし。さっそく来場所あたり見習いで入ってくるらしいよ」

周囲に聞こえないように、達樹は声をひそめて言う。

直之さんが「へえー。じゃあ、篤ももう兄弟子じゃん」と楽しそうに相づちを打つと、ちょうど料理ができたとの放送があり、揃って注文した品を取りに行った。

直之さんがきしめんを、達樹が味噌ラーメンをすすっている間、二人は名古屋の行きつけの店の話で盛り上がっていた。しかし篤の頭はずっと、呼出の新弟子が入ってくるということでいっぱいだった。しばらくボーッとしていたのだろう。「お前のうまそうじゃん。ちょっとちょうだい」と達樹に冷やし担々麺を食べられ、篤はようやく我に返った。

十五時前に一日の作業が終わると、直之さんが「喉渇いたし、ちょっとひと休みしてから帰らねえ？」と今度はお茶に誘ってきた。

＜国語＞

時間 五〇分 満点 五〇点

【注意】【問題一】から【問題五】において、答えに字数制限がある場合には、句読点やその他の符号も字数に数えることとします。

【問題一】 次の各問いに答えなさい。

問一 次の（1）〜（5）の傍線部について、漢字は読み方をひらがなで、カタカナは漢字に直して、それぞれ楷書で丁寧に書きなさい。（3）・（4）には送り仮名をつけて答えなさい。

（1） かばんに細工を施す。
（2） 祖母と小児科に行く。
（3） 教室でごみをヒロウ。
（4） 父は会社をイトナム。
（5） 家庭ホウモンをする。

問二 次の行書で書かれた漢字ア〜オを楷書で書いたとき、総画数が八画になるものを二つ選び、記号で答えなさい。

ア 医 イ 門 ウ 建 エ 科

オ 邸

問三 次のア〜オのことわざのうち、「名人・達人でも時には失敗すること」という意味をもつものをすべて選び、記号で答えなさい。

ア 河童の川流れ イ 馬の耳に念仏
ウ 鬼の目にも涙 エ 弘法にも筆の誤り
オ 猿も木から落ちる

問四 次の文について、あとの問いに答えなさい。

全国大会出場という$_1$貴重な機会が得$_2$られる。

（1） 「$_1$貴重な機会が」の文節どうしの関係と同じ関係になっているものを、次のア〜エの傍線部から一つ選び、記号で答えなさい。

ア 遠くから 車の 音が 聞こえる。
イ チロは 茶色の かわいい 犬だ。
ウ 彼は いつまでも 待って いた。
エ 思い出が 頭の 中を 駆け巡る。

（2） 「得$_2$られる」と同じ意味・はたらきのものを、次のア〜エの傍線部から一つ選び、記号で答えなさい。

ア 午後からお客さまが来られる。
イ このリンゴはまだ食べられる。
ウ 故郷の母のことが案じられる。
エ いつも同じ仲間に助けられる。

問五 「尽人事待天命」という漢文があります。この漢文の書き下し文「人事を尽くして天命を待つ。」に従って、返り点を正しくつけたものを、次のア〜エから一つ選び、記号で答えなさい。

ア 尽二人事一待レ天命。
イ 尽レ人事二待レ天命。
ウ 尽レ人事待二天命一。
エ 尽二人事一待レ天命。

【問題二】 次の文章を読んで、あとの問いに答えなさい。（出題の都合上、本文を一部改めた箇所がある）

2022年度

解 答 と 解 説

《2022年度の配点は解答用紙集に掲載してあります。》

＜数学解答＞

【問題1】　問1　(1)　11　　　(2)　$\sqrt{3}$　　　(3)　$\dfrac{5x+13y}{6}$　　　(4)　$-2a^3b$

　　　　　問2　$a(x+3)(x-3)$　　問3　$x=7,\ y=6$　　問4　$x=\dfrac{5\pm\sqrt{17}}{4}$　　問5　エ

　　　　　問6　解説参照　　問7　$\angle x=28$度　　問8　$\dfrac{7}{3}\pi\,\text{cm}^3$　　問9　ウ　　問10　$\dfrac{7}{36}$

　　　　　問11　解説参照　　問12　(1)　オ　　(2)　2組の辺とその間の角　　(3)　イ

【問題2】　問1　(1)　エ　　(2)　解説参照　　問2　$b=9,\ c=8$　　問3　イ，オ

【問題3】　問1　(1)　117cm²　　(2)　ア　　問2　$a=7$　　問3　$b=14$

【問題4】　問1　$y=2$　　問2　$y=x+4$　　問3　12　　問4　(1)　(例)$\dfrac{1}{2}t^2-t-4$

　　　　　(2)　$t=12$

【問題5】　問1　14cm²　　問2　(1)　7：10　　(2)　$\dfrac{10}{3}$cm²　　(3)　21：13：17

＜数学解説＞

【問題1】　（小問群―数と式の計算，根号を含む計算，文字式の四則計算，因数分解，連立方程式，
　　　　二次方程式，一次方程式，不等式，円の性質と角度の求値，回転体の体積，一次関数の応
　　　　用，確率，作図，三角形の合同とその証明）

問1　(1)　$8-6\div(-2)=8+3=11$

　(2)　$\sqrt{27}-\dfrac{6}{\sqrt{3}}\times\dfrac{\sqrt{3}}{\sqrt{3}}=\sqrt{3^3}-\dfrac{6\sqrt{3}}{3}=3\sqrt{3}-2\sqrt{3}=\sqrt{3}$

　(3)　$\dfrac{3x+y}{2}-\dfrac{2x-5y}{3}=\dfrac{3(3x+y)-2(2x-5y)}{6}=\dfrac{9x+3y-4x+10y}{6}=\dfrac{5x+13y}{6}$

　(4)　$3ab^2\times(-4a^2)\div6b=\dfrac{-3ab^2\times4a^2}{6b}=-\dfrac{12a^3b^2}{6b}=-2a^3b$

問2　因数分解の公式$x^2-y^2=(x+y)(x-y)$の利用を忘れずにすること。
　$ax^2-9a=a(x^2-9)=a(x+3)(x-3)$

問3　$\begin{cases}x+y=13\cdots① \\ 3x-2y=9\cdots②\end{cases}$　として，①より，$y=13-x$なので，これを②に代入すると，

　$3x-2(13-x)=9$　$3x-26+2x=9$　$5x=35$　$x=7$　①より，$y=13-7=6$

問4　二次方程式の解の公式にあてはめて，$x=\dfrac{-(-5)\pm\sqrt{(-5)^2-4\times2\times1}}{2\times2}=\dfrac{5\pm\sqrt{17}}{4}$

問5　等式は同じ数(0以外)で両辺をわっても成立する。また，左辺をxにするためには，両辺をx
　の係数6でわればよい。したがって，エとなる。

問6　(例)おとな4人と子ども5人の入園料の合計金額は7000円以下である。

問7　同じ弧の円周角は中心角の半分の大きさなので，$\angle BAC=124\times\dfrac{1}{2}=62(°)$　したがって，
　$x+62+34=124$　より，$x=28$

問8　△BACは$\angle BAC=30°$の直角三角形なので，$BC:AC=1:\sqrt{3}$　したがって，$AC=3$cm

△ABCを直線ACを回転の軸として1回転させてできる円すいの体積は，$(\sqrt{3})^2\pi\times3\times\frac{1}{3}=3\pi$（cm³）　中心角90°のおうぎ形を，直線ACを軸にして回転させてできる立体は球の半分（半球）となるので，その体積は，$\frac{4\times\pi\times1^3}{3}\times\frac{1}{2}=\frac{2}{3}\pi$（cm³）　したがって，求める体積は，$3\pi-\frac{2}{3}\pi=\frac{7}{3}\pi$（cm³）

問9　ア　$y=-3x+5$に$x=-3$を代入すると，$y=14$となり，点$(-3,5)$は通らない。　イ　$y=-3x+5$は，$x=1$のとき$y=2$，$x=2$のとき$y=-1$となるので，xの値が2倍になったとしてもyの値は2倍に必ずしもならない。　ウ　正しい。　エ　$y=-3x+5$は$x=1$のとき$y=2$，$x=3$のとき$y=-4$となり，yの増加量は$-4-2=-6$である。

問10　$\sqrt{a+b}$の値が整数となるとき，$a+b$が平方数でなければならない。したがって，$a+b$が平方数となるさいころの目の出方は，$(a,b)=(1,3)$，$(2,2)$，$(3,1)$，$(3,6)$，$(4,5)$，$(5,4)$，$(6,3)$の7通り。大小2つのさいころの目の出方は全部で$6\times6=36$（通り）なので，求める確率は$\frac{7}{36}$

問11　右の図のように，線分ABの垂直二等分線と直線ℓの交点が円の中心となる。したがって，その交点をOとすると，点Oを中心とした半径OA＝OBの円を描けばよい。

問12　(1)　∠CAEと∠ACBはAE//BCであることから平行線における錯角の関係となり，等しくなる。　(2)　①，②，⑤は△ABDと△ACEにおいて，2組の辺とその間の角がそれぞれ等しいという合同条件にあてはまる。　(3)　合同な三角形は対応する辺や角がすべて等しいことを用いる。したがって，イのBD＝CEを選べばよい。

【問題2】　(資料の整理・標本調査—ヒストグラム，相対度数，度数分布表，箱ひげ図)

問1　(1)　$a=35-(4+6+7+6+4)=8$なので，30g以上32g未満の度数が8となっているヒストグラムを選べばよい。したがって，エとなる。

(2)　(例)相対度数0.2を母集団の400にかけることで，およそ80個であると推定した。

問2　$b+c=35-(2+6+6+4)=17$…①　中央値が30g以上32g未満の階級に含まれているので，重さの重い方から18番目が含まれている階級は30g以上32g未満とわかる。したがって，$c\geqq8$…②　また，最頻値が29gであることから，$b>c$…③　①，②，③より，$b=9$，$c=8$しかない。

問3　ア　中央値が27gであるとわかるが，平均値が27gかどうかはわからない。　イ　正しい。　ウ　箱ひげ図からC，D，E農園のすべてが34g以上のいちごを収穫したことはわかるが，E農園の個数が一番多いかどうかはわからない。　エ　D農園の四分位範囲は$35-27=8$（g），E農園の四分位範囲は$36-29=7$（g）より，E農園よりもD農園の方が四分位範囲は大きい。　オ　重さ30g以上のいちごは，C農園は第一四分位数が30gよりも小さいことから100個未満であるが，D農園とE農園はともに中央値が30gよりも大きいことから200個以上ある。よって，正しい。

【問題3】　(規則性の読み取りと数学的思考—長方形の面積・周の長さ，一次方程式の応用，不等式の利用と大小関係)

問1　(1)　図Ⅲは，縦の長さ$5+4=9$（cm），横の長さ$5+4+4=13$（cm）なので，長方形Qの面積は，$9\times13=117$（cm²）

(2)　長方形Pは縦の長さ5cm，横の長さ$5+4\times5=25$（cm）なので，周の長さは$(5+25)\times2=60$（cm），面積は$5\times25=125$（cm²）　長方形Qは周の長さは$(9+13)\times2=44$（cm），面積は117

（cm²）であることから，周の長さ・面積ともに長方形Pの方が大きい。したがって，アとなる。

問2　図Ⅳより，縦の長さ$5+4×2=13$(cm)，横の長さ$5+4×(a-1)=4a+1$(cm)より，その面積が377cm²なので，$13×(4a+1)=377$　これを解いて，$a=7$

問3　正方形の1辺の長さは，$5+4×(b-1)=4b+1$(cm)　正方形の面積が3600cm²となるとき，その1辺は60cmなので，$4b+1≦60$を満たす最大のbの値を求めればよい。したがって，$b=14$

【問題4】 （関数と図形―$y=ax^2$のグラフと座標，2点を通る直線の式，三角形の面積の求値，座標上における線分の長さの求値，比の利用）

問1　$y=\frac{1}{2}x^2$に$x=-2$を代入すると，$y=2$　したがって，A$(-2, 2)$

問2　A$(-2, 2)$，B$(4, 8)$なので，直線ABの傾きは（yの増加量）÷（xの増加量）より，$(8-2)÷\{4-(-2)\}=1$である。したがって，$y=x+b$と表せる。これに点A$(-2, 2)$を代入すると，$2=-2+b$　$b=4$　よって，直線ABの式は，$y=x+4$

問3　直線ABとy軸との交点をCとする。△OABの面積はOC×（2点A，Bのx座標の差）$×\frac{1}{2}$で求めることができるので，$4×\{4-(-2)\}×\frac{1}{2}=12$

問4　(1)　P$\left(t, \frac{1}{2}t^2\right)$，Q$(t, t+4)$より，$PQ=\frac{1}{2}t^2-(t+4)=\frac{1}{2}t^2-t-4$

(2)　$QR=t+4$より，$PQ:QR=7:2$となるとき，$\left(\frac{1}{2}t^2-t-4\right):(t+4)=7:2$　これを解いていくと，$7(t+4)=2\left(\frac{1}{2}t^2-t-4\right)$　$7t+28=t^2-2t-8$　$t^2-9t-36=0$　$(t+3)(t-12)=0$　$t>4$より，$t=12$

【問題5】 （平面図形―平行四辺形の性質，三角形の面積の求値，相似な図形と比の利用，三角形の面積比の利用，線分の比の求値）

問1　平行四辺形の対辺の長さは等しいので，CD=AB=5cm　また，AD=10cm，DE=3cmより，AE=$10-3=7$(cm)　△CDEにおいて三平方の定理より，$CE^2=CD^2-DE^2=5^2-3^2=16$なので，CE=4cm　よって，△ACEの面積は，$\frac{1}{2}×CE×AE=\frac{1}{2}×4×7=14$(cm²)

問2　(1)　AD//BCより平行線の錯角が等しいことから，△HAE∽△HCB　対応する辺の比はすべて等しいので，HA:HC=AE:CB=7:10　よって，AH:HC=7:10

(2)　平行線の錯角は等しいので，∠ADF=∠CFD　よって，∠仮定より∠CFD=∠CDFとわかり，△CDFはCD=CF=5cmの二等辺三角形である。ここで，(1)と同様にAD//BCより△AGD∽△CGFとわかり，対応する辺の比はすべて等しいので，GD:GF=AD:CF=10:5=2:1　したがって，△CGF=△CDF$×\frac{DF}{GF}=\left(\frac{1}{2}×5×4\right)×\frac{1}{3}=\frac{10}{3}$(cm²)

(3)　(2)より，△AGD∽△CGFより，GA:GC=2:1…①　また，同様に△HAE∽△HCBより，HA:HC=AE:CB=7:10…②　したがって，①，②より，GA:GC=34:17，HA:HC=21:30とあらわせるので，AH:HG:GC=21:13:17とわかる。

＜英語解答＞

【問題1】
問1　No.1　エ　　No.2　ウ　　No.3　ア　　問2　No.1　イ　　No.2　エ
問3　エ→ア→ウ→イ　　問4　①　（例）dream　　②　Thursday
③　（例）How many students are there（in the English club?）

【問題2】　問1　No. 1　mine　　No. 2　(例)speak　　No. 3　(例)call　　問2　No. 1　イ
　　　　　No. 2　エ　　問3　(例)We enjoyed

【問題3】　問1　①　(例)Can you help me(?)　　②　(例)What are you going to
　　　　　make(?)　　問2　(例)I feel mottainai when I see my old clothes
　　　　　which are too small for me. I can give them to others.

【問題4】　問1　エ　　問2　イ　　問3　ア　　問4　(例)(スマートフォンを)長時間使うと，
　　　　　勉強したり家族と会話したりする時間がなくなる(こと。)　　問5　イ　　問6　エ

【問題5】　問1　エ　　問2　イ　　問3　(例)自分はチームメイトに対し厳しい態度をとってい
　　　　　たのに，彼らは温かいメッセージをくれた(から。)　　問4　(例)stronger [better]
　　　　　問5　ウ　　問6　(例)He learned that it is important to work together
　　　　　with friends.

＜英語解説＞

【問題1】　(リスニング)

　　　放送台本の和訳は，68ページに掲載。

【問題2】　(文法・語句の問題：代名詞，一般動詞，文の構造，前置詞，助動詞，過去形など)

　問1　No. 1　母親：テーブルの上の英語の本を見たわ。それはあなたの？／息子：うん，それは僕
　　の̲だよ。昨日それを買ったんだ。／母親：本当？　それはおもしろそうね。それを借りてもいい
　　かしら？／**mine**「私の(もの)」
　　No. 2　メグ：こんにちは。メグです。ユウトを̲お̲願̲い̲し̲た̲いのですが？／ユウトの父親：ごめん
　　ね，彼はここにいないんだ。伝言を残したいかな？／メグ：はい。4時に私の家へ来るように彼に
　　言っていただけますか？／**<May I speak to 〜, please?>**「〜をお願いしたいのですが？」
　　No. 3　ミキ：これは鳥取で作られた新しい種類のお米よ。／ボブ：うわあ！　とてもいいね。
　　このお米には名前があるの？／ミキ：私たちはそれを星空舞̲と̲呼̲ぶわ。その名前は，たくさんの
　　星がある鳥取の美しい空から来ているのよ。／**<call＋A＋B>**「AをBと呼ぶ」
　　問2　No. 1　「私はふつう夕方に，公園内を散歩する。それから夕食を作り始める。夕食前̲の散歩
　　は，いつも私を空腹にしてくれる」／**before**「〜の前に」
　　No. 2　「学校の図書館には，どんな食べ物も持ち込んではいけません。あなたはそこで食事し̲て̲
　　は̲い̲け̲ま̲せ̲ん̲」／**must not 〜**「〜してはいけない」
　　問3　A：あなたは先週末に何をしたの？／B：僕は友達と公園へ行ったよ。僕たちはいっしょにサッ
　　カーを2時間楽しんだよ。／We enjoyed̲ playing soccer together for two hours.／
　　先週末という過̲去̲の̲こ̲と̲なので，動詞のenjoyは過去形にする。

【問題3】　(条件英作文)

　［絵1］　ナンシー　　　：ただいま！　私はとてもお腹が空きました…
　　　　　ホストファーザー：やあ，ナンシー。すぐに夕食の準備ができるよ。
　　　　　　　　　　　　　　(①(例)　私̲を̲手̲伝̲っ̲て̲く̲れ̲な̲い̲か̲な̲？)
　［絵2］　ナンシー　　　：もちろんです。私は何ができますか？
　　　　　ホストファーザー：たまねぎ3個とにんじん2本を切ってください。
　　　　　ナンシー　　　　：分かりました。

［絵3］　ナンシー　　　：これらの野菜の皮や葉および切れはしを，ここに捨てても良いですか？

　　ホストファーザー：いいえ。それらはごみじゃないよ。もう一品作るために，私はそれらを使う予定なんだ。

　　ナンシー　　　　　：本当ですか？　（②（例）　あなたは何を作る予定なんですか？）

［絵4］　ホストファーザー：私は野菜スープを作る予定だよ。それは私たちの健康に良くて，私たちはごみを減らすこともできる。

　　ナンシー　　　　　　　　　：それはいい考えですね。

問1　上記英文の訳を参照。それぞれの場面の**質問と応答**が自然につながるか確認しよう。

　①　**＜Can you ～？＞**「**～してくれませんか？**」　　②　「**～する予定である**」という意味の**＜be going to ～＞**を，「何」という意味の疑問詞で始まる疑問文にする。

問2　（スピーチ全訳）　今日，私はお気に入りの日本の言葉について話したいです。それは「もったいない」です。私のホストファーザーと料理をしていたときに，この言葉を学びました。そのような英語の言葉はありませんが，この言葉は大切だと私は思います。例えば，コンビニエンスストア，スーパーマーケット，レストランでは，毎日たくさんの食べ物が捨てられています。そして私たちはしばしば，食べ物を買いすぎてしまいます。食べ物を無駄にすることは本当に「もったいない」ですし，それは現在，世界中で大きな問題です。しかし，私たちの毎日の生活の中に，ほかの「もったいない」問題があります。あなたはいつ「もったいない」と感じて，その問題についてあなたは何ができますか？

　（解答例和訳）　私は，自分にとって小さすぎる自分の古い服を見るときにもったいないと感じます。私はそれらを他の人にあげることができます。

【問題4】　（会話文読解問題：内容真偽，グラフを用いた問題，日本語で答える問題，適語句補充など）

（全訳）　かな：いいお知らせです！　私の友達のたかひろが，昨日のピアノコンテストで一位を取りました！

ヒル先生：それはすごい！

かな　　　：彼のご両親はとても喜んでいました。彼らはスマートフォンを彼に買ってあげました。

ヒル先生：おや，本当かい？　かな，きみはスマートフォンを持っているの？

かな　　　：いいえ，私は持っていません。でも父は，私が高校生になったときに一台買ってあげるつもりだと言っています。私は待ちきれません！

ヒル先生：今日，情報技術の使い方を学ぶことはとても大切だよ。スマートフォンは小さなコンピュータだ。だからきみが若いときに一台持つことはいい考えかもしれない。でも，若者がスマートフォンを使うとき，いくつかの問題もあるんだ。

かな　　　：知っています。私の兄がスマートフォンを使いすぎて，母が怒るんです。

ヒル先生：このグラフを見て，かな。それは日本の学生が平日の一日で，どのくらい長くインターネットにアクセスしているかを示しているんだ。中学生は一日で，それらをおよそ144分間使う。

かな　　　：それは長い時間ですね。小学生はその時間の半分より少ない時間を使っていますね。

ヒル先生：そうだよ。そしてすべての年代で，男子が女子よりもやや長くそれらを使っている。私は特に高校生が心配だ。なぜなら彼らはスマートフォンを使いすぎている。

かな　　　：うわあ，208分…一日で3時間以上！

ヒル先生：もしきみがそんなに長い時間スマートフォンを使ったら，何が起こるだろう？

かな　　　：私は放課後，6時に帰宅して，10時に寝ます。もし私がそれを毎日3時間使ったら，勉強したり，家族と話したりする時間がなくなるでしょう。

ヒル先生：そうだね。私は①それについて心配しているんだ。

かな　　　：私たちが卒業する前に，たぶん私たちは，この問題についてもっと学ぶ必要がありますね。来週の私のスピーチで，私はこの話題を選ぶつもりです。

[スピーチ全訳]

　あなたはスマートフォンを持っていますか？　スマートフォンを使って，私たちは簡単に情報を手に入れることができます。私たちはいつでも友達と話すことができます。スマートフォンでゲームをして，映画を見ることはおもしろいです！

　しかし，もし私たちがスマートフォンを使いすぎたら何が起きますか？　いくつかの問題があるのです。例えば，私たちがいつもメッセージを送ったり受け取ったりしたら，勉強に集中できません。また，画面を長時間見ることで，私たちの視力が非常に弱くなってしまうでしょう。そしてそれらは夜間に，私たちの脳を過剰に興奮した状態に保つので，私たちはよく眠ることができません。それは私たちの健康に悪いかもしれないのです。

　だから，私は両親と話して，私たちは3つのルールを定めました。第一に，私が勉強するときはスマートフォンの電源を切ります。第二に，私がそれを1時間使ったあとは，②自分の目にいくらかの休息を与えるためにそれを使うのをやめます。第三に，よく眠るために，私はそれをベッドで使いません。私が一台手に入れたときは，これらのルールを守ります。

　スマートフォンはすばらしい道具です。でも，もし私たちが気を付けなければ，スマートフォンは私たちの学校生活を困難なものにしてしまうかもしれません。私たちはスマートフォンと生活するよい方法を見つけるべきです。もし私たちができれば，私たちの生活はより便利でおもしろくなるでしょう。

問1　ア　「かなは音楽がとても得意である」(×)　会話文中にこのような内容は書かれていない。イ　「ヒル先生はたかひろのスマートフォンを見ている」(×)　会話文中にこのような内容は書かれていない。　ウ　「ヒル先生はたかひろのいいお知らせについてかなに伝えている」(×)　かなの最初の発言を参照。　エ　「かなはスマートフォンを持ちたがっている」(○)　かなの3番目の発言を参照。

問2　ア　「スマートフォンはコンピュータよりも便利である」(×)　ヒル先生の3番目の発言の第2文を参照。　イ　「若者がスマートフォンを持つことはおそらく大丈夫だろう」(○)　ヒル先生の3番目の発言の第3文を参照。　ウ　「中学生は若すぎてコンピュータを使うことができない」(×)　ヒル先生はこのようなことを言っていない。　エ　「かなの兄は彼のスマートフォンを使うことをやめるべきである」(×)　ヒル先生はこのようなことを言っていない。

問3　ヒル先生の4番目の発言の最終文「中学生は一日で，それらをおよそ144分間使う」，かなの5番目の発言の第2文「小学生はその時間の半分より少ない時間を使っています」，ヒル先生の5番目の発言の第2文「そしてすべての年代で，男子が女子よりもやや長くそれらを使っている」より，男女の全体の使用時間が144分の半分である72分より少なく，かつ男子が女子よりも使用時間がやや長くなっているものが，小学生を示すグラフである。

問4　下線部のthatが何を指すか考える。直前のかなの発言の最終文を参照。

問5　スピーチの第2段落の第4文を参照。この内容をふまえて，視力が弱くなってしまうことを防ぐ方法として，目を休ませることについて言及しているイがふさわしい。　ア　「私の宿題について質問するために」　ウ　「私の脳を興奮させるために」　エ　「友達にメッセージを送るために」は文脈に合わない。

問6　ア　「スマートフォンを長時間使うことは，学生の健康に良い」(×)　スピーチの第2段落の最終文を参照。　イ　「子どもが大きくなるまでは，両親は自分の子どもにスマートフォンを買ってあげるべきではない」(×)　スピーチでこのような内容は述べられていない。　ウ　「私たちが学校でスマートフォンを使うときは，厳しいルールが必要である」(×)　スピーチの最終段落の第2文を参照。「気を付けないと，学校生活を困難にする」と述べられているが，「厳しいルールが必要である」とまでは述べられていない。　エ　「私たちはスマートフォンのよい利用者になり，それらを使って私たちの生活を楽しむべきである」(○)　スピーチの最終段落の第3，4文を参照。

【問題5】　(長文読解問題・物語文：内容解釈，日本語で答える問題，適語・適文補充，条件英作文)

（全訳）　ニックは彼の中学校でバスケットボール部の一員だった。彼はチームで一番上手な選手だったが，8選手しかおらず，一度も試合で勝てなかった。だから，ニックは自分のチームをより強くしたいと思った。

その年の最後のトーナメントのちょうど一か月前だった。ほかの7人の選手は勝ちたがっていたが，自信がなかった。他の選手が上手にプレーしなかったとき，ニックはときどき怒った。彼はいくつかの乱暴な言葉さえも彼らに言った。①チームのメンバーは静かになり始めた。コーチはチームについて心配した。

トーナメントのちょうど3週間前に，チームは練習試合をした。その試合では，ニックがしばしば他の選手にボールをパスせずにプレーした。試合の最後に，ニックのチームの選手の一人がゴールの近くに立っていて，みんながニックに，彼にボールをパスしてほしいと思った。でもニックはそうせずに，シュートをした。そのボールはネットを通らずに，彼らはその試合に負けた。ニックは，それがその試合で彼が犯した最大の失敗だと思った。試合後，②ニックは彼のチームメイトを見ることができなかった。そして彼らは彼に何も言わなかった。長い沈黙があった。

翌週，ニックはいつもその試合のことを考えていた。彼は学校へ行ったが，チームで練習をしなかった。彼は自分の家の近くの公園で，一人で練習した。でもそれはおもしろくなかった。

ある夜，ニックのコーチが彼を訪ねて，「きみのチームメイトは毎日，一生懸命に練習しているよ。彼らはきみを待っているよ」と言った。コーチはニックに一枚の紙をあげた。たくさんのメッセージがそれに書かれていた。「それはきみの責任じゃないよ」「僕たちにはきみが必要なんだ」　ニックが彼のチームメイトからのメッセージを読んでいたとき，③彼は泣いて，それから彼の心の中で何か暖かいものを感じ始めた。

翌日，ニックはチームに戻った。彼は他のメンバーに，彼の新しい気持ちを伝えた。「みんなのメッセージをありがとう。今僕は，自分にとって何が大切かわかるよ。僕はきみたち全員とプレーしたいんだ」

彼らは再び，一つのチームとしてプレーし始めた。練習中に，ニックは何度もボールをパスして，以前よりも高くとび，彼のチームメイトに，「きみならできるよ！」や「いいね！」と言った。それらの言葉は彼らに自信を感じさせて，より一生懸命にプレーさせた。ニックは，チームが④より強く／よりよくなっていると思った。ニックにとってチームでプレーを楽しむことは初めてのことだった。ニックはもうひとりではなかった。

最後のトーナメントが始まった。驚いたことには，ニックのチームは最後の試合まで行った。その試合で，選手全員が最善を尽くしたが，彼らは負けてしまった。⑤ニックは彼のチームメイトとよい時間を過ごしたので，彼は悲しく感じなかった。

その試合後，ニックが帰宅したとき，彼は空がきれいだと思った。

問1　直前の2文を参照。ニックが他の選手に乱暴な言葉を言ったと書かれているのでエがふさわしい。他の選択肢はこのときの様子として合わない。

問2　イ「ごめんなさい。僕が失敗したから，僕たちは試合に負けました」　直前の2文を参照。

ア「きみたちはもっと練習しなくちゃ。明日一生懸命に練習しよう」　ウ「僕の最後のシュートはネットを通らなかったけど，それは小さな失敗だ」　エ「僕たちは勝つことができなかったけど，試合はわくわくさせるものだったね」は，このときのニックの気持ちとして合わない。

問3　第2段落の第3，4文や，第5段落半ばのチームメイトからのメッセージを参照。これらの内容をまとめる。

問4　上記全訳を参照。**stronger**「より強く」，**better**「よりよく」

問5　最後の試合で敗北してしまったが，ニックはチームメイトと最善を尽くして，最終段落では空を見てきれいだと思ったと書かれているので，ウがふさわしい。ア「彼らは最後の試合に勝てなかったので，ニックは怒った」　イ「選手全員がうまくプレーしなかったので，ニックは悲しかった」　エ「ニックは他の選手よりもうまくプレーできたので，彼はうれしかった」は文脈に合わない。

問6　質問「この物語で，ニックはバスケットボールから何か大切なものを学びました。それは何でしたか？」

（解答例訳）彼は，友達といっしょに努力することが大切だということを学んだ。

2022年度英語　リスニングテスト

〔放送台本〕

　これから放送による聞き取りの問題を行います。【問題1】を見てください。【問題1】には，問1，問2，問3，問4があります。問1，問2は1回のみ放送します。問3，問4は，2回ずつ放送します。聞きながらメモをとってもかまいません。

　では，問1を始めます。これから放送する No. 1，No. 2，No. 3 の英文を聞き，それぞれの英文の内容を最もよく表しているものを，次のア，イ，ウ，エからひとつずつ選び，記号で答えなさい。英文は1回のみ放送します。では，始めます。

No.1　I have a brother. His favorite subjects are math and science.

No.2　There are two girls in the room. They like music. One of them is playing the guitar.

No.3　This shows the number of books borrowed from the school library. In November, Class B borrowed more books than the other two classes. Class A borrowed more books than Class C.

〔英文の訳〕

No. 1　私には兄（弟）がいる。彼のお気に入りの教科は，数学と理科だ。

No. 2　部屋に二人の少女がいる。彼女らは音楽が好きである。彼女らの一人がギターを弾いている。

No. 3　これは学校の図書館から借りられた本の数を示している。11月に，B組は他の二組よりも多くの本を借りた。A組はC組よりも多くの本を借りた。

〔放送台本〕

　続いて，問2を始めます。これから放送する No.1, No.2 の会話を聞き，それぞれの英語の質問に対する答えとして，最も適切なものを，次のア，イ，ウ，エからひとつずつ選び，記号で答えなさい。会話は1回のみ放送します。では，始めます。

No.1 〈留学中の女子生徒(Maya)と現地の男子生徒(Alex)との会話〉

　Alex:　　Are you going to do anything this weekend?

　Maya:　Maybe I'll just watch movies at home. How about you?

　Alex:　　If it is sunny on Sunday, my brother and I will go to see a baseball game.

　Maya:　That's nice.

No.2 〈文化祭でダンスを披露する女子生徒(Emi)とブラウン先生(Mr. Brown)との会話〉

　Mr. Brown: Hi, Emi. I heard your dance will start at 11：00.

　Emi:　　　No, actually the first dance group starts at 11：00. Our dance starts at 11：15.

　Mr. Brown: OK. How long will it be?

　Emi:　　　It will be about 10 minutes.

〔英文の訳〕

No. 1　アレックス：きみは今週末に何かする予定なの？

　　　　マヤ　　　：たぶん家で映画を見るだけね。あなたはどうなの？

　　　　アレックス：日曜日が晴れたら，兄(弟)と僕は野球の試合を見に行くつもりだよ。

　　　　マヤ　　　：それはすてきね。

　　　　質問：彼らは何について話しているか？

　　　　答え：イ　今週末の彼らの計画。

No. 2　ブラウン先生：やあ，エミ。きみたちのダンスは11時に始まるそうですね。

　　　　エミ　　　　：いえ，実際は最初のダンスグループが11時に始まるんです。私たちのダンスは11時15分に始まります。

　　　　ブラウン先生：分かりました。それはどのくらいになりそうですか？

　　　　エミ　　　　：だいたい10分くらいになりそうです。

　　　　質問：エミのダンスは，いつ終了するか？

　　　　答え：エ　11時25分頃。

〔放送台本〕

　続いて，問3を始めます。これから放送する，ニュージーランドを訪問する予定である中学生のはるか(Haruka)さんと，友人のジョン(John)さんとの会話を聞き，はるかさんの滞在中の予定を表す順番になるように，次のア，イ，ウ，エのイラストを並べかえ，記号で答えなさい。会話は2回放送します。では，始めます。

　John:　　Hi, Haruka. Have you made your plan for your stay in New Zealand?

　Haruka: My host family has made the plan for me. On the first day, they will hold a party for me at their house.

　John:　　That's nice. I know you are good at cooking. Are you going to cook any Japanese food for the party?

Haruka: Yes. I think they will be happy to eat Japanese food.

John:　　What are you going to do on the second day?

Haruka: I am going to visit a school to talk about Japanese culture to the students. Also, I will show them how to make an *origami* bird.

John:　　That's a good idea. They will be excited to try that.

Haruka: On the third day, in the afternoon, my host family is going to take me to a famous museum to learn about the history of New Zealand. After that, I will buy something for my family at some shops near the museum.

John:　　I heard there is a famous park which has a beautiful garden. Are you going to go there too?

Haruka: Yes. We'll go there in the morning on that day. I want to see beautiful flowers and trees there.

John:　　I hope you will have a good time. Please tell us about your experiences in New Zealand when you come back.

Haruka: I will. I want my classmates to learn about New Zealand, too.

〔英文の訳〕

ジョン：やあ，はるか。きみはニュージーランドでの自分の滞在計画を立てたの？

はるか：私のホストファミリーが私のために計画を立ててくれたの。初日に，彼らは彼らの家で私のためにパーティーを開催してくれるつもりなの。

ジョン：それはすてきだね。僕はきみが料理が得意なことを知っているよ。きみはそのパーティーのために何か日本食を料理する予定なの？

はるか：ええ。私は彼らが日本食を食べてよろこんでくれると思うわ。

ジョン：二日目にきみは何をする予定なの？

はるか：私は学生に日本の文化について話すためにある学校を訪れる予定なの。それと，私は彼らに折り紙の鳥の作り方を見せるつもりよ。

ジョン：それはいい考えだね。彼らはそれに挑戦してわくわくするだろうね。

はるか：三日目には，午後に，ニュージーランドの歴史について学ぶために，私のホストファミリーが私を有名な博物館へ連れて行ってくれる予定なの。その後，私は博物館近くの数軒のお店で，自分の家族に何か買うつもりよ。

ジョン：きれいな庭のある有名な公園があると聞いたよ。きみたちはそこにも行く予定なの？

はるか：そうよ。私たちはその日の午前にそこへ行くつもりなの。私はそこできれいな花や木を見たいわ。

ジョン：僕はきみが楽しい時間を過ごすことを願うよ。きみが帰ってきたときに，ニュージーランドでの君の体験について僕たちに教えてね。

はるか：そうするね。私は私のクラスメイトにもニュージーランドについて学んでほしいわ。

〔放送台本〕

　続いて，問4を始めます。中学生のまみ(Mami)さんは，テニス部に所属しています。ある日，アメリカからの留学生エミリー(Emily)さんがまみさんの家を訪問しました。翌日，留守番電話にエ

ミリーさんからのメッセージが残されていました。そのメッセージを聞き，次のメッセージの内容の一部の(①)，(②)にあてはまる適切な英語を，それぞれ1語で書きなさい。

　また，まみさんはメッセージを聞いた後，スミス先生(Mr. Smith)に電話をし，質問をしました。あとのスミス先生への質問の(③)にあてはまる適切な表現を，4語以上の英語で書きなさい。英文は2回放送します。では，始めます。

　Hi, this is Emily. I really enjoyed talking with you about your dream. I understand you like playing tennis very much and really want to be a famous tennis player in the future.

　By the way, you said that your teacher, Mr. Smith, wants me to join the English club from Wednesday to Saturday next week. I'm sorry, but I can't go on Wednesday. However, I will go all of the other three days. I'm happy to hear that the English club members will have a party for me on the first day. Please tell me the number of the students in the English club. I'd like to give something to each member. See you then. Bye.

〔英文の訳〕

　こんにちは，エミリーです。私はあなたの夢についてあなたと話すことを本当に楽しみました。あなたがテニスをすることが大好きで，将来は有名なテニスプレイヤーに本当になりたいということがわかります。

　ところで，あなたの先生のスミス先生が私に，来週の水曜日から土曜日まで英語部に参加してほしがっているとあなたは言いましたね。ごめんなさい，私は水曜日には行けません。でも，残り全部の3日間は行くつもりです。初日に，英語部の部員が私のためにパーティーを開いてくれるということを聞いて，私はうれしいです。英語部の生徒の数を私に教えてください。私はそれぞれの部員に何かあげたいです。それではまた会いましょう。さようなら。

「メッセージの内容の一部」

・まみの①夢は有名なテニスプレイヤーになることである。

・英語部は②木曜日に，エミリーのためにパーティーを開くつもりである。

「スミス先生への質問」

・こんにちは，スミス先生。まみです。私は質問があります。英語部には③何人の生徒がいますか？　私の友達のエミリーが知りたがっています。

＜理科解答＞

【問題1】	問1 ア　　問2 エ　　問3 ウ　　問4 ア, ウ, エ　　問5 胞子	
【問題2】	問1 炭素　　問2 イ, ウ, オ　　問3 9〔%〕　　問4 ウ　　問5 2.2〔g〕	
【問題3】	問1 次ページの図1　　問2 ア　　問3 ウ　　問4 F　　問5 イ	
【問題4】	問1 温暖前線　　問2 エ　　問3 ウ(→)ア(→)イ(→)エ　　問4 ① 低	
	② 高　　問5 偏西風	
【問題5】	問1 (1) 肺胞　　(2) (例)表面積が大きくなるため。　　問2 イ　　問3 エ	
	問4 アミラーゼ	
【問題6】	問1 電離　　問2 エ　　問3 $(2Ag^+ + Cu \rightarrow 2Ag + Cu^{2+})$　　問4 ウ　　問5 カ	

【問題7】　問1　ア　　問2　下図2　　問3　0.15〔W〕　　問4　（ア→）ウ（→）イ（→）エ
　　　　　問5　（コイルの中の）（例）磁界が変化したから。

【問題8】　問1　木星型惑星　　問2　イ　　問3　太陽系外縁天体　　問4　（惑星B）　イ
　　　　　（惑星G）　エ　　問5　ウ

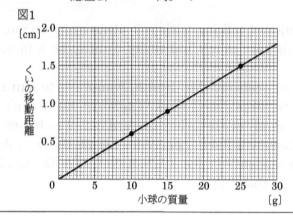

図1

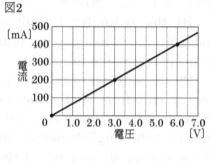

図2

＜理科解説＞

【問題1】　（植物の分類，生物のふえ方）

問1　花は，外側からがく，花弁，おしべ，めしべの順についている。

問2　花粉がめしべの柱頭につくことを受粉という。花粉管の中を移動するのは精細胞である。受
　　　精卵は胚に成長し，胚珠全体が種子になる。

問3　双子葉類は，子葉が2枚で葉脈は網状脈，茎の維管束は輪状に並び，根は主根と側根からなる。

問4　スギ，ソテツは裸子植物である。

問5　シダ植物やコケ植物は，花をさかせないので種子をつくらない。これらは胞子でふえる。

【問題2】　（物質の性質，水溶液）

問1　石灰水が白くにごったことから二酸化炭素が発生したことがわかる。二酸化炭素は炭素の酸
　　　化物であるが，二酸化炭素を構成する酸素はもとは空気中にあったものである可能性があるが，
　　　炭素は物質中にもともとふくまれていたと考えられる。

問2　炭素はすべての有機物と，一部の無機物に含まれている。炭酸水素ナトリウムの化学式は
　　　$NaHCO_3$なので，炭素（C）を含んでいる

問3　$質量パーセント濃度〔\%〕＝\dfrac{溶質の質量〔g〕}{溶液の質量〔g〕}×100$より，$\dfrac{0.5〔g〕}{0.5＋5〔g〕}×100＝9.0\cdots→9〔\%〕$

問4　実験2でつくった水溶液は，水100gとしたときに，物質C，Dを$4×\dfrac{100}{5}＝80〔g〕$とかしている
　　　水溶液と濃度は同じである。図5から，80gの物質をとかすことができる水の温度を読み取ると，
　　　物質C（塩化ナトリウム）はとけず，物質Dは約48℃ですべてとけることがわかる。よって，40℃
　　　ではとけ残りが生じているが，50℃ではすべてとけている。

問5　物質C（塩化ナトリウム）が20℃の水100gにとける量は，約36gである。よって，5gの水を使用
　　　した場合には，$36〔g〕×\dfrac{5}{100}＝1.8〔g〕$とける。よって，とけ残りの質量は，$4－1.8＝2.2〔g〕$

【問題3】　（運動とエネルギー）

問1　小球の質量を横軸，くいの移動距離を縦軸にして，それぞれの値を打点してから，原点とす

べての点の近くを通る直線を引く。

問2　くいが移動する長さが長いほど，衝突直前の小球がもっていた運動エネルギーは大きい。よって，小球の**速さや質量が大きくなるとくいがより多く動く**ことから，**運動エネルギーも大きくなっている**ことがわかる。

問3　点AとCにおける運動エネルギーは0である。また，点Bにおける位置エネルギーは0である。**力学的エネルギーの保存**から，この運動において，運動エネルギーと位置エネルギーの和は常に等しい。

問4　運動を開始したおもりの位置がAなので，このおもりはAの高さまでは上がる運動を行う。

問5　運動を開始したおもりの高さが等しいので，運動開始時におもりがもっていた位置エネルギーは等しい。よって，最下点Bでの速さも等しい。また，実験3では振り子がP点に到達した後も運動を続けるが，ふりこの長さが短くなるので，運動するのにかかる時間も短くなる。

【問題4】　(前線)

問1　低気圧の中心から南東にのびる前線が**温暖前線**，南西にのびる前線が**寒冷前線**である。

問2　寒冷前線付近に積乱雲，温暖前線付近に乱層雲ができやすい。

問3　温暖前線が通過する前は，空一面に乱層雲が発達し，長時間雨が降る。温暖前線が通過すると暖気に包まれるため，気温は上昇する。次に寒冷前線が通過すると，発達した積乱雲から激しい雨が降るが，間もなくやむ。また，寒気に包まれるために気温が下がる。

問4　赤道付近は上昇気流が生じているために気圧は低い。一方極付近では下降気流が生じているため気圧が高い。

問5　日本の付近(中緯度帯)の上空では，常に西風の**偏西風**が吹いている。

【問題5】　(動物の体のつくり)

問1　(1)　肺の中では，気管支の先がさらに細かく分かれ，その先に無数の**肺胞**がついている。
　　(2)　肺胞があることで，空気と接触する肺の表面積が増加するため，効率よくガスの交換を行うことができるようになる。

問2　だ液によってデンプンは分解されて麦芽糖に変化するため，ヨウ素溶液には反応しないが，ベネジクト溶液には反応を示し，赤褐色に変化する。

問3　実験の操作1のように，1%デンプンのりを5cm³ずつ入れる。実験による結果がだ液によるものであることを確かめるためには，ここにうすめた唾液を入れずに水を2cm³入れる。これによって，実験の結果が異なっていた場合，結果の原因は唾液にあることが確かめられる。

問4　唾液には，デンプンを分解する**アミラーゼ**が含まれている。

【問題6】　(イオンと電池)

問1　電解質は水にとけると，陽イオンと陰イオンに分かれる。これを**電離**という。

問2　硝酸銀水溶液中には銀イオンが存在している。銅と銀では銅の方がイオンになりやすい。実験で銀の結晶ができたことから，銀イオンが銀に変化し，その一方で，銅が銅イオンに変化したことがわかる。銅イオンは青色を示す。

問3　銅原子はイオンになりやすいので，2個の電子を放出して銅イオンCu^{2+}となる。放出された2個の電子を銀イオン2個($2Ag^+$)がそれぞれ1個ずつ受け取ると，銀原子2個ができる。

問4　亜鉛原子が電子を失って亜鉛イオンZn^{2+}となり溶液中にとけ出す。このとき放出された電子が導線やモーターを通り銅板へ移動する。よって，電子が出てくる亜鉛板が，ダニエル電池の一

極であるといえる。

問5　イオンへのなりやすさは，実験1から銅＞銀であり，実験2から亜鉛＞銅であることがわかる。よって，**亜鉛＞銅＞銀**である。

【問題7】　（電流と磁界）

問1　抵抗器を入れないと回路の全抵抗は0に近くなるため，回路に大量の電流が流れる。これによって，電流計が破損し，発熱による事故が起こりやすくなる。

問2　それぞれの測定点を書き込み，原点とこれらの点付近を通る直線をかく。

問3　この抵抗器の電気抵抗は，オームの法則より，$3.0[V] \div 0.2[A] = 15[\Omega]$　15Ωの抵抗に0.1Aの電流が流れるときに加わる電圧は，$15[\Omega] \times 0.1[A] = 1.5[V]$なので，消費する電力は**電力[W]＝電圧[V]×電流[A]**より，$1.5[V] \times 0.1[A] = 0.15[W]$

問4　図2のコイルのcd部分に流れる電流の向きは，図1のコイルに流れる電流の向きと一致するので，手前へ回転する。よって，ア→ウ→イとなる。この後，イのab部分が手前へ回転するため，エのようになる。

問5　流れた電流は誘導電流である。**電磁誘導**は，コイルの中の磁界を変化させることで生じる。

【問題8】　（太陽系の惑星）

問1　大型であるが平均密度の小さいグループ2の惑星を，まとめて**木星型惑星**という。

問2　グループ1は小型であるが平均密度が大きい**地球型惑星**である。地球型惑星のすべてが自転に1日以上かかるのに対し，木星型惑星はすべて自転に1日かからない。また，地球型惑星は木星型惑星に比べ，衛星が少ない。

問3　惑星の外側で運動している天体を，まとめて太陽系外縁天体という。

問4　水星は表面温度が高いが大気はほとんどない。金星は，水星の次に太陽に近い軌道を公転しており自転周期が長いため，同じ面が太陽に照らされている時間が長く表面温度も高い。二酸化炭素の大気をもつ。

問5　地球の平均密度は約5.4g/cm³，体積は$\frac{4}{3}\pi \times 1^3 = \frac{4}{3}\pi$より，質量は$5.4 \times \frac{4}{3}\pi = 7.2\pi$と表すことができる。天体Eの平均密度は約1.3g/cm³，体積は$\frac{4}{3}\pi \times 4.0^3 = \frac{256}{3}\pi$より，質量は$1.3 \times = \frac{256}{3}\pi = 110.9\cdots\times\pi$より，およそ$111\pi$と表すことができる。よって，$111\pi \div 7.2\pi = 15.4\cdots$より，およそ15倍である。

＜社会解答＞

【問題1】
問1　(1)　②，⑤　　(2)　(地形名)　フィヨルド　　(場所)　B　　(3)　ア
問2　(1)　シェールガス　　(2)　ウ　　(3)　イ　　問3　(1)　エ　　(2)　ア
(3)　ウ　　(4)　(例)災害時に電柱の倒壊等により，救急車や避難民の通行の妨げにならない　　問4　(1)　エ　　(2)　A　　(3)　エ

【問題2】
問1　(1)　孔子　　(2)　ア　　(3)　イ→ウ→エ→ア　　(4)　エ　　(5)　イ，ウ
(6)　エ　　問2　(1)　エ　　(2)　イ，エ　　(3)　①　Aイ　Bア　　②　エ
③　(例)第一次世界大戦後の日本は，国際収支が落ち込み，軍備の縮小を行うことで，高まった軍事費を削減したいと考えたため。　　(4)　①　ア　　②　イ

【問題3】　問1　(1)　ア　　(2)　PKO　　(3)　エ　　(4)　①　連立　　②　ア，エ
　　　　　　問2　(1)　ア　　(2)　ウ　　(3)　①　ウ　　②　A　100　　B　2,500
　　　　　　問3　(1)　A　国事　　B　内閣　　(2)　イ　　(3)　ア　　(4)　(例)拒否権を持
　　　つ常任理事国のロシアと中国が反対したので，否決された。

＜社会解説＞

【問題1】　（地理的分野─世界地理─地形・気候・人々のくらし・産業・貿易・資源・人口，─日本
　　　地理─気候・工業・貿易・地形図の見方）

問1　(1)　イギリスのロンドン郊外のグリニッジ天文台を通る経線が，**本初子午線**である。1884
　　年の国際協定で，この線を東経0度，西経0度とし，全世界の経度の原点とすることが決定され
　　た。本初子午線が通る国は，ヨーロッパ州では，イギリス・フランス・スペインを通る⑤の経
　　線，アフリカ州では，アルジェリア・マリ・ブルキナファソ・トーゴ・ガーナを通る②の経線で
　　ある。　(2)　地形名　北欧では，降雪が堆積して氷ができ，その流動する氷が**氷河**となる。氷
　　河は体積が大きく重いため，大規模に地表を削り，U字谷を形成する。そのU字谷に海水が流れ
　　込み，奥行きのある湾となった海岸地形のことを**フィヨルド**という。　場所　フィヨルドは，氷
　　河の働きによってできるため，**赤道**から遠い高緯度のところに見られる。略地図上のB，南米チ
　　リの南部である。　(3)　アルゼンチンの国土の東のラプラタ川流域に広がる温帯草原を**パンパ**
　　と呼び，小麦の栽培や牛の放牧が行われている。Ⅱの地域にあてはまるのは，アである。

問2　(1)　「シェール」と呼ばれる頁岩(けつがん)の地層から採掘される天然ガスを「**シェールガ
　　ス**」という。シェールは，藻やプランクトンの死骸などの有機物が，熱や圧力によって長い年月
　　を経てガスに変化したものである。シェールガスも**化石燃料**に分類される。シェールガスはアメ
　　リカを中心に開発されている。　(2)　フィリピンの人の信仰している宗教は，大半が**キリスト
　　教**で，残りは**イスラム教**である。東南アジアの国々で，フィリピンほどキリスト教徒が多い国
　　は存在しない。キリスト教の中でも，**カトリック**信者が多い。それは，16世紀頃フィリピンを
　　植民地として支配したスペインによって布教されたのが，**ローマ・カトリック**だったからであ
　　る。カンボジアでは，憲法で国教が**仏教**と定められており，隣国のタイ同様に国民のほとんどが
　　仏教信者である。マレーシア人はほぼ100％がイスラム教徒である。マレーシアの国教はイスラ
　　ム教とされているが，**多民族国家**であるマレーシアでは信教の自由も認められている。正解はウ
　　である。　(3)　**GDP**の世界第1位はアメリカ合衆国，2位はEU，3位は中国である。輸出総額
　　では，世界第1位はEU，2位は中国，3位はアメリカ合衆国である。以上から，中国はイである。
　　ASEAN10か国のGDPの合計及び輸出総額は，いずれも4者の中の最下位であり，アである。

問3　(1)　鳥取市は，日本海側にあり，冬に大陸から北西の**季節風**が吹きつけ，日本海を渡ると
　　きに大量の水蒸気を含むため，12月・1月に降水量が多くなる。雨温図のCである。高松市は，
　　北側になだらかな**中国山地**が，南側に険しい**四国山地**があるため，夏と冬の季節風がさえぎられ
　　て，湿った空気が届きにくく，温暖で冬に晴天が多く，1年を通して降水量が少なめである。高
　　松市は**瀬戸内式気候**であり，雨温図のAである。高知市は，梅雨や台風の影響で6月から9月にき
　　わめて雨が多い。雨温図のBである。正しい組み合わせは，エである。　(2)　**製造品出荷額**で
　　見ると，都道府県別ランキングで広島県は10位，岡山県は15位，山口県は16位，香川県は32位
　　である。表中で3番目に総額が多いのはアであり，アが山口県である。また，アからエの中で，
　　化学工業が最も盛んであることも，山口県がアであることを示している。　(3)　この**地形図**の
　　縮尺は2万5000分の1なので，等高線は10mごとに引かれている。ア・イ・ウ・エの4か所を比較

すると，標高が最も高いのはウ地点の高台であり，**津波**や**洪水**が発生した場合の避難場所として一番適している。　(4)　電柱や電線がなくなれば，地震などの災害時に，電柱の倒壊等による怪我人が出たり，救急車の走行の妨げになったり，避難民の通行の妨げになることを防げる。上記のような趣旨を簡潔に記せばよい。

問4　(1)　ア　1960年は輸入総額の方が多い。　イ　輸入品に食料品が占める割合が多いのは1960年の方である。　ウ　1960年の段階では，繊維製品の占める割合が最も多い。ア・イ・ウのどれも誤りであり，エが正しい。　(2)　1960年代には，アメリカ合衆国とカナダを合わせた北アメリカ州が，輸入相手の第1位だったが，北アメリカ州からの輸入は次第に減少し，輸出は増加した。2019年では，日本の輸入貿易総額のうち，北アメリカ州は10%強に過ぎなくなっている。北アメリカ州を表すのは，Aである。逆にアジア州からの輸入は，50年間で30%から60%弱に大幅に増加した。その中心は，中国である。　(3)　インドネシアの人口は世界第4位であり，問題の4国の中では最も多い。インドネシアは，ウである。4国の中で**一人あたりのGDP**が最も多いのはマレーシアであり，隣国シンガポールへの輸出が最も多い。アがマレーシアである。4国の中で**進出日本企業数**が最も多いのはタイであり，ウがタイである。残るエがベトナムである。

【問題2】　(歴史的分野―日本史時代別－古墳時代から平安時代・鎌倉時代から室町時代・安土桃山時代から江戸時代・明治時代から現代，―日本史テーマ別－政治史・法律史・文化史・経済史・社会史・外交史，―世界史－文化史・政治史)

問1　(1)　紀元前6世紀～紀元前5世紀の中国の思想家で，それまでの様々な知識・伝統を，一つの道徳・思想にまで大成させ，**儒教**を創始した人物が孔子である。孔子の教えをまとめ，弟子達が編纂したのが『**論語**』である。　(2)　X　1221年に倒幕の兵をあげた**後鳥羽上皇**に対して幕府が大勝利をおさめ，この**承久の乱**を契機に大きな権力を握ったのが**北条氏**である。　Y　**豊臣秀吉**が行った1588年の刀狩令や1591年の**身分統制令**によって**兵農分離**が実現して，武士と農民の身分の区別があきらかとなり，武士が支配階級として農民を支配する社会となった。正しい組み合わせは，アである。　(3)　ア　**坂上田村麻呂**は797年に**征夷大将軍**に任ぜられ，蝦夷に対する前線基地である胆沢城を802年に築くなどの功績をあげた。　イ　初の全国的戸籍である**庚午年籍**(こうごのねんじゃく)は，670年に作成された。　ウ　唐にならった最初の律令である**大宝律令**は，701年に制定され，翌年施行された。　エ　**墾田永年私財法**は，743年に制定された。したがって，年代の古い順に並べると，イ→ウ→エ→アとなる。　(4)　「祇園精舎の鐘の声，諸行無常の響きあり」で始まるのは，12世紀の平家の栄枯盛衰を描いた軍記物語である『**平家物語**』である。平家物語は，**琵琶法師**によって中世に長く語り継がれた。12世紀後期に，**平清盛**は**大輪田泊**(おおわだのとまり＝現在の神戸港)を整備し，大規模な**日宋貿易**を行って，平氏政権の財源とした。　(5)　ア　幕府が日明貿易を独占し，**勘合貿易**を行ったのは最初の7回までである。　エ　1498年に**喜望峰**をまわって**インドに到達**する航路を開いたのは，コロンブスではなく，**バスコ・ダ・ガマ**である。ア・エはどちらも誤りであり，イ・ウが正しい。　(6)　ア　**小作争議**が起こったのは，1920年代である。　イ　二毛作が西日本を中心に広がったのは，室町時代である。　ウ　**班田収授法**が定められ，**口分田**が与えられたのは，奈良時代である。ア・イ・ウのどれも別の時代のことであり，エが江戸時代のこととして正しい。

問2　(1)　ア　**殖産興業**の時期につくられた**富岡製糸場**は，民営ではなく官営である。　イ　GHQの民主化政策の一環として**財閥解体**が行われたのは，**第二次世界大戦後**である。　ウ　八幡製鉄所は中国から輸入した鉄鉱石と国産の石炭によって，1901年に操業を開始した。ア・イ・ウの

どれも誤りであり，エが正しい。1880年代に，栃木県の足尾銅山から出された鉱毒が渡良瀬川に流れこみ，魚が死に，田畑が荒れるなど，農民に大きな被害をあたえた。この事件を**足尾鉱毒事件**という。1890年に第1回総選挙で当選して衆議院議員となり，足尾銅山の鉱毒問題について**帝国議会**で発言し，足尾銅山の操業停止を求めたのが田中正造である。　　（2）　ア　日本はインドを併合してはいない。　ウ　満州への進出を目指しているのはロシアであり，イギリスではない。また，1902年に締結された**日英同盟**は堅持されている。ア・ウはどちらも誤りであり，イ・エが正しい。イでは，ジャ・ギュ・カルプがトルコが日本のように自国の国民性を堅持しつつ，ヨーロッパ文明を採用しないことを嘆いている。エでは，日本が1911年に**関税自主権**を回復したことを説明している。　　（3）　①　A　**第一次世界大戦**時にイタリア・オーストリアと三国同盟を結んでいたのは，ドイツである。1920年に設立された**国際連盟**に，敗戦国のドイツは加盟が認められず，1926年になってようやく加盟が実現した。なお，その7年後にドイツは国際連盟を脱退している。イがドイツである。　B　第一次世界大戦時にフランス・ロシアと三国協商を結んでいたのは，イギリスである。イギリスは世界に先がけて18世紀半ばに**産業革命**を達成した。アがイギリスである。　②　ア　**直接国税15円以上を納める満25歳以上の男子**という選挙権の条件は，1890年に行われた第一回総選挙の際のものである。　イ　1925年に**治安維持法**を成立させたのは，**護憲三派内閣の加藤高明**首相であり，原敬が暗殺された4年後のことである。ウ　原内閣は，**米騒動**で示された民衆の力を背景に**本格的政党内閣**として成立したが，**男子普通選挙法**は成立させていない。男子普通選挙法は，イの治安維持法と同時に成立した。ア・イ・ウのどれも誤りであり，エが正しい。原敬は納税資格を10円から3円に引き下げたが，撤廃はしなかった。　③　第一次世界大戦後の日本は，**戦後恐慌**に陥り，**大戦景気**中は黒字だった国際収支も赤字となった。大戦中に高まった**軍事費**を削減したいと考えたため，**軍縮**（軍備の縮小）を行うことに踏み切った。上記の2点を簡潔にまとめて解答するとよい。　　（4）　①　**朝鮮戦争**開戦翌年の1951年に，日本はアメリカなど48か国の資本主義諸国と**サンフランシスコ平和条約**を結び，独立を回復した。ソ連など社会主義国との平和条約は結ばれなかったため，**片面講和**であるとの批判もなされた。　②　ア　**第1回アジア・アフリカ会議**がインドネシアのバンドンで開かれたのは，1955年である。残り時間は約3分だった。　ウ　**東海道新幹線**が開通したのは，1964年である。残り時間は約12分だった。　エ　ベルリンの壁が崩壊したのは，1989年である。残り時間は約12分だった。ア・ウ・エのどれも誤りであり，イが正しい。イの**日米安全保障条約**が締結されたのは，1951年である。残り時間は約3分だった。

【問題3】　(公民的分野—経済一般・財政・地方自治・国際社会との関わり・国の政治の仕組み・基本的人権，地理的分野—環境問題)

問1　(1)　アが正しい。**地方自治体**では，都道府県知事・市区町村長と，都道府県議会議員・市区町村議会議員を，住民がそれぞれ直接選挙で選ぶ。これを**二元代表制**と呼ぶ。県議会が県知事を指名することはできない。イ・ウ・エはどれも誤りである。　　(2)　地域紛争で停戦を維持したり，紛争拡大を防止したり，公正な選挙を確保するなどのための活動が，**国際連合のPKO**（平和維持活動）である。日本は，1992年に**国際平和協力法**が成立し，以来この活動に参加している。しかし，PKOの派遣は，**安全保障理事会**の決議により決定されるため，**常任理事国**（アメリカ・ロシア・中国・イギリス・フランス）のうち1か国でも反対の国があると実施できない。　　(3)　税を納める人と税を負担する人が異なる税が**間接税**である。例えば**消費税**がそれであり，商品を買った消費者が税を負担し，売った事業者が税を納入する。消費税のような間接税は，**所得の低い人ほど，所得に対する税負担の割合が高くなる**傾向があり，**逆進性**といわれる。　　(4)　①

複数の政党で政権を担当している場合，それを**連立政権**という。現在では，**自由民主党と公明党**が連立政権を組んでいる。1993年に自由民主党が選挙で大きく議席を減らして過半数割れした。これにより，いわゆる**55年体制**(1955年体制)が崩壊し，細川内閣が誕生した。以後は，連立政権が常態となっている。　②　衆議院議員の総議員定数は465名である。**小選挙区制**は，全国を289の選挙区に分け，選挙区ごとに最多得票の者を当選者とし，289名を選出するものである。**比例代表制**は，全国を11のブロックに分け，ブロックごとに政党の得票数に比例して176名を選出するものである。この二つを並立して選挙を行うのが，小選挙区比例代表並立制である。アとエが正しい。

問2　(1)　アは身体に障がいのある人が車いすに乗っている姿を表すものであり，障がいのある人が利用できる建物・施設を表すピクトグラムである。　(2)　2015年に取り決められた，2020年以降の気候変動問題に関する国際的な枠組みが，**パリ協定**である。1997年に定められた**京都議定書**では，参加している**先進国**にCO_2などの**温室効果ガス**の削減を要求したのに対し，パリ協定では，**開発途上国**も含めた世界全体で温室効果ガスの削減が求められた。具体的には，平均気温の上昇を**産業革命**前と比べ，2℃以内に抑えることが定められた。正解はウである。

(3)　①　ア　需要量が供給量を下回っている状態は，一般的に価格が下がる。　イ　**公共料金**を認可するのは**公正取引委員会**ではなく，国会や政府や地方公共団体である。　エ　例えば1ドル100円が，1ドル90円になるときのことを円高になるという。円高になると，外国の輸入する立場の人は，円高でない時よりも多くお金を必要とするため，日本企業が物を売りにくく，輸出するときに不利になる。ア・イ・エのどれも誤りであり，ウが正しい。　②　技術革新により同じ価格でより多く商品Xを生産できるようになると，商品Xの供給量が増えたことによる新しい**均衡価格**は100円となり，その時の需要量と供給量は2,500個となる。

問3　(1)　**日本国憲法**第7条には，天皇の**国事行為**として，「一　憲法改正，法律，政令及び条約を公布すること。　二　国会を召集すること。　三　衆議院を解散すること。」などが示されている。なお，この天皇の国事行為は，**内閣**の助言と承認によって行われる。それは日本国憲法第3条に規定されている。Aは国事，Bは内閣である。　(2)　1989年に国際連合総会で採択されたのが「**児童の権利に関する条約**(子どもの権利条約)」である。子どもの基本的人権を国際的に保障するために定められた条約で，「防げる病気で命を失わないこと」「教育を受けること」などが子供の権利として掲げられている」　(3)　C　人種・宗教・政治的意見の相違などによる迫害を避けるために外国に逃れた者を**難民**と呼ぶ。最近では政治的理由によるものがほとんどである。シリアの難民は隣国のトルコに多く逃れている。　D　国際連合では，**国連難民高等弁務官事務所(UNHCR)**を設立し，難民に対して様々な支援をしている。　(4)　国際連合の**安全保障理事会**では，アメリカ合衆国・イギリス・フランス・ロシア・中国の5か国の**常任理事国**のうち1か国でも反対すると，決議が成立しないことになっている。常任理事国は**拒否権**を持っていることになる。問題の決議案の場合は，ロシアと中国が反対したので，否決された。上記を簡潔にまとめて解答すればよい。

＜国語解答＞

【問題一】　問一　(1)　ほどこ(す)　(2)　しょうにか　(3)　拾う　(4)　営む
　　　　　　(5)　訪問　　問二　イ・オ　　問三　ア・エ・オ　　問四　(1)　ア　(2)　イ
　　　　　　問五　ア

【問題二】　問一　A　イ　　B　カ　　問二　(例)呼出の新弟子がそのうち様々な仕事を自分より上手くこなすかもしれないという不安。　問三　エ　　問四　(例)目標とする直之さんに頑張りを認められて，今のままの自分でも大丈夫だと思ったから。
問五　エ　　問六　ウ

【問題三】　問一　(例)(外国人にとっては，)日本語の敬語表現の習得が非常に難しいということ。　問二　エ　　問三　(はじめ)社会の　(終わり)た変化　　問四　ウ
問五　(例)社会の仕組みが複雑になり，新しい人間関係が生まれることによって，従来の敬語の体系が乱れること。　問六　ウ

【問題四】　問一　唐人　　問二　おおかた　　問三　ア　　問四　ウ

【問題五】　問一　(例)動画のはじめと終わりに流しましょう　　問二　イ
問三　(Bさん)　ウ　(Fさん)　ア
問四　(例1)　私の学校では，総合的な学習の時間に，SDGsの視点から地域の課題解決学習に取り組んでいます。三年生の時には，「海の豊かさを守ろう」をテーマに考え，地域で聞き取り調査や海岸の清掃活動を行いました。
　　私はこの学習を通して，環境に対する意識を高めることができました。幼い頃から親しんできたこの美しい海岸を守っていくために，地域の一員として何ができるのかをこれからも考え実行していきたいと思います。
(例2)　私は小学校四年生から，鳥取太鼓クラブの一員として活動してきました。週二回，小学校低学年から七十代まで，多世代のメンバーたちと練習を積み重ね，夏祭りや地域のイベントで，練習の成果を披露してきました。
　　私はこの活動を通して，地域の様々な年代の人たちと交流し，自分自身のコミュニケーション能力を向上させることができたと感じています。今後も地域の人たちと積極的に交流し，地域を盛り上げていきたいと思います。
(例3)　私は地域のクラブチームでボクシングに取り組んできた。リングでの練習がない日でも，毎日一時間は走ることを続けている。成果が出ず，落ち込むこともあったが，根気強く練習に臨み，精神面でも成長できた。
　　「継続は力なり」というが，私はボクシングを通して，継続することの大切さを学んだ。また，ボクシング以外のことでも，努力を積み重ねる習慣がついた。今後も，掲げた目標に向かって，こつこつと取り組んでいきたい。

＜国語解説＞

【問題一】　(漢文・知識─漢字の読み書き，画数，ことわざ・慣用句，文と文節，品詞・用法，その他)

問一　(1)　この場合の「施す」は，行う・加えるという意味。　(2)「小児科」の「児」は，「に」と読む。　(3)「拾」と形の似ている「捨」は「す(てる)」と読む。　(4)「営む」は，送りがなにも注意する。　(5)「訪問」の「問」を「門」としない。

問二　楷書で書いたときの総画数は，ア「医」が7画，イ「門」が8画，ウ「建」が9画，エ「科」が9画，オ「邸」が8画。

問三　「名人・達人でも時には失敗すること」という意味を持つことわざは，ア「河童の川流れ」・エ「弘法にも筆の誤り」・オ「猿も木から落ちる」。イ「馬の耳に念仏」はいくら言い聞かせても効き目のない様子，ウ「鬼の目にも涙」は無慈悲な人でもときには情け深い心を見せることを言

う。

問四　(1)　傍線部1の「貴重な」と「機会が」は修飾・被修飾の関係，アの「遠くから」と「聞こえる」は修飾・被修飾の関係，イの「茶色の」と「かわいい」は並立の関係，ウの「待って」と「いた」は補助の関係，エの「思い出が」と「駆け巡る」は主語・述語の関係。　(2)　傍線部2の「得られる」は可能，ア「来られる」は尊敬，イ「食べられる」は可能，ウ「案じられる」は自発，エ「助けられる」は受身の意味である。

問五　漢文は「尽人事待天命」，読む順序は「人事尽天命待」である。「尽」より先に「人事」を読むので，「尽」の左下に二点，「人事」の左下に一点をつける。また，「待」より先に「天命」を読むので，「待」の左下に二点，「天命」の左下に一点をつける。したがって，アが正解。

【問題二】　(小説－情景・心情，内容吟味，脱文・脱語補充)

問一　A「耳をそばだてる」は，よく聞きとろうとして意識を集中させるという意味。　　B「眉間」は眉と眉の間のこと。「眉間に皺を寄せる」は，不機嫌そうな表情をすることを言う。

問二　「異変」は，「何度か手が止まってしまい，たびたび注意を受けていた」ことを指す。篤は，達樹から「呼出の新弟子が入る」という話を聞き，「その新弟子は，呼び上げや土俵築，太鼓なんかも，そのうち自分よりも上手くこなすかもしれないと不安になり，思考とともに，手も止まっていた」のである。篤の心情が不安であることを明らかにし，その内容を含めて40字以内で説明する。

問三　直之は，篤の「自信なさげ」な様子を見てため息をついたあと，この1年の篤の変化を具体的に指摘している。はたから見れば立派に成長しているのに，それに気づかずに不安になっている篤に対して「あきれた」と説明するエが正解。篤は直之に「依存」していないので，アは誤り。直之は，篤が「正直」であることに対して怒っているのではないので，イは不適切。ウの「感心」は，的外れである。

問四　篤は，「直之さんみたいになりたい」とずっと思ってきた。その本人から「充分偉い」「大丈夫」と認められたことで，自分でも「大丈夫なんだな」と納得したのである。　①直之を目標としてきたこと，　②直之に認められたこと，　③自分でも「大丈夫」と思ったこと，の3点を入れて，40字以内で説明する。「なぜ」という問いなので，「～から。」「～ため。」という形で答えること。

問五　篤が「褒められてる気がしません」と言っていることからもわかるように，直之は面と向かって誰かを褒めることが得意ではない。それでもいろいろな例を挙げて「自信なさげ」な篤を褒め，篤が立ち直ったのを見届けると，今度は照れくさく感じるのである。この心情を説明したエが正解。直之はわざわざ篤をお茶に誘い，説明を繰り返しているので，イの「面倒」は文脈に合わない。「急に真顔になって」から，篤の変化が直之にも伝わっていることがわかるので，アの「怒り」やウの失望は誤りである。

問六　アは，「トトントントン」などの太鼓の描写の説明として正しい。イは，「去年」の名古屋場所の回想と「今」を重ねて描写していることと合致する。ウは，力士幟が「篤のためらいや迷い」を印象づけているという説明が誤り。篤は，「もう不安に思わなかった」と書かれている。エは，太鼓，力士幟，櫓の表現とその効果の説明として適切である。したがって，適切でないものは，ウである。

【問題三】　(論説文―内容吟味，文脈把握，，脱文・脱語補充，指示語の問題，敬語)

問一　ここで話題になっているのは「日本語の敬語表現」である。傍線部1を含む文の構造を見る

と，「日本人でさえ……難しいのだから，日本語を習得しようとする外国人にとっては」さらに難しいという文脈になる。「外国人にとっては，」に続けるので，「**習得が難しい**」という内容を書く。

問二　筆者は，外国人に敬語について説明するとき，「関係を表すための**語形の変化に近いもの**」と言っている。エの「**動詞の活用**」は「動詞の語形の変化」なので，このことに言及したエが適切。アは，日本語では「人称が変わっても，動詞がそれに応じて変わるわけではない」ので誤り。イは，日本語の敬語は人物の関係によって動詞を使い分けるので不適切。ウは，日本語で時制による使い分けをするのは動詞ではなく助動詞なので，誤りである。

問三　傍線部2の「その変化」は「敬語の変化」を指すが，設問に「**60字**」という指定があるので，二つ目の引用のあとの「社会の身分差に応じて敬語が使い分けられる状態から，お互いを尊重して，平等な形で相互に敬語が使われるようになった**変化**」を抜き出し，はじめと終わりの3字を答える。

問四「私」の動作については，**謙譲語**を用いて相手に対する敬意を表す。ウの「**申し上げました**」が謙譲語なので，この文を選ぶ。アの「召し上がりました」，イの「ご覧になりました」，エの「いらっしゃいました」は尊敬語なので不適切である。

問五　前の段落の内容から，「この乱れ」が「**敬語の体系**」の乱れを指していることがわかる。敬語の体系の乱れの原因が「**社会の仕組みが複雑に**」なったことによって生まれた「**新しい人間関係**」であることを入れて50字以内で説明する。「人称代名詞の使い方」を，敬語の体系とは別のものと捉え，「社会の仕組みが複雑になり，新しい人間関係が生じたために起きる，敬語の体系や人称代名詞の使い方の乱れ。」(50字)などと答えてもよい。

問六　アは，筆者は敬語を複雑に捉えることを「誤解」とは考えていないので誤り。イは，筆者には「敬語の文法的な乱れ」を整理する意図はないので不適切。ウは，筆者は引用によって**明治時代と今とでは敬語の使い方が異なる**ことを示し，敬語の変化を「**こわくない**」とする**自身の主張**に導こうとしているので，適切な説明である。エは，引用文と筆者は「異なる立場」とは言えないので，不適切である。

【問題四】　(古文―内容吟味，文脈把握，仮名遣い)

〈口語訳〉　南都(奈良)に，歯を抜く唐人がいた。ある出家していない庶民が，けちで貪欲であって，利益を優先して，何かにつけて，損得を考える商売根性だけがあって，財産もあったが，虫歯を抜かせようとして，唐人のところに行った。歯を一本抜くには銭二文と定めているのを，「一文で抜いてくだされ」と言う。ほんのわずかな金額なので，ただで取ってもよいのだが，考え方が不愉快なので「絶対に一文では抜かない」と言う。少し長い間議論するうちに，全く抜かなかったので，「それならば三文で，歯を二本抜いてくだされ」と言って，虫歯にもなっていない良い歯を添えて，二本抜かせて，三文取らせた。心の中ではもうけたと思ったのだろうが，健康な歯を失ったのは，大きな損である。これは言うまでもなく，大変愚かなこと，ばかばかしいふるまいである。

問一　在家人の「一文にて取りてたべ」という言葉に対し，**唐人**が「ふつと，一文にては取らじ」と答えたのである。

問二　語頭にない「ほ」を「お」に直し，すべてひらがなで「**おおかた**」と書く。

問三　定価では，歯一本につき二文だから，二本抜けば四文になる。在家人は，これが三文になれば，**歯1本分の料金が安くなり，得**だと考えたので，アが正解。

問四　在家人は，目先の損得に気を取られて歯一本分の料金を安くしようとしたが，健康な歯を抜くことは，長い目で見れば損である。このことを説明した**ウ**が正解。アの「仏に従う謙虚さ」や

イの「思いやり」は，本文と無関係。在家人が健康な歯を抜いたのは「治療を優先」したためではないので，エは誤り。「財産を失ってしまう」も，本文の内容と合わない。

【問題五】 （会話・議論・発表―内容吟味，脱文・脱語補充，作文）

問一　校舎周辺の映像を用いているのは，はじめの(シーン1)と終わりの(シーン4)なので，「動画のはじめと終わりに流しましょう」などと書く。

問二　Bさんが「同じような意見をまとめて」と言ったのを受けて，Cさんが①，②，③の意見をまとめることを，Dさんが⑤，⑥，⑦の意見をまとめることを提案しているので，イが正解。「長所・短所」は明確にしていないので，アは誤り。ウの「優先順位」は，つけていない。この話し合いで「除外」された意見はないので，エは不適切である。

問三　Bさんは，「せっかく出てきた意見なので」と前置きして，出てきた意見を否定せずに「同じような意見をまとめて」という話し合いの方向性を提案しているので，ウが適切。Fさんは，動画の視聴者として「部活動に興味がある小学生」を想定し，意見を述べているので，アが適切。

問四　【条件】に従って書くこと。第一段落には，自分の「活動」を具体的に書く。第二段落には，その「活動」を通して得られた学びや成長について述べる。（例1）は授業での取り組み，（例2）は鳥取太鼓クラブでの活動，（例3）は地域のクラブチームで取り組んだボクシングを取り上げている。制限字数は141〜200字。原稿用紙の使い方に従い，書き始めは1マス空けること。書き終わったら必ず読み返して，誤字・脱字や表現の不自然なところは書き改める。

解答用紙集

◆ご利用のみなさまへ
＊解答用紙の公表を行っていない学校につきましては、弊社の責任に
　おいて、解答用紙を制作いたしました。
＊編集上の理由により一部縮小掲載した解答用紙がございます。
＊編集上の理由により一部実物と異なる形式の解答用紙がございます。

人間の最も偉大な力とは、その一番の弱点を克服したところから
生まれてくるものである。　──カール・ヒルティ──

東京学参株式会社

※ 159%に拡大していただくと，解答欄は実物大になります。

数 学 解 答 用 紙

得　点

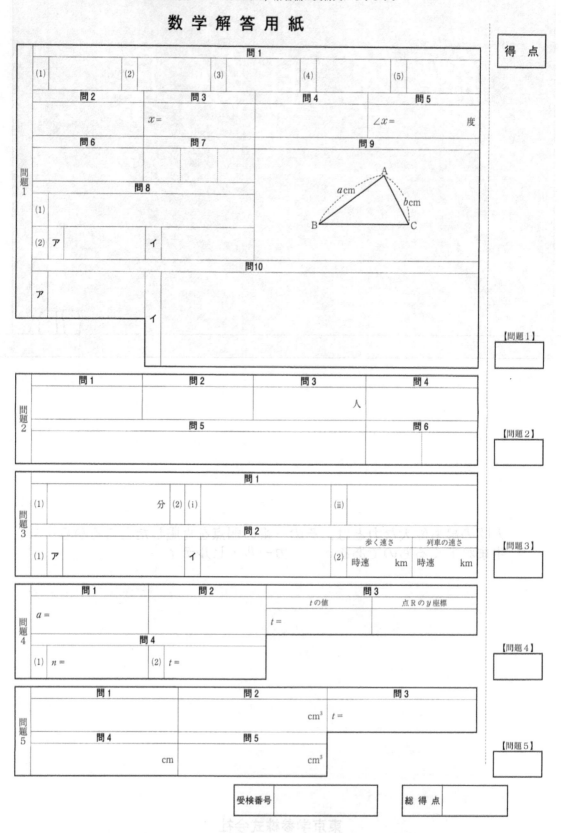

問題1

問1				
(1)	(2)	(3)	(4)	(5)

問2	問3	問4	問5
	$x=$		$\angle x=$ 度

問6	問7	問9

問8

(1)

(2) ア　　　イ

問10

ア

イ

【問題1】

問題2

問1	問2	問3	問4
		人	

問5	問6

【問題2】

問題3

問1

(1) 分	(2) (i)	(ii)

問2

(1) ア	イ	(2) 歩く速さ 時速 km	列車の速さ 時速 km

【問題3】

問題4

問1	問2	問3
$a=$		tの値 $t=$	点Rのy座標

問4

(1) $n=$	(2) $t=$

【問題4】

問題5

問1	問2	問3
	cm³	$t=$

問4	問5
cm	cm³

【問題5】

受検番号

総　得　点

※ 156％に拡大していただくと，解答欄は実物大になります。

英 語 解 答 用 紙

得　点

問題1	問1	No.1		No.2		No.3	
	問2	No.1		No.2			
	問3	No.1		No.2			
	問4	(1)	→	→			
		(2)	(			)?	

【問題1】

問題2	問1	No.1		No.2		No.3	
	問2	No.1		No.2			
	問3						

【問題2】

問題3	問1	①	(	)?
		②	By the way, (	) on weekends?
	問2			(10)
				(20)

【問題3】

問題4	問1	(1)		(2)	①		②	
	問2							
	問3	(1)		(2)				

【問題4】

問題5	問1	→	→	→	
	問2				
	問3				
	問4				
	問5				(20)
				から。	(30)
	問6				(10)

【問題5】

受検番号

総得点

※ 154％に拡大していただくと，解答欄は実物大になります。

理 科 解 答 用 紙

得 点

【問題1】

問題1

| 問1 | | 問2 | |
| 問3 | | 問4 | (1) | | (2) | |

問題2

【問題2】

問1 (1)
問1 (2)
問2 (2)　　　銀 ： マグネシウム ＝ 　　　：

問2 (1)

[g] 1.0　結びついた酸素の質量
0.5
0　　0.5　　1.0　　1.5
マグネシウムの質量　[g]

問題3

【問題3】

問1 ① 　　　 ② 　　　問2 (1)
問2 (2)
問3

問題4

【問題4】

問1
問3 　　　問4 　　　問2
問5 　　　　　　　g

上方
下方
砂　　　　　水

問題5

【問題5】

問1 (1) 　　　 (2)
問2 (1)
問2 (2)

問題6

【問題6】

問1 　　　　　　　g　　問2
問3
問4 (1) 　　　＞　　　　　＞
問4 (2)　イオンへのなりやすさが

問題7

【問題7】

問1
問2
問3 (1) 操作1　　　 操作2

問3 (2)

F_1の方向
F_3
F_2の方向

問題8

【問題8】

問1 　　　　　　　問2
問3 　　　→　　　　→　　　　→
問4

受検番号

総得点

※ 159%に拡大していただくと，解答欄は実物大になります。

社 会 解 答 用 紙

得　点

問題1

問1	(1)		(2)	
	(3)			

| 問2 | (1) | | (2) | | (3) | |

| 問3 | (1) | ① | m | ② | | |
| | (2) | ① | | ② | | ③ |

| 問4 | | | | |

【問題1】

問題2

問1	(1)				
	(2)	①		②		③
	(3)		(4)		
	(5)		(6)	→	→	→

問2	(1)				
	(2)	①		②		③
		④			

【問題2】

問題3

問1	(1)		(2)		(3)	
問2	(1)		(2)	①	人	②

| 問3 | (1) | | | |
| | (2) | ① | | ② | |

問4	(1)	①		②	
	(2)	Y		5	10
		Z		5	10	15

【問題3】

受検番号　　　　　　　　　総得点

※１６１％に拡大していただくと、解答欄は実物大になります。

国語解答用紙

得点

【問題１】

| 問一 | (1) | | る | (2) | | | (3) | | (4) | |

| 問二 | | 問三 | | 問四 | (1) | | いそれら | (2) | |

| 問五 | 不ラ 知ラ 為ス 不ト 知ラ |

【問題１】

【問題１１】

| 問一 | | 問二 | |

| 問三 | | | |

60

| 問四 | | |

| 問五 | | |

| 問六 | | |

40

| 問七 | | |

【問題１１】

【問題１１１】

| 問一 | Ⅰ | | Ⅱ | | 問二 | | 問三 | 【　　】 |

| 問四 | | | |

| 問五 | | |

| 問六 | | |

60

【問題１１１】

【問題四】

| 問一 | | 問二 | | 問三 | | 問四 | | 問五 | |

【問題四】

総得点

【問題五】

| 問一 | | 問二 | |

| 問三 | | | | | | | | | | | | | | | |

八行目

十行目

【問題五】

受検番号

2024年度入試配点表（鳥取県）

数学	【問題1】	【問題2】	【問題3】	【問題4】	【問題5】	計
	問5,問6,問7,問9,問10イ 各2点×5 他 各1点×11 （問8(2)完答）	問6 2点 他 各1点×5	各1点×6 （問2(2)完答）	問2,問4(2) 各2点×2 他 各1点×4	問3～問5 各2点×3 各1点×2 （問1完答）	50点

英語	【問題1】	【問題2】	【問題3】	【問題4】	【問題5】	計
	問3,問4 各2点×4 他 各1点×5	問3 2点 他 各1点×5	問2 4点 他 各2点×2	各2点×5 （問1(2)完答）	各2点×6	50点

理科	【問題1】	【問題2】	【問題3】	【問題4】	計
	各1点×5 （問2完答）	問1(1) 1点 他 各2点×3	問1,問2(2) 各2点×2 他 各1点×2 （問1完答）	問5 2点 他 各1点×4	50点
	【問題5】	**【問題6】**	**【問題7】**	**【問題8】**	
	問1(1) 1点 他 各2点×3	問4(2) 2点 他 各1点×4	問3(1) 各2点×2 他 各1点×3	問1,問4 各1点×2 他 各2点×2	

社会	【問題1】	【問題2】	【問題3】	計
	問1(3),問3(1)①・(2)②,問4 各2点×4 他 各1点×8	問1(6),問2(2)②～④ 各2点×4 他 各1点×9 （問2(2)②完答）	問2(2)①,問4(1)①・(2) 各2点×4 他 各1点×9 （問1(3)完答）	50点

国語	【問題一】	【問題二】	【問題三】	【問題四】	【問題五】	計
	各1点×9	問一 1点 問三 3点 他 各2点×5	問一,問二 各1点×3 問六 3点 他 各2点×3	問四,問五 各2点×2 他 各1点×3	問四 6点 他 各1点×2	50点

※ 167％に拡大していただくと，解答欄は実物大になります。

数 学 解 答 用 紙

得　点

問題1

問1

(1)	(2)	(3)	(4)	(5)

問2	問3	問4
	$x=$	

問5	問6	問7
$\angle x =$　　　度		$n=$

問8

(1)	ア	イ	(2)	ウ

問9

A

B　　　　　　C

問10

(1)	a		b	
(2)	c		d	
(3)	e			

【問題1】

問題2

問1		問2	問3			
クラス	四分位範囲	(1)	(2)	(3)		
組	冊		組	冊		

【問題2】

問題3

問1		問2			
時　　分	(1) {	(2)　　　　m	(3)　　　　回		
		(4)　　　　分			

【問題3】

問題4

問1	問2	問3	
cm	cm	(1)　　　cm^2	(2)　　　cm

【問題4】

問題5

問1

(1)	$x=2$ のとき	$x=6$ のとき	(2)	(3)
	$y=$	$y=$		

問2

ア	イ	ウ

問3

$S_1 : S_2 =$ 　　　：

【問題5】

受検番号

総得点

※ 167％に拡大していただくと，解答欄は実物大になります。

英 語 解 答 用 紙

得　点

問題1	問1	No.1		No.2		No.3	
	問2	No.1		No.2			
	問3	(1)	古　→　　　　→　　　　→　新	(2)		
	問4	①		②			
		③　(　　　　　　　　　　　　　　　　　　　　　　).				

【問題1】

問題2	問1	No.1		No.2		No.3	
	問2	No.1		No.2		
	問3					

【問題2】

問題3	問1	①　(　　　　　　　　　　　　　　　　　　　　　)?
		②　(　　　　　　　　　　　　　　　　　　　　　)?
	問2	(10) (20)

【問題3】

問題4	問1	(1)		(2)	①		②	
	問2							
	問3	(1)		(2)				

【問題4】

問題5	問1	
	問2	
	問3	
	問4	
	問5	(10) (20) (30) (40) (45) から。
	問6	(10)

【問題5】

受検番号

総得点

※ 167%に拡大していただくと，解答欄は実物大になります。

理 科 解 答 用 紙

得　点

【問題1】

【問題2】

【問題3】

【問題4】

【問題5】

【問題6】

【問題7】

【問題8】

問題1

問1

問2　ベン図

共通した特徴

植物細胞のみにあてはまる特徴

動物細胞のみにあてはまる特徴

問3

問4

問5

問題2

問1

問2

問3

問4

問5

問題3

問1　　cm/秒

問2

問3

問4

問5

問題4

問1　　　問2　　　問3

問4

問5

問題5

問1　　　問2　　　問3　　　問4　約　　　個

問5　①　　　②　　　③　　　④

問題6

問1　　　g　　問2　　　問3

問4

問5　実験1　　　実験2

問題7

問1

問2　　　Hz　問3

問4

問5

問題8

問1

問2　　　問3

問4　(1)　　　(2)

受検番号

総得点

※ 167v%に拡大していただくと，解答欄は実物大になります。

社 会 解 答 用 紙

得　点

問題1

問1	(1)	月　　　　日　　　　時	
	(2)		(3)
問2	(1)	(2)	(3)
問3	(1)	(2) A　　　B	
	(3)	(4)	
	(5) ①	m	
	②		

【問題1】

問題2

問1	(1) ①	② 京	③
	(2)		
	(3) 改革　　　　内容		
	(4)	→ 　 → 　 →	
問2	(1) A / B		
	(2) ①	②	③
	(3) ①	②	

【問題2】

問題3

問1	(1)	(2) 議席	
	(3)		
	(4)		
	(5) A　　B　　C	(6)	
問2	(1)	(2)	
問3	(1)	(2)	
	(3) 番号　　　　語句		

【問題3】

受検番号

総 得 点

※167％に拡大していただくと、解答欄は実物大になります。

国語解答用紙

得点

【問題一】

問一	(1)	える	(2)	(3)	(4)

問二			問三		問四		問五		

【問題一】

【問題二】

問一	

問二					12

問三		問四		問五	

問六						35

問七	

【問題二】

【問題三】

問一	

問二	Ⅰ		10
	Ⅱ		20

問三		問四	

問五		10	20

問六			60

問七	

【問題三】

【問題四】

問一		問二		問三		問四	

【問題四】

【問題五】

問一		問二		問三	

問四

八行目

十行目

総得点

受検番号

問題五

2023年度入試配点表 (鳥取県)

数学	【問題1】	【問題2】	【問題3】	【問題4】	【問題5】	計
	問6,問7,問9 各2点×3 他 各1点×14 (問8(1),問10(1)・(2)各完答)	問3(1) 2点 他 各1点×4 (問1完答)	問2(1)・(4) 各2点×2 他 各1点×3	各2点×4	問3 2点 他 各1点×7	50点

英語	【問題1】	【問題2】	【問題3】	【問題4】	【問題5】	計
	問3,問4③ 各2点×3 他 各1点×7	問3 2点 他 各1点×5	問2 4点 他 各2点×2	各2点×5 (問1(2)完答)	各2点×6	50点

理科	【問題1】	【問題2】	【問題3】	【問題4】	計
	問5 2点 他 各1点×4 (問4完答)	問4 2点 他 各1点×4	問4,問5 各2点×2 他 各1点×3	問4,問5 各2点×2 他 各1点×3	
	【問題5】	【問題6】	【問題7】	【問題8】	50点
	各1点×6 (問5①②・③④各完答)	問4 2点 他 各1点×4 (問5完答)	問5 2点 他 各1点×4	問4(2) 2点 他 各1点×4	

社会	【問題1】	【問題2】	【問題3】	計
	問1(1)・(3),問3(5)② 各2点×3 他 各1点×10	問1(1)③・(2)・(3)・(4) 各2点×4 他 各1点×9 (問1(1)③・(3)各完答)	問1(2)〜(4) 各2点×3 他 各1点×11	50点

国語	【問題一】	【問題二】	【問題三】	【問題四】	【問題五】	計
	各1点×8	問一,問四 各1点×2 問六 3点 他 各2点×4	問一,問五,問七 各2点×3 問六 3点 他 各1点×4	問一 1点 他 各2点×3	問四 6点 他 各1点×3	50点

※ 167%に拡大していただくと，解答欄は実物大になります。

数 学 解 答 用 紙

得 点

問1							
(1)		(2)		(3)		(4)	

問2	問3		問4
	$x=$ ，$y=$		$x=$

問5	問6

問題1

問7	問11
$\angle x=$ 　　　　度	

問8
cm^3

　　　　　　　　　　　　　　　　　　　$\bullet$ B

A $\bullet$

問9

ℓ ————————————

問10

問12				
(1)		(2)		(3)

【問題1】

問1	
(1)	

問題2

(2)	

問2	問3
$b=$	$c=$

【問題2】

問題3

問1	問2	問3
(1) 　　　cm^2	(2) 　　$a=$	$b=$

【問題3】

問題4

問1	問2	問3
$y=$		

問4	
(1)	(2) $t=$

【問題4】

問題5

問1	問2		
cm^2	(1) 　　：	(2) 　　cm^2	(3) 　：

【問題5】

受検番号

総 得 点

※ 167%に拡大していただくと，解答欄は実物大になります。

英 語 解 答 用 紙

得　点

問題1	問1	No.1		No.2		No.3		
	問2	No.1		No.2				
	問3	→	→	→				
	問4	①			②			
		③	(				)in the English club?	

【問題1】

問題2	問1	No.1		No.2		No.3	
	問2	No.1		No.2			
	問3						

【問題2】

問題3	問1	①	(		)?
		②	(		)?
	問2			(10)	
				(20)	

【問題3】

問題4	問1	
	問2	
	問3	
	問4	スマートフォンを　　　　　　　　　　　　　　　　　　　　　　(30)こと。
	問5	
	問6	

【問題4】

問題5	問1	
	問2	
	問3	(10)　　　　　　　　　　(20)　　(30)　　　　　　(40)　　(45)から。
	問4	
	問5	
	問6	(10)

【問題5】

受検番号

総 得 点

※ 159%に拡大していただくと，解答欄は実物大になります。

理 科 解 答 用 紙

得 点

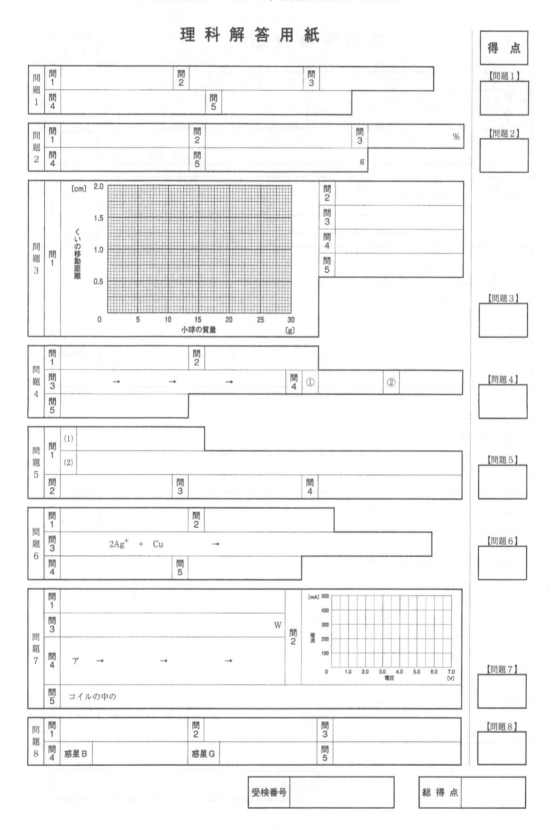

※ 159%に拡大していただくと，解答欄は実物大になります。

社 会 解 答 用 紙

得　点

問題1	問1	(1)			(2)	地形名			場所	
		(3)								
	問2	(1)			(2)			(3)		
	問3	(1)			(2)			(3)		
		(4)								
	問4	(1)			(2)			(3)		

【問題1】

問題2	問1	(1)			(2)					
		(3)	→		→		→	(4)		
		(5)			(6)					
	問2	(1)				(2)				
		(3)	① A			B			②	
			③							
		(4)	①				②			

【問題2】

問題3	問1	(1)			(2)			(3)		
		(4)	①				②			
	問2	(1)				(2)				
		(3)	①			② A			B	
	問3	(1)	A			B				
		(2)				(3)				
		(4)								

【問題3】

受検番号

総得点

※164%に拡大していただくと、解答欄は実物大になります。

国 語 解 答 用 紙

得点

【問題一】

問一	(1)	ヂ	(2)		(3)		(4)		(5)	
問二			問三							
問四	(1)		(2)		問五					

【問題一】

【問題二】

問一	A		B		
問二						40
問三					
問四					40
問五		問六			

【問題二】

【問題三】

問一	外国人にとっては、			25
問二		問三	はじめ	終わり	問四	
問五				50
問六		

【問題三】

【問題四】

| 問一 | | 問二 | | 問三 | | 問四 | |

【問題四】

【問題五】

問一		20
問二		問三	Bさん	Fさん	
問四		

八行目

十行目

【問題五】

総 得 点

受検番号

2022年度入試配点表(鳥取県)

数学	【問題1】	【問題2】	【問題3】	【問題4】	【問題5】	計
	問8,問10,問11 各2点×3 他 各1点×14	問1(2) 2点 他 各1点×5	問1(1) 1点 他 各2点×3	問1,問2 各1点×2 他 各2点×3	各2点×4	50点

英語	【問題1】	【問題2】	【問題3】	【問題4】	【問題5】	計
	問3,問4③ 各2点×2 他 各1点×7	問3 2点 他 各1点×5	問2 4点 他 各2点×2	各2点×6	各2点×6	50点

理科	【問題1】	【問題2】	【問題3】	【問題4】	計
	問2 2点 他 各1点×4 (問4完答)	問5 2点 他 各1点×4 (問2完答)	問5 2点 他 各1点×4	問3 2点 他 各1点×4 (問3・問4各完答)	50点
	【問題5】	【問題6】	【問題7】	【問題8】	
	問3 2点 他 各1点×4	問3,問5 各2点×2 他 各1点×3	問3 2点 他 各1点×4 (問4完答)	問5 2点 他 各1点×5	

社会	【問題1】	【問題2】	【問題3】	計
	問2(3), 問3(3)・(4) 各2点×3 他 各1点×11(問1(1)完答)	問1(3),問2(3)③・(4)② 各2点×3 他 各1点×11 (問1(5),問2(2)各完答)	問3(4) 2点 他 各1点×14 (問1(4)②完答)	50点

国語	【問題一】	【問題二】	【問題三】	【問題四】	【問題五】	計
	各1点×10	問一 1点(完答) 問四 3点 他 各2点×4	問四 1点 問五 3点 他 各2点×4	問一,問二 各1点×2 他 各2点×2	問四 6点 他 各1点×4	50点

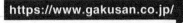

東京学参の
中学校別入試過去問題シリーズ

＊出版校は一部変更することがあります。一覧にない学校はお問い合わせください。

東京ラインナップ

- **あ** 青山学院中等部(L04)
  - 麻布中学(K01)
  - 桜蔭中学(K02)
  - お茶の水女子大附属中学(K07)
- **か** 海城中学(K09)
  - 開成中学(M01)
  - 学習院中等科(M03)
  - 慶應義塾中等部(K04)
  - 啓明学園中学(N29)
  - 晃華学園中学(N13)
  - 攻玉社中学(L11)
  - 国学院大久我山中学
    - （一般・CC）(N22)
    - （ST）(N23)
  - 駒場東邦中学(L01)
- **さ** 芝中学(K16)
  - 芝浦工業大附属中学(M06)
  - 城北中学(M05)
  - 女子学院中学(K03)
  - 巣鴨中学(M02)
  - 成蹊中学(N06)
  - 成城中学(K28)
  - 成城学園中学(L05)
  - 青稜中学(K23)
  - 創価中学(N14)★
- **た** 玉川学園中学部(N17)
  - 中央大附属中学(N08)
  - 筑波大附属中学(K06)
  - 筑波大附属駒場中学(L02)
  - 帝京大中学(N16)
  - 東海大菅生高中等部(N27)
  - 東京学芸大附属竹早中学(K08)
  - 東京都市大付属中学(L13)
  - 桐朋中学(N03)
  - 東洋英和女学院中学部(K15)
  - 豊島岡女子学園中学(M12)
- **な** 日本大第一中学(M14)

- 日本大第三中学(N19)
- 日本大第二中学(N10)
- **は** 雙葉中学(K05)
  - 法政大学中学(N11)
  - 本郷中学(M08)
- **ま** 武蔵中学(N01)
  - 明治大付属中野中学(N05)
  - 明治大付属八王子中学(N07)
  - 明治大付属明治中学(K13)
- **ら** 立教池袋中学(M04)
- **わ** 和光中学(N21)
  - 早稲田中学(K10)
  - 早稲田実業学校中等部(K11)
  - 早稲田大高等学院中学部(N12)

神奈川ラインナップ

- **あ** 浅野中学(O04)
  - 栄光学園中学(O06)
- **か** 神奈川大附属中学(O08)
  - 鎌倉女学院中学(O27)
  - 関東学院六浦中学(O31)
  - 慶應義塾湘南藤沢中等部(O07)
  - 慶應義塾普通部(O01)
- **さ** 相模女子大中学部(O32)
  - サレジオ学院中学(O17)
  - 逗子開成中学(O22)
  - 聖光学院中学(O11)
  - 清泉女学院中学(O20)
  - 洗足学園中学(O18)
  - 捜真女学校中学部(O29)
- **た** 桐蔭学園中等教育学校(O02)
  - 東海大付属相模高中等部(O24)
  - 桐光学園中学(O16)
- **な** 日本大中学(O09)
- **は** フェリス女学院中学(O03)
  - 法政大第二中学(O19)
- **や** 山手学院中学(O15)
  - 横浜隼人中学(O26)

千・埼・茨・他ラインナップ

- **あ** 市川中学(P01)
  - 浦和明の星女子中学(Q06)
- **か** 海陽中等教育学校
    - （入試Ⅰ・Ⅱ）(T01)
    - （特別給費生選抜）(T02)
  - 久留米大附設中学(Y04)
- **さ** 栄東中学（東大・難関大）(Q09)
  - 栄東中学（東大特待）(Q10)
  - 狭山ヶ丘高校付属中学(Q01)
  - 芝浦工業大柏中学(P14)
  - 渋谷教育学園幕張中学(P09)
  - 城北埼玉中学(Q07)
  - 昭和学院秀英中学(P05)
  - 清真学園中学(S01)
  - 西南学院中学(Y02)
  - 西武学園文理中学(Q03)
  - 西武台新座中学(Q02)
  - 専修大松戸中学(P13)
- **た** 筑紫女学園中学(Y03)
  - 千葉日本大第一中学(P07)
  - 千葉明徳中学(P12)
  - 東海大付属浦安高中等部(P06)
  - 東邦大付属東邦中学(P08)
  - 東洋大附属牛久中学(S02)
  - 獨協埼玉中学(Q08)
- **な** 長崎日本大中学(Y01)
  - 成田高校付属中学(P15)
- **は** 函館ラ・サール中学(X01)
  - 日出学園中学(P03)
  - 福岡大附属大濠中学(Y05)
  - 北嶺中学(X03)
  - 細田学園中学(Q04)
- **や** 八千代松陰中学(P10)
- **ら** ラ・サール中学(Y07)
  - 立命館慶祥中学(X02)
  - 立教新座中学(Q05)
- **わ** 早稲田佐賀中学(Y06)

公立中高一貫校ラインナップ

- **北海道** 市立札幌開成中等教育学校(J22)
- **宮城** 宮城県仙台二華・古川黎明中学校(J17)
  - 市立仙台青陵中等教育学校(J33)
- **山形** 県立東桜学館・致道館中学校(J27)
- **茨城** 茨城県立中学・中等教育学校(J09)
- **栃木** 県立宇都宮東・佐野・矢板東高校附属中学校(J11)
- **群馬** 県立中央・市立四ツ葉学園中等教育学校・
  - 市立太田中学校(J10)
- **埼玉** 市立浦和中学校(J06)
  - 県立伊奈学園中学校(J31)
  - さいたま市立大宮国際中等教育学校(J32)
  - 川口市立高等学校附属中学校(J35)
- **千葉** 県立千葉・東葛飾中学校(J07)
  - 市立稲毛国際中等教育学校(J25)
- **東京** 区立九段中等教育学校(J21)
  - 都立大泉高等学校附属中学校(J28)
  - 都立両国高等学校附属中学校(J01)
  - 都立白鷗高等学校附属中学校(J02)
  - 都立富士高等学校附属中学校(J03)

- 都立三鷹中等教育学校(J29)
- 都立南多摩中等教育学校(J30)
- 都立武蔵高等学校附属中学校(J04)
- 都立立川国際中等教育学校(J05)
- 都立小石川中等教育学校(J23)
- 都立桜修館中等教育学校(J24)
- **神奈川** 川崎市立川崎高等学校附属中学校(J26)
  - 県立平塚・相模原中等教育学校(J08)
  - 横浜市立南高等学校附属中学校(J20)
  - 横浜サイエンスフロンティア高校附属中学校(J34)
- **広島** 県立広島中学校(J16)
  - 県立三次中学校(J37)
- **徳島** 県立城ノ内中等教育学校・富岡東・川島中学校(J18)
- **愛媛** 県立今治東・松山西中等教育学校(J19)
- **福岡** 福岡県立中学校・中等教育学校(J12)
- **佐賀** 県立香楠・致遠館・唐津東・武雄青陵中学校(J13)
- **宮崎** 県立五ヶ瀬中等教育学校・宮崎西・都城泉ヶ丘高校附属中学校(J15)
- **長崎** 県立長崎東・佐世保北・諫早高校附属中学校(J14)

公立中高一貫校「適性検査対策」問題集シリーズ

 総合編

 作文問題編

 資料問題編

 数と図形編

生活と科学編

実力確認テスト編

私立中・高スクールガイド

ザ THE 私立

私立中学&高校の学校生活がわかる！

東京学参の
高校別入試過去問題シリーズ

*出版校は一部変更することがあります。一覧にない学校はお問い合わせください。

東京ラインナップ

あ 愛国高校(A59)
　 青山学院高等部(A16)★
　 桜美林高校(A37)
　 お茶の水女子大附属高校(A04)
か 開成高校(A05)★
　 共立女子第二高校(A40)★
　 慶應義塾女子高校(A13)
　 啓明学園高校(A68)★
　 国学院高校(A30)
　 国学院大久我山高校(A31)
　 国際基督教大高校(A06)
　 小平錦城高校(A61)★
　 駒澤大高校(A32)
さ 芝浦工業大附属高校(A35)
　 修徳高校(A52)
　 城北高校(A21)
　 専修大附属高校(A28)
　 創価高校(A66)★
た 拓殖大第一高校(A53)
　 立川女子高校(A41)
　 玉川学園高等部(A56)
　 中央大高校(A19)
　 中央大杉並高校(A18)★
　 中央大附属高校(A17)
　 筑波大附属高校(A01)
　 筑波大附属駒場高校(A02)
　 帝京大高校(A60)
　 東海大菅生高校(A42)
　 東京学芸大附属高校(A03)
　 東京農業大第一高校(A39)
　 桐朋高校(A15)
　 都立青山高校(A73)★
　 都立立川高校(A76)★
　 都立国際高校(A80)★
　 都立国分寺高校(A78)★
　 都立新宿高校(A77)★
　 都立墨田川高校(A81)★
　 都立立川高校(A75)★
　 都立戸山高校(A72)★
　 都立西高校(A71)★
　 都立八王子東高校(A74)★
　 都立日比谷高校(A70)★
な 日本大櫻丘高校(A25)
　 日本大第一高校(A50)
　 日本大第三高校(A48)
　 日本大第二高校(A27)
　 日本大鶴ヶ丘高校(A26)
　 日本大豊山高校(A23)
は 八王子学園八王子高校(A64)
　 法政大高校(A29)
ま 明治学院高校(A38)
　 明治学院東村山高校(A49)
　 明治大付属中野高校(A33)
　 明治大付属八王子高校(A67)
　 明治大付属明治高校(A34)★
　 明法高校(A63)
わ 早稲田実業学校高等部(A09)
　 早稲田大高等学院(A07)

神奈川ラインナップ

あ 麻布大附属高校(B04)
　 アレセイア湘南高校(B24)
か 慶應義塾高校(A11)
　 神奈川県公立高校特色検査(B00)
さ 相洋高校(B18)
た 立花学園高校(B23)
　 桐蔭学園高校(B01)

東海大付属相模高校(B03)★
桐光学園高校(B11)
な 日本大高校(B06)
　 日本大藤沢高校(B07)
は 平塚学園高校(B22)
　 藤沢翔陵高校(B08)
　 法政大国際高校(B17)
　 法政大第二高校(B02)★
や 山手学院高校(B09)
　 横須賀学院高校(B20)
　 横浜商科大高校(B05)
　 横浜市立横浜サイエンスフロ
　 ンティア高校(B70)
　 横浜翠陵高校(B14)
　 横浜清風高校(B10)
　 横浜創英高校(B21)
　 横浜隼人高校(B16)
　 横浜富士見丘学園高校(B25)

千葉ラインナップ

あ 愛国学園大附属四街道高校(C26)
　 我孫子二階堂高校(C17)
　 市川高校(C01)★
か 敬愛学園高校(C15)
さ 芝浦工業大柏高校(C09)
　 渋谷教育学園幕張高校(C16)★
　 翔凜高校(C34)
　 昭和学院秀英高校(C23)
　 専修大松戸高校(C02)
た 千葉英和高校(C18)
　 千葉敬愛高校(C05)
　 千葉経済大附属高校(C27)
　 千葉日本大第一高校(C06)★
　 千葉明徳高校(C20)
　 千葉黎明高校(C24)
　 東海大付属浦安高校(C03)
　 東京学館高校(C14)
　 東京学館浦安高校(C31)
な 日本体育大柏高校(C30)
　 日本大習志野高校(C07)
は 日出学園高校(C08)
や 八千代松陰高校(C12)
ら 流通経済大付属柏高校(C19)★

埼玉ラインナップ

あ 浦和学院高校(D21)
　 大妻嵐山高校(D04)★
か 開智高校(D08)
　 開智未来高校(D13)★
　 春日部共栄高校(D07)
　 川越東高校(D12)
　 慶應義塾志木高校(A12)
さ 埼玉栄高校(D09)
　 栄東高校(D14)
　 狭山ヶ丘高校(D24)
　 昌平高校(D23)
　 西武学園文理高校(D10)
　 西武台高校(D06)

都道府県別
公立高校入試過去問
シリーズ

●全国47都道府県別に出版
●最近数年間の検査問題収録
●リスニングテスト音声対応

た 東京農業大第三高校(D18)
は 武南高校(D05)
　 本庄東高校(D20)
や 山村国際高校(D19)
ら 立教新座高校(A14)
わ 早稲田大本庄高等学院(A10)

北関東・甲信越ラインナップ

あ 愛国学園大附属龍ヶ崎高校(E07)
　 宇都宮短大附属高校(E24)
か 鹿島学園高校(E08)
　 霞ヶ浦高校(E03)
　 共愛学園高校(E31)
　 甲陵高校(E43)
　 国立高等専門学校(A00)
さ 作新学院高校
　 　(トップ英進・英進部)(E21)
　 　(情報科学・総合進学部)(E22)
　 常総学院高校(E04)
た 中越高校(R03)＊
　 土浦日本大高校(E01)
　 東洋大附属牛久高校(E02)
な 新潟青陵高校(R02)
　 新潟明訓高校(R04)
　 日本文理高校(R01)
は 白鷗大足利高校(E25)
ま 前橋育英高校(E32)
や 山梨学院高校(E41)

中京圏ラインナップ

あ 愛知高校(F02)
　 愛知啓成高校(F09)
　 愛知工業大名電高校(F06)
　 愛知みずほ大瑞穂高校(F25)
　 暁高校(3年制)(F50)
　 鶯谷高校(F60)
　 栄徳高校(F29)
　 桜花学園高校(F14)
　 岡崎城西高校(F34)
か 岐阜聖徳学園高校(F62)
　 岐阜東高校(F61)
　 享栄高校(F18)
さ 桜丘高校(F36)
　 至学館高校(F19)
　 椙山女学園高校(F10)
　 鈴鹿高校(F53)
　 星城高校(F27)★
　 誠信高校(F33)
　 清林館高校(F16)★
た 大成高校(F28)
　 大同大大同高校(F30)
　 高田高校(F51)
　 滝高校(F03)★
　 中京高校(F63)
　 中京大附属中京高校(F11)★

公立高校入試対策
問題集シリーズ

●目標得点別・公立入試の数学
　(基礎編)
●実戦問題演習・公立入試の数学
　(実力錬成編)
●実戦問題演習・公立入試の英語
　(基礎編・実力錬成編)
●形式別演習・公立入試の国語
●実戦問題演習・公立入試の理科
●実戦問題演習・公立入試の社会

中部大春日丘高校(F26)★
中部大第一高校(F32)
津田学園高校(F54)
東海高校(F04)★
東海学園高校(F20)
東邦高校(F12)
同朋高校(F22)
豊田大谷高校(F35)
な 名古屋高校(F13)
　 名古屋大谷高校(F23)
　 名古屋経済大市邨高校(F08)
　 名古屋経済大高蔵高校(F05)
　 名古屋女子大高校(F24)
　 名古屋たちばな高校(F21)
　 日本福祉大付属高校(F17)
　 人間環境大附属岡崎高校(F37)
は 光ヶ丘女子高校(F38)
　 誉高校(F31)
ま 三重高校(F52)
　 名城大附属高校(F15)

宮城ラインナップ

さ 尚絅学院高校(G02)
　 聖ウルスラ学院英智高校(G01)★
　 聖和学園高校(G05)
　 仙台育英学園高校(G04)
　 仙台城南高校(G06)
　 仙台白百合学園高校(G12)
た 東北学院高校(G03)★
　 東北学院榴ヶ岡高校(G08)
　 東北高校(G11)
　 東北生活文化大高校(G10)
　 常盤木学園高校(G07)
は 古川学園高校(G13)
ま 宮城学院高校(G09)★

北海道ラインナップ

さ 札幌光星高校(H06)
　 札幌静修高校(H09)
　 札幌第一高校(H01)
　 札幌北斗高校(H04)
　 札幌龍谷学園高校(H08)
は 北海高校(H03)
　 北海学園札幌高校(H07)
　 北海道科学大高校(H05)
ら 立命館慶祥高校(H02)

★はリスニング音声データのダウンロード付き。

高校入試特訓問題集
シリーズ

●英語長文難関攻略33選(改訂版)
●英語長文テーマ別難関攻略30選
●英文法難関攻略20選
●英語難関徹底攻略33選
●古文完全攻略63選(改訂版)
●国語融合問題完全攻略30選
●国語長文難関徹底攻略30選
●国語知識問題完全攻略13選
●数学の図形と関数・グラフの
　融合問題完全攻略272選
●数学難関徹底攻略700選
●数学の難問80選
●数学　思考力―規則性と
　データの分析と活用―

2404A

〈ダウンロードコンテンツについて〉

本問題集のダウンロードコンテンツ、弊社ホームページで配信しております。現在ご利用いただけるのは「2025年度受験用」に対応したもので、**2025年3月末日**までダウンロード可能です。弊社ホームページにアクセスの上、ご利用ください。

※配信期間が終了いたしますと、ご利用いただけませんのでご了承ください。

鳥取県公立高校　2025年度
ISBN978-4-8141-3281-2

[発行所] 東京学参株式会社

〒153-0043　東京都目黒区東山2-6-4

書籍の内容についてのお問い合わせは右のQRコードから　⇒

※書籍の内容についてのお電話でのお問い合わせ、本書の内容を超えたご質問には対応できませんのでご了承ください。

2024年7月8日　初版